|通信行业法律实务研究系列丛书|

Legal Studies on Internet and Information Law

互联网与信息法务研究

（第二辑）

主　　编　于　莽
执行主编　王大越

法律出版社
LAW PRESS · CHINA

序 言

21 世纪是拥抱信息技术的新时代，信息技术的变革与创新正在催生新的经济增长点。近年来，5G、物联网、云计算、大数据、人工智能、区块链等新的信息技术始终持续深刻地为互联网和通信服务的发展和突破注入源源不断的动力，推动了数字经济高质量发展和迈向新的高度。对于企业而言，这一方面提供了丰富的机遇，另一方面又带来了巨大的挑战。

在市场竞争日渐激烈的背景下，企业只有修炼好内功、及锋而试，才能拾级而上、立于高地，因而需要不断拥抱新技术、积极探索及拓展产业边界、走技术革新之路。中国移动常年在互联网及通信服务领域深耕，稳中求进、领行业之先，这正是因为其既充分利用在通信行业累积多年的丰富经验，又顺应时代潮流、持续推陈出新，在加强基础运营商地位的同时，积极拓展增值电信业务，顺应“互联网 +”的发展趋势并为产业提供了诸多先进范式。

更难能可贵的是，中国移动清晰地认识到企业的健康发展离不开有效的法律支撑，法务工作持续规范化和专业化。业务与法务专业分工、密切配合，使公司业务在各个环节中避免或降低法律风险且提高合规程度，既维护了企业的品牌价值，又体现了企业的社会责任。据此，集结了中国移动各单位法律专家研究成果的《互联网与信息法务研究（第一辑）》已于 2017 年出版，这部优秀作品集展现扎根于实务经验的行业研究与从法律视角出发的深度观察于一体，具有很强的实践指导价值，同时向通信行业提出了新问题、分享了新思路。

短短两年间，互联网与信息通信领域的技术产品再次更新迭代，法律环境也发生了不少变化，尤其是《网络安全法》及其一系列配套法律法规文件向企业提出了新的合规要求。而我们非常高兴地看到，中国移动“练内功”的脚步始终没有停下。现在,汇集了更具丰富实务经验与法律洞察力的《互联网与信息法务研究(第二辑)》又要与大家见面了。衷心希望这本新的研究成果集能继续为通信行业带来新思考,为业界同仁提供积极帮助。

张学兵*

2019 年 9 月

* 张学兵,中华全国律师协会副会长。

目 录　　互联网与信息法务研究（第二辑）

业务发展研究

热点法律解读

前沿领域探索

业务发展研究

客户协议电子签约模式路径探索

武发虎　刘　波　赵蔚霞　陈　杰　贺夏熙*

摘要

在“互联网+”业务迅速发展背景下，运营商自有渠道和社会渠道全面推动无纸化签约模式。目前无纸化签约模式中的协议为通用模板，与客户具体办理的业务内容和营销活动内容不相匹配，经常引发客户投诉，一旦形成投诉或诉讼，我们很难查证相关证据还原事实。个人客户服务协议签约模式不规范、缺失等问题难以适应互联网营销模式，因此在市场发展中不知情定制、虚假广告、欺诈等客户投诉、舆论热点甚至群体性诉讼层出不穷，不但影响了客户感知，也大大降低了企业的声誉和形象。

为全面规范线上线下对外业务办理过程中客户协议签订行为，我们关注了所有业务办理、营销活动、平台交易等公司与客户发生交互的界面，使之均有相关协议进行约束，并通过生成业务受理单、业务办理协议、营销活动、短信等相关电子单据，形成受双方真实意思表示约束的具备法律意义上的协议性质，并可查询可追溯，规避客户不知情定制、欺诈等重大投诉，保障客户知情权，提高了客户感知。

在开展研究过程中，我们基于广泛调研和与业务人员的讨论，根据业务特点和管理部门，将所有可具备双方意思表示的业务办理、产品交易行为，分为基础业务协议（简称业务协议）、营销活动协议（简称营销协议）、互联网平台与客户之间的协议（简称平台客户协议）三大类，并通过分析三大类协议的特点，分别制定了协议生成路径、审核路径和签约实现方式，使个人客户电子协议能满足业务需要快速通过实体渠道、电子渠道、外呼渠道等

* 武发虎、刘波、赵蔚霞、陈杰，中国移动通信集团云南有限公司。
贺夏熙，中国移动通信集团四川有限公司。

渠道覆盖到各个与客户交互的末梢。

通过探索符合企业实际的个人客户服务协议电子签约模式推广路径，并对面向公众市场的业务办理流程和系统进行改造之后，实现了个人客户电子协议的自动生成路径，目前在优化客户签订电子协议的各个界面，以达到简便快捷的签约目的。希望这个课题研究通过实践，使公司主动适应互联网营销模式，规范线上、线下、外呼等渠道业务办理和营销活动中电子服务协议的签订行为，最终有效规避、降低法律风险。

关键词

个人客户　服务协议　渠道　生成路径　业务办理　营销活动　电子签约模式

Abstract

With the rapid development of the "Internet Plus" business, the paperless signing mode has been promoted in an all-round way in both of the self-owned channels and social channels of the operators. The protocol employed in the paperless signing mode is the general template at present, which does not match the specific business of the customers and marketing activities. Therefore, many complaints by the customers are received. And it is very difficult for us to verify the relevant evidence once a complaint or lawsuit is formed. Such problems as de-normalization or absence in personal customer service agreement signing mode are difficult to adapt to the internet marketing model. Therefore, in the market development, customer complaints, public opinion hotspots and even group litigation emerge one after another on the following problems: uninformed custom, false advertising and fraud. These not only affect the customers' perception, but also greatly reduce the reputation and image of the enterprises.

The members of the research team have made a survey on the online and offline transactions in some districts and counties, in order to fully regulate the signing of customer agreements, regulate the behavior of agents and safeguard the rights and interests of companies and customers in the process of online and offline foreign business management. In the course of this research, we found the restriction of relevant agreements did exist on the interfaces on all business dealing, marketing activities, platform trading between companies and customers. Thus legal agreements expressing the real intention of both parties are to be achieved by generating such relevant electronic documents as business receipts, business agreements, marketing activities and short messages. Such relevant electronic documents can also be checked and reviewed, hence major complaints about uniformed customization and fraud can be shielded on the one hand. And on the other hand, it also protects customers' rights to know, and improve customers' perception.

In the course of the research, based on extensive investigation and discussion with business personnel, according to business characteristics and management departments, we divide all the complicated transactions with the real intention of both sides into basic business agreement (business agreement), marketing activity agreement (marketing agreement) and agreement between Internet platform and customer (platform customer agreement). By analyzing the characteristics of the three types of protocols, the protocol generation path, audit path and contract implementation mode are established respectively, so that the personal customer electronic protocol can meet the business needs quickly through physical channels, electronic channels, external call channels and other channels to cover the end of the interaction with customers.

Through exploring the promotion path of electronic protocol mode of personal customer service agreement which is in line with the actual situation of enterprises, and after reforming the business process and system for the public market, we have realized the automatic generation path of personal customer electronic agreement. At present, we are optimizing the various interfaces of electronic agreement signed by customers in order to achieve the purpose of simple and fast signing. Through the practice, we hope that the company will actively adapt to the Internet marketing model, standardize online, offline, outbound and other channels of business management and signing of e-service agreements in marketing activities, and ultimately the legal risks will be avoided and reduced effectively.

Keywords

personal clients; service protocol; channel; generation path; bussiness processing; marketing activities; e-signing mode

一、通信行业个人客户服务协议签订现状

为充分了解通信行业现行对外业务办理和营销活动过程中个人客户服务协议的签订行为，课题组成员实地访谈调研了营业厅、专营店、村级服务站，对各业务办理场景、办理的具体流程、操作方式、电子服务协议订立方式进行了深入了解，就调研情况来看，各业务办理渠道个人客户服务协议的现状如下：

（一）实体渠道营业厅现状

1. 实体渠道营业厅范围

自营的直销营业网点。

2. 主要问题

（1）协议内容、页数过多，客户不愿逐页阅读；

（2）业务办理流程烦琐；

（3）协议中关键性条款缺失。

（二）社会渠道现状

1. 社会渠道范围

各类合作代理的专营店、服务站等。

2. 主要问题

（1）协议缺失，难以保证客户知情权；

（2）代签或未签字的现象严重；

（3）业务受理单内容更新不及时；

（4）代理商系统无法查询业务办理历史情况。

（三）电子渠道（平台、客户端、网上营业厅）现状

1. 电子渠道范围

目前，电子渠道主要分为以下几类：一是自有渠道，二是自助终端、网厅，三是第三方平台。

2. 主要问题

（1）自有渠道

目前，自有渠道的平台及客户端几乎均使用电话号码注册登录，各平台无平台协议和平台规则。发生客户投诉时，一般以页面的“规则/说明”解释。

（2）自助终端、网厅

客户通过手机验证码办理业务，办理后没有可供查询的电子业务受理单或是客户协议，发生争议后，难以核实并还原事实，如客户表示不知晓，企业可能因举证不利承担赔偿或败诉的风险。

（3）第三方平台

如通过第三方平台办理的业务发生投诉或诉讼，公司可能因举证不利承担赔偿或败诉的风险。

（四）外呼渠道现状

1. 外呼渠道范围

通过自有的服务热线拨打客户电话进行营销推广。

2. 主要问题

（1）难以查证是否不知情定制

发生客户投诉时，有些业务因时间较长或找不到相关依据，难以查证是否属于不知情定制。

（2）未经客户明确确认

由于外呼没有验证环节或二次确认环节，如录音保存不当造成毁损或保存时间有限，对客户是否同意无法证明。

(3)存在举证不能的风险

发生客户投诉后,因无法证明业务办理过程,重大投诉经常以我方赔付客户方式了结。

二、国内外相关立法及现有模式

(一)国外立法现状及发展趋势

1996 年 6 月联合国国际贸易法委员会通过了《电子商务示范法及其颁布指南》,旨在为各国对电子商务的立法提供原则和框架,对以数据电文为载体的电子合同在缔约问题和效力问题上作出开创性的规范,成为世界各国制定电子商务相关立法的“示范法”。而后又通过了《联合国国际合同使用电子通信公约》(以下简称《电子通信公约》),旨在各国立法间寻求相统一的电子合同缔约规则,以消除国际电子商务往来产生的法律的不确定性。

美国在 1997 年颁布了《全球电子商务纲要》,提出了指导电子商务合同立法的五项原则,影响了全球电子商务的发展;1999 年,美国统一州法全国会议委员会通过了当前世界最完备的电子商务合同规范《统一计算机信息交易法案》,该会议还通过了在所有交易允许使用电子记录和电子签名的《统一电子交易法案》,将电子商务与纸面商务摆上了同等地位;2000 年,克林顿政府签署并颁布了《全球及全国商务电子签章法》,此法律丰富了美国电子签名法的内容。

(二)国内立法现状及发展趋势

1. 现有立法

目前,我国关于电子协议的相关法律法规,主要散见于《中华人民共和国电子商务法》(2019 年 1 月 1 日生效)(以下简称《电子商务法》)、《电子合同在线订立流程规范(征求意见稿)》、《中华人民共和国电子签名法》(以下简称《电子签名法》)、《中华人民共和国合同法》(以下简称《合同法》)和《上海市促进电子商务发展规定》。一方面,我国并没有专门的电子合同法的相关规定;另一方面,从《电子签名法》到《电子商务法》等法律规范可以观察到,我国对电子合同的规定在逐步细化。

《合同法》是目前我国在合同领域的基本法律规范,由于电子合同仍然属于合同的一种,因此,电子合同也适用合同法,在合同法已有的规定不能解决电子合同出现的法律问题的前提下,可以适用其他相关规定进行规制并解决相应的法律问题。

2. 电子协议的法律问题

在现实交易活动中,很多当事人还是偏向于选择订立传统的书面合同,就算以电子方式与其他当事人确认合同内容并达成一致后也很少采用电子签名,而是将电子文件打印出来形成纸质稿再书写签名或者盖章。究其原因,目前我国电子协议在应用中主要存在如下法律问题:

(1)合同主体是否具备相应的缔约能力难以判断

当事人订立合同应当具有相应的民事行为能力和民事权利能力,而此能力的判定应当根据当事人的年龄、智力等客观因素来确定。传统的订约方式,当事人通常都会通过面对面的谈判来商定合同,并将双方的资质、身份证明文件作为合同附件。这种签约模式基本能够避免因当事人缔约能力的缺陷而导致合同无效。但是,电子合同订立一方往往是在手机、计算机上通过按键或鼠标来操作自己的意思表示,合同当事人互不见面,往往很难得知其他当事人是否具备相应的民事行为能力。此时,这些当事人订立的合同的效力就处于一种不确定的状态。

(2)合同当事人的意思表示是否真实难以界定

在电子合同中当事人意思表示是否真实很难界定。由于订立电子合同的过程中,当事人都是通过网络来进行处理的,因此合同一方以签订合同时的状态、具体操作人不清楚,如果以意思表示不自由、意思表示瑕疵等为由主张合同无效,则很难去判断合同的效力。

(3)格式条款不合理导致合同或部分条款无效

电子合同均为格式合同,因此如果涉嫌有霸王条款或存在限制对方权利、免除自身义务内容,则也存在导致电子合同自始无效或部分条款无效的结果。

(4)电子证据难以保存

电子合同属于电子证据,由于对已生成的电子协议锁定方式不同,取证的方式不同,因此不同法院不同法官在证据认定、举证责任分配方面亦存在差异,可能对具体电子合同的法律效力产生不同的判断。

3.《电子商务法》对电子协议的发展提供了更多依据

在互联网和全球经济的带动下,电子合同的便捷性和及时性确实促进了经济的快速发展,提高交易效率、减少资源浪费,也是未来发展的必然趋势。

(1)使用自动信息系统订立或者履行合同的行为对使用该系统的当事人具有法律效力

《电子商务法》第48条规定:电子商务当事人使用自动信息系统订立或者履行合同的行为对使用该系统的当事人具有法律效力。该条款承认了由自动信息系统代表当事人作出要约或承诺的意思表示,即目前电子商务经营者普遍采用的由电商平台自动生成协议,消费者点击同意或确认即代表进行签署的操作模式得到法律认可。

《电子商务法》第49条规定:电子商务经营者发布的商品或者服务信息符合要约条件的,用户选择该商品或者服务并提交订单成功,合同成立。当事人另有约定的,从其约定。即对于简单的商品或服务买卖,用户选择商品或者服务并提交订单成功的,合同即成立。

(2)电子商务中推定当事人具有相应的民事行为能力

《电子商务法》第48条规定:在电子商务中推定当事人具有相应的民事行为能力。但是,有相反证据足以推翻的除外。该条款意味着只要合同相对方无相反证据证明,即推定其为具有相应民事能力的人。

(3)明确了司法机关认可的证据留存方式

《电子商务法》第50条规定:电子商务经营者应当清晰、全面、明确地告知用户订立合同的步骤、注意事项、下载方法等事项，并保证用户能够便利、完整地阅览和下载。对于客户签订的协议，应告知用户查阅的渠道，或主动向用户发送短信链接、邮件等便于用户查询，从而确保电子合同具备传统纸质合同签名或盖章的同等法律效力。

（三）各行业电子协议推广情况及主要做法

1. 商业银行采用的模式

商业银行最早采用的电子协议签署模式是前期先对客户进行身份登记，客户办理业务时通过柜台的摄像头进行身份验真后，用户再通过写字板查阅办理业务的相关协议并签字，相关业务办理成功后有短信通知。同时为便于用户自行办理简单业务，银行前期通过对客户进行身份登记，发给客户数字认证证书（U盾），客户通过插入U盾的方式登录银行的网上系统，然后进入网上银行系统办理查询、转账等基本业务，客户通过网上银行办理相关业务时一般也无须再另行签订其他电子协议。

随着互联网的发展，手机银行正成为大众日常办理银行业务的新通道。客户下载商业银行的手机APP后，可以直接通过手机APP签署电子合同，即客户在注册时，会要求输入真实姓名、身份证号、联系电话，并与在银行预留的身份信息进行核对，核对无误后，页面会弹出合同内容，用户勾选“已经阅读并同意合同内容”选项，即视为合同签署。除办理购买理财产品或其他非基本业务，客户需再完成一次前述的协议签订过程，其他日常业务均已包含在客户注册时签订的中，客户无须再另行签订协议。

2. 淘宝、京东等电商平台采用的模式

手机银行的协议签署模式正是淘宝、京东等电商平台一直使用的模式，即客户在注册时，页面会弹出合同内容，用户勾选“已经阅读并同意合同内容”选项，即视为合同签署。各电商平台运营初期，在注册时并未要求用户登记真实姓名及身份信息，随着监管部门的政策、法律法规的不断完善，目前各电商平台已逐步完善用户真实信息登记的工作。

3. 保险行业采用的模式

保险单简称为保单，是保险人与被保险人订立保险合同的正式书面证明。保险单必须完整地记载保险合同双方当事人的权利义务及责任。保险单记载的内容是合同双方履行的依据。保险单是保险合同成立的证明。保险单一般是纸质凭证，但是随着互联网保险电子商务的发展，电子保单开始出现，电子保单没有纸质凭证，只有一个保单号，通过保单号，可以在保险公司网站或者投保的保险电子商务网站上查询。电子保单相对于传统的纸质保单来说，节省了纸质印刷和投送成本。

电子保单将传统纸质保险合同以电子文书的形式替代，客户通过保险公司或保险中介官方网站可查询、下载、打印保单，并可在网上进行保单有效性验证。电子保单具有安全、高效、省心、便捷、环保等独特优势。有了电子保单，投保人就可通过网络投保平台进行投保与电子付费，从而大大节省了时间与精力。

三、个人客户电子协议推广中需解决的问题

（一）需完善个人客户服务协议管理制度流程

为加快推广符合互联网发展趋势的个人客户电子协议，需尽快规范个人客户服务协议管理，建立个人客户服务协议管理流程，并在系统上形成协议生成路径，通过“制度—流程—IT化”的建设，不断完善个人客户电子协议的签约模式。

（二）业务开发流程需进一步梳理

1. 产品开发流程中协议拟订环节缺失；

2. 部分业务流程设计不合理；

3. 各业务部门、各个业务岗位的权责不明晰。

（三）各类协议模板如何匹配到系统中的业务、活动办理模块

如何适应市场竞争要求，快速生成电子协议模板，并对各类业务、各类营销活动模板匹配到相关系统中？在办理环节实现让客户签署协议是实践中电子服务协议推广的难点。

（四）营销活动内容与电子协议如何实时精准匹配

针对每个具体营销活动内容如何快速生成匹配个人客户服务协议是实践中的关键。在产品设计开发环节就同步生成协议模板，才能真正将个人客户电子协议快速推广到面向客户的一线。

四、推广实践路径及风险防范措施

（一）思路

在“互联网+”的时代背景下，无纸化签约已是不可逆的发展趋势，如何针对公司现有电子协议签约模式进行优化提升，同时有效防范风险，是该课题研究的主要目标。因业务办理场景越来越多，业务出口来源难以集中统一，建议参考银行业、保险业的做法，抓住关键问题“抓大放小”，对于高风险的重要业务类型和渠道，通过规范业务受理单、推广电子个人客户服务协议方式进行管控。对于风险较低的业务，可以放开在线上通过网上营业厅、APP、短信等各种快捷方式办理，在办理时注意以下风险：一是规范与代理商侧的管理，加强验证码审核、短信二次确认和权限管理，增加业务稽核环节；二是规范与客户侧的交互，通过客户身份验证，短信二次确认、服务密码、验证码等方式办理业务，系统完整留存办理痕迹和短信内容，降低风险发生。

如何实现电子协议的规范管理和广泛应用，应考虑建立完善由“个人客户服务协议生成—客户协议签署—检查评估”三个子流程构成的个人客户服务协议签约闭环流程，实现管理、效率提升，风险下降。为实现这一目标，可分为以下三个阶段逐步推进：

第一阶段，业务办理、营销活动、平台订购业务环节生成个人客户电子协议模板，各类业务和营销活动、平台通过系统自动匹配主要条款完备的协议，协议模板均经过法律审

核,避免因协议文本引发风险。

第二阶段,线优化下渠道、线上渠道、外呼渠道办理业务或营销活动的界面和流程,使各个办理界面能方便、快捷地签署客户电子协议,并对已签订协议进行保存,提高客户满意度,减少投诉、诉讼和风险。

第三阶段,归口管理部门应定期对营业员、代理商执行客户协议签约规则情况进行监督检查,不断完善协议签署方式,加强协议留存、自动查询功能。对已生成协议进行留存时,应考虑采取固化、锁定等方式,强化证据的效力,确保在可能发生的诉讼、行业监管案件中该电子协议能够得到采信。

(二)实现方式

1. 针对各类场景进行归类

(1)归类推广渠道

各类业务主要通过主要分为线上(电子渠道)、线下(实体渠道)、外呼渠道办理,经过前期调研梳理的各渠道签订的协议情况和各渠道自有的特点,为保证适用文本一致性,还从源头按业务类型输出生成协议模板。

(2)区分业务类型并匹配相应协议

电信企业与个人客户交互需要签订协议的业务类型,可以归为三大类:一是业务协议,主要为从客户入网到销户过程中围绕服务产生的手机卡的一些基本服务需求,常见为入网、补卡、销户等;二是客户使用电信服务后,在电信服务功能、费用等方面发生的一些约定和变更,通常为办理套餐、订购业务等;三是除此之外,通过公司自营的互联网电商平台上购买商户推销的产品产生的法律关系。区分业务类型后,可以根据业务类型界定双方法律关系,并相应拟订输出协议模板。

①业务类协议

主要应用场景为:开户、过户、变更资料、补卡、销户等类。

特点:主要为电信基础业务,业务规则比较固定,可拟订文本相对固定的协议、业务受理单模板,经信息技术中心支撑后匹配到相应渠道。

②营销类协议

主要应用场景为:所有套餐、产品、营销活动、优惠活动。

特点:推广频繁、内容变化较大,与客户推广销售的交互界面较多,需从产品输出环节生成协议模板,并在输出环节选择推广方式,如选择了电子渠道、外呼等方式,将相应匹配短信内容,通过短信通知、二次确认确定双方业务、活动订购关系。

③平台协议

主要应用场景为:平台与商户、平台与用户之间的交互。

特点:协议内容相对固定,但客户接入该平台的路径多元,协议需在最终到达的平台上签署,解决第三方平台无法优化问题。

2. 完善各类型协议电子签约方式实现路径

（1）业务协议实现路径

①梳理所有业务类型。分别由业务主管部门对现有业务类型进行梳理，确定出需要签订协议的高风险业务类型，并将各类业务对应的业务规则提交给法律事务部门。

②制定协议模板。法律事务部门针对需要签订协议的业务类型拟定业务类协议模板，减少不必要条款，精简协议文本，完成后提交业务部门评审。如出现新增业务类型，应重复前述过程，并增加到合同范本库中。

③生成电子协议。IT 等信息技术部门将评审通过的业务类协议模板匹配到相关系统即可办理业务的 APP 和微厅。同时，新增业务协议通过合同范本库制定协议并经审核后按相同路径上传。

（2）营销协议实现路径

①规范全省营销活动，明确所有营销活动开发需通过营销需求平台提起营销需求单，经市场部统一审核后提交 IT 部门开发。

②改造营销需求平台，对营销需求单格式进行优化。需求提起人在填写需求时，需要按照表格要求填写拟推广的商品相关的以下内容。该内容为营销需求单的必填要素：

表 1　营销协议关键要素表

营销活动商品描述
营销活动通用规则：
营销活动办理后，×××生效。 **一、营销活动办理条件** **预存话费：**预存（扣除现金存折）××××元话费，预存的话费分×××次返还，第一次返还的时间为××××，其余预存话费每月返还×××元，共返还××个月； **目标客户：**×××客户方可参与活动； **办理套餐：**主套餐为××××及以上套餐客户方可参与活动； **办理数据业务：**需要办理×××××业务的客户方可参与活动； **扣减积分：**办理活动需要扣减××××积分； **办理营销活动：**需要办理×××××营销活动方可参与活动； **终端：**需要办理×××终端，终端为自备，购机款为×××元；机卡不得/可以分离； **宽带：**需要办理××××M 宽带； 其他

续表

二、客户所享优惠 **赠送通话时长**:共赠送××××分钟×××××类型通话时长,××××生效,其中第一次赠送时间为××××,其余××××类型通话时长每月赠送×××××,共赠送×××个月,每月通话时长××××失效; **赠送流量**:共赠送×××××类型××××流量,××××生效,其中第一次赠送时间为××××,其余××××类型通话时长每月赠送×××××,共赠送×××个月,每月××××失效; **赠送话费**:共××××元话费,赠送的话费分×××次返还,第一次赠送的时间为××××,其余赠送话费每月赠送×××元,共赠送××个月,赠送话费长期有效(×××××到期); **业务打折**:办理的×××××业务减免××××元,每月减免×××,共减免××××个月; **短彩信赠送**:共赠送×××条短信/彩信,赠送的短信/彩信分×××次赠送,第一次赠送的时间为××××,其余赠送短信/彩信每月赠送×××条,共赠送××个月,赠送短信/彩信请当月使用,当月清零; **赠送数据业务**:赠送××××元××××业务,共送×××个月,每月减免××××元; **积分**:赠送您××××积分,赠送您的积分可用于兑换××××,赠送的积分××××清零; **电子券**:赠送×××××电子券,电子券可用于兑换×××××,需要××××前完成兑换; **终端**:终端补贴为××××元,合约期禁拆机(如果可以拆机不告知); **宽带**:赠送××××M宽带,赠送×××个月; 其他
三、合约期内要求 **合约期**:×××个月,协议×××生效; **套餐**:不允许变更套餐/只允许在×××及以上套餐变更;合约期最后一个月是/否允许变更套餐; **保底消费**:合约期内保底消费××××元,为1/×××人保底; **办理数据业务**:合约期内不允许退定××××业务,×××业务使用方法:××××××。合约期到期后是否自动退定×××业务,如果不退订,×××业务为××××元每月。 合约期内是/不允许停机保号,停机保号期间合约期顺延/不顺延。 **使用限制**:是否锁机/锁网/限定区域使用/其他,如有,请说明。
四、违约金

③自动生成营销协议模板时,系统将自动抓取以上内容,放置于营销协议模板中,自动生成该营销活动对应的协议模板。

④全省所有产品、套餐、活动推出前都应当提交营销需求单并填写《营销活动商品描述》。

⑤经办人员在填报营销需求单时,还需选择营销活动推广渠道(可多选)。

⑥营销活动开展前均需通过营销需求单发起申请,由IT部门进行开发,开发完毕后上线推广前,客体部门组织相关单位对产品进行上线前评审,在评审环节,法律事务部人员对系统自动生成的协议、短信内容与产品性质、功能、内容是否一致,是否符合法律法规相关规定进行审核。评审通过后该营销活动正式上线。

⑦电子协议匹配到各办理系统中。IT等信息技术部门将评审通过的协议、短信模板匹配到营业系统、网上营业厅、客户端、APP和微厅。

(3)平台客户协议实现路径

①对于涉及的运营网站、平台,应当根据各平台不同的特点制定平台协议及平台规则。

②对于平台间存在的导流情形,用户无论是从哪个平台导入公司自有平台内进行订购,该客户首先应遵循原服务提供商的服务规则,因此该服务提供商与该客户之间的约定不属于我公司需要约束的范围。用户从其他服务提供商的平台点击进入我公司的平台后,我们才有约束客户行为的义务,因此我们与客户之间的约定应在客户最终在我们平台上发生订购法律关系时才签署协议。

③经过系统改造,在用户跳转到我们平台,点击订购或者办理业务时,系统相应弹窗提示签订简要的平台协议,需签订协议的客户为第一次与我们自有平台发生交易行为的客户,已签订过协议的客户无须再次签订,除非协议内容已变更。

④对于用户已签订的协议,应在平台相关位置放置条款内容,并显示签订的时间,便于用户随时查看。

3.优化电子协议签署流程和界面

(1)根据业务类型甄别办理渠道

高风险业务必须签署电子协议,一般业务可不签署协议,直接通过业务受理单的形式或通过短信通知的方式明确双方权责。如所有渠道的交费、返销等业务可不再单独签订协议,对于办理套餐、营销活动等业务必须签订协议。同时对于线下渠道、自有电子渠道不能支撑电子协议的线上渠道,不得办理入网、过户、补卡、实名登记、客户资料变更等高风险业务。

(2)优化线上线下渠道客户协议签署路径,实现简便快捷

①建立电子协议签署业务规则

根据各业务协议、各业务办理渠道的情况,建立客户协议电子签署业务规则,下发全省执行。对于第三方申请代办的业务,需提出申请并经审批通过后方可接入,对于不能上传协议模板的第三方平台,不得代办高风险业务。

②优化签约流程

针对营业厅、代理商无纸化办公系统,应进行优化,对于必须签订协议的业务,营业厅、代理商、线上渠道都应使用统一配备的协议文本签约,避免因办理渠道不同而导致协议签署情况不一致。同时应进一步简化办理环节,方便客户查阅、签字,对于客户无法签字的办理渠道,应通过服务密码、验证码方式确定客户身份,通过点击同意、通过二次短信回复具体内容等形式签署协议。

③整合办理环节

客户一次性办理多个业务、多个叠加套餐时,一事一办应改造为点菜式合并受理,一

份业务受理单，一个验证码即完成业务办理。对于取消或者更改该套餐的，应实现可拆分取消、可合并取消的功能，提高客户满意度。

④建立电子受理单查询通道

对已经办理完成的业务和活动生成的电子协议和电子受理单，客户在网期限内，应进行长期保存。建立客户查询通道，客户可通过手机短信、各 APP 查询已办理并生效的业务及相关协议，保障客户知情权，提供投诉处理依据。

（3）规范外呼渠道业务办理流程，避免不知情定制

①明确外呼条件

首先应制定外呼管理办法，明确可以外呼的业务范围和外呼单位，如外呼的是营销活动，应在外呼前取得客户同意，尽量减少骚扰客户、泄露信息、不知情定制等投诉。

②经得客户同意

制定外呼脚本模板，外呼人员外呼时必须核实电话接听人的身份，在机主明确同意的情况下进行营销。

③规范外呼规则

在开展外呼时，规范外呼的规则，按照以下外呼脚本模板，在电话营销过程中清楚告知客户业务的资费，免费体验期的起止时间、取消的方式、业务使用方法、具体功能，限制性条件应做重点解释：

表 2　外呼脚本关键要素表

外呼要素点	需说明的具体内容
时间	活动或业务的（协议期）开始时间及结束时间
	预存话费、自由使用话费的返还时间及保底消费的起始时间
活动内容	活动名称、优惠内容，包括活动费用、活动详情等
使用及返还	活动或业务涉及的语音及流量等业务使用范围及有效期
	活动保底费用抵扣范围，是否叠加，保底期间的话费返还情况
	参与活动预存话费的使用范围及返还方式
	抽奖类活动需告知客户中奖后的兑奖方式
特殊条件	活动期间是否能办理停机保号、是否能办理号随我行以及销户等
	协议内是否能办理套餐变更、套餐变更是否只能高转低；是否要捆绑数据业务或其他业务、是否能办理台账、是否需要使用 4G 网络等、赠送的语音或流量是否可以转赠、是否清零
续约	到期后是否自动顺延，如已明确需告知客户活动到期后的续约方式
解约	对不可解约的活动，要告知客户办理后不可解约；对于可解约的活动，不强制要求告知客户解约方式及途径
到期	到期后费用变更提醒，例如，活动期间不收费或打折收费，到期后恢复原价
特殊限制	如区域限制、终端限制等

④获得客户授权

为客户开通电话营销业务时，应通过短信确认或其他方式取得客户明确同意开通的表示。

⑤保存录音及单据

电话营销的全程均应录音并存档，一般来说，录音保存的时间至少应长于业务的合约期或自办理之日起3年，办理业务后应给用户发送业务办理成功的短信及电子协议的查询链接，并妥善保存生成的电子协议及单据。

⑥做好监督考核

业务管理部门应定期检查录音，无论是否出现投诉，发现不合格的电话营销，都应进行回访和考核。

互联网下企业客户合作方管理法律风险分析

——以电信企业为视角

徐 博 周 彬*

摘要

数字化时代背景下，互联网集团客户是电信企业拓展市场发展不可或缺的战略资源，对于落实“中国制造2025”“互联网+”等国家战略的推进、实现企业自身2020年发展目标具有战略意义。

本文将通过分析互联网下企业的集团客户合作方管理过程中遇到的法律问题，从法律角度提出防范建议，以期快速推动“互联网+”业务发展，规范集团客户合作方的管理，防范法律风险，提升企业效益。

关键词

互联网 集团客户 合同管理 法律风险

Abstract

In digital era, internet group customers are dispensable strategic resources for telecom operators to grab more market share, for national strategies such as "Made in China 2025" and "Internet +" to be carried on, and for the enterprise to achieve its strategic development goals in 2020.

Based on analysis of the legal issues in the cooperative program management for internet group customers, this article has given precautions from a legal prospective in order to propel the development of "Internet +" business, to standardize the cooperative program management for group customers for legal risk reduction, and to improve the economic efficiency of the enterprise.

Keywords

internet; group customer; contract management; legal risk

---

* 徐博、周彬，中国移动通信集团吉林有限公司。

引　言

随着“互联网+”战略的深入开展,越来越多的生活领域开始与互联网结合。传统的通信行业也不例外,各大电信企业都在挖掘互联网的潜力与能量。与此同时,在互联网产品开发、应用的过程中,也产生了诸多的法律问题。

“互联网+”具有跨界融合的特性,在跨界重组的过程中实际上是对本行业的延伸,在整合外部资源的同时也将是对行业自身体系的重构。创新驱动的互联网经济改变了粗放型资源驱动经济增长的方式,2015 年 3 月 23 日国务院颁布的《关于深化体制机制改革加快实施创新驱动发展战略的若干意见》旗帜鲜明地做出了回答:把科技创新摆在国家发展全局的核心位置,统筹科技体制改革和经济社会领域改革,统筹推进科技、管理、品牌、组织、商业模式创新,统筹推进军民融合创新,统筹推进引进来与走出去合作创新,实现科技创新、制度创新、开放创新的有机统一和协同发展。

这对于传统通信行业来说既是机遇也是挑战。一方面互联网经济带来了巨大的商业合作前景,互联网背景下带来了新的集团客户资源;另一方面创新业务发展模式、匹配互联网架构的需求越来越明显。如何平衡自身发展局限性与重构现有业务模式成了新的命题。

在传统的营销模式中,客户的需求与电信企业的服务提供共同构成了营销的核心内容,随着互联网的介入,互联网产品、物联网设备的极大丰富,客户对电信企业的服务提出了新的、更高的要求。及时、高效、便捷的服务,催促电信企业对营销模式进行调整,与此同时,电信企业的管理模式也应当与之相匹配升级。

在互联网、物联网等新兴的业务模式发展的同时,也出现了诸多的问题与风险。实践中经常出现电信企业提供互联网服务先于双方签订合同的情况,一旦双方合作失败,将面临涉诉风险。没有签订书面合同导致在维权的过程中产生了障碍。此外,由于互联网服务即时性的特点,服务提供者与集团客户之间多采用后付费加给予一定信用额度的模式,实践中多产生拖欠费用无法还清的情况,总体来讲是合同履行中所产生的法律风险。此外,由于集团客户体量庞大、争取培养不易,还有许多集团客户身份特殊,为了维系客户和可持续发展,一般不宜直接采用诉讼处理争议,这就为集团客户的管理提出了新的课题与挑战。

一、互联网背景下与集团客户合作的模式、特点及问题

互联网背景下与集团客户的合作一直是电信企业关注的重点领域。集团客户的业务体量大、运营资质高、沟通成本低、规模效应好,与集团客户合作,可以为企业带来丰厚的利润,同时,强强联合的业务合作模式有利于拓宽电信企业的业务渠道和提高业务层次。

在与集团客户合作的过程中,也出现了诸多问题,电信企业需要调整和适应。例如,集团客户购买的通信产品或通信服务多存在定制化需求,需要对既有的产品和服务进行

改造,以满足客户的多元需求。其中不仅包含技术和运营模式的调配与改动,在业务办理中还存在特事特办的现象,在某种程度上打破了公司既有的业务规范,为公司的法律防范体系带来了风险。

而之所以“特事特办”“越线操作”,和电信企业与集团客户的合作方式有直接、密切的关系。而合作模式的不同,直接影响企业与集团客户之间的合同性质和效力。

(一)与集团客户合作方的合作模式

电信企业与集团客户之间是通信服务提供者与通信服务接受者的关系,但通信服务合同的履行是基于两种法律关系实现的。一种是服务合同,即企业与集团客户直接签订以提供通信服务为标的的服务合同。其对应的就是“直销模式”下的合作关系。另一种是委托合同,即电信企业与代理商签订委托代理合同,由代理商对接通信服务需求者。其对应的是“代理模式”。两种不同模式对应的法律关系、法律风险均有差异,值得企业关注和研究。

1. 直销模式

“直销模式”是指由厂家直接销售商品和服务的市场营销模式。直销模式中没有代理商和批发商,将产品和服务直接销售给客户。值得注意的是,直销模式仅仅是一种市场营销模式,区别于直销企业、直销行为的概念。《直销管理条例》第 3 条规定:“本条例所称直销,是指直销企业招募直销员,由直销员在固定营业场所之外向最终消费者推销产品的经销方式。”由此可以确定《直销管理条例》所规制的直销行为的构成要件:第一,雇用直销员;第二,没有固定的营业场所;第三,直销员向最终消费者推销。对比电信企业采用的直销模式,其与《直销管理条例》所规制的直销企业、直销行为有本质区别。首先,电信企业并未雇用直销员,所有业务均由公司在职业务人员办理。其次,业务办理、业务推荐均在电信企业的实体营业厅或网上营业厅内,不存在营业场所以外办理业务的情况。最后,与电信企业签订通信服务合同的主体一定是通信服务消费者,但除了通信服务合同以外,电信企业还与各渠道代理商之间存在委托合同,电信企业与渠道经销商之间是代理法律关系。因此电信企业与集团客户之间的直销模式仅仅是一种市场营销的方式的概括和总结,在销售模式本身上并不存在法律风险。

在直销模式之下,电信企业直接为集团客户提供通信服务。电信企业与集团客户之间直接签订合同,合同的主体是电信企业和集团客户,该通信服务合同的权利义务直接由电信企业和集团客户享有和承担。合同的标的是通信服务,具体而言,包括但不限于信息传输服务、互联网端口和通道服务、物联网配套终端服务等。合同的内容则充分体现了合同意思自治的原则,一般来说,相对固定的业务种类之下,已经存在各类型的格式合同,但是由于集团客户存在定制化需求,往往与集团客户的合作不仅限于通信服务合同,还可能存在技术开发合同、代为运营和管理的委托服务合同等。

因此,直销模式之下的与集团客户的合作是由一个“合同束”组成的,其中包含多种类型的合同，也存在多种法律关系，每一种法律关系之下的权利义务关系都需要具体分析、酌情处理。

例如，某电信企业为集团客户的物联网终端定制开发的操控软件、操控平台的知识产权归属问题，涉及技术开发、技术转让的问题。《合同法》第339条规定：“委托开发完成的发明创造，除当事人另有约定的以外，申请专利的权利属于研究开发人。研究开发人取得专利权的，委托人可以免费实施该专利。”诸如此类的合同细节不胜枚举，需要具体问题具体分析。

采用直销模式的优点是电信企业直接与集团客户对接，可以更清晰地了解客户需求，制订完善的通信服务解决方案。从法律结构来看，直销模式的权利义务主体单一，便于风险防控，沟通效果好，有助于形成一致的合意，产生的合同瑕疵较少。但采用直销模式也存在一定的限制和不足，直销模式完全依靠电信企业自身进行业务拓展，市场开发难度大。从法律结构来看，直销模式的责任主体单一，不存在能与电信企业分担责任的主体，从而在一定程度上增加了企业的合同风险。

2. 代理模式

“代理模式”是指电信企业与集团客户之间并非直接的出售和购买通信服务的关系。具体来说，在电信企业与集团客户之间存在代理商，电信企业、代理商、集团客户三者处于代理关系中，这种法律关系是电信企业渠道营销业务中常见的法律关系。

传统意义上典型的集团客户，是指那些在某一领域中需要电信企业提供配套通信服务方案的大企业、大集团，其本身有主营的业务领域，需要电信企业通过通信运营方面的支持辅助其主营业务的发展。集团客户体量越大、业务范围越广，其需要的服务范围越大、合作领域越宽，往往合作的项目涉及通信、支付、管理、基础数据、运营等各个环节。而在实际的业务操作中，出现的一些业务规模大、非直接接受通信服务的“集团”“公司”也以集团客户的身份与电信企业保持着合作关系，从主体的性质看，这些客户应属于“代理商”或“经销商”而非“集团客户”。

代理商与集团客户最本质的区别在于代理商的主营业务是通信运营相关产品的销售，其主营业务与电信企业的主营业务是重合的，而集团客户的主营业务与电信企业的主营业务是互补关系。采用代理模式的优点是可以减轻电信企业的合同违约风险。当然，作为通信服务提供商，如果客户以侵权为诉由提起诉讼，电信企业应当为提供了有瑕疵的通信服务而承担责任。采用代理模式的缺点是电信企业无法给集团客户提供全面的服务。与集团客户之间的合作多是物联网、互联网的联动，客户的需求往往是在电信企业基础通信产品之上的定制开发，其存在多元化的需求。而采用代理模式，代理商能提供的通信服务类型有限，不能满足客户定制化的需求，归根结底还是要寻求电信企业的技术支持，从而徒增了与客户沟通的成本。

（二）与集团客户合作方合作的特点

集团客户能为企业创造大量交易机会，是电信企业巩固市场地位、扩大市场份额的重要一环，所以电信企业普遍致力于为集团客户提供全方位的通信产品和通信服务。但正是由于客户需求的个性化，导致某类业务体量较小，为了维系集团客户，不得不单独开辟通道、资源为集团客户服务。这就造成了运营过程中的“鸡肋”现象。集团客户的业务需求量不足以支撑电信企业某项业务的发展，但若不能为客户提供该项服务，无法满足客户需求，有丢失集团客户的风险。定制化需求意味着众口难调，电信企业的开发和服务也将形成“买方市场”局面。这样，公司在与集团客户的合作中将处于不利地位，也将带来诸多的法律风险。具体来说存在三点法律风险。

1. 客户合作方主体性质多样化

随着互联网经济的发展和无纸化办公的深入推进，通信服务广泛存在于社会各方企事业单位中，与电信企业合作的集团客户主体性质呈现多样化的特点。按照《民法总则》对法人的分类，法人分为营利法人、非营利法人和特别法人。不同的主体性质，意味着客户的合同订立能力、责任承担能力都不相同。而现实中存在的矛盾是，电信企业的各业务条线并非按照《民法总则》中的民事主体划分将客户分类，电信企业是按照客户的规模和业务体量将客户分类，形成了“独特”的政企客户中心。如此，合同的设计中自然无法充分考虑不同主体性质对合同履行、责任承担能力的影响。而企业的法律风险防控必须回归法律的要求，互联网背景下的集团客户虽然规模大小不尽相同、业务体量参差不齐，无法通过客户的规模和体量对客户进行完整的排他划分。

《民法总则》第57条规定：“法人是具有民事权利能力和民事行为能力，依法独立享有民事权利和承担民事义务的组织。”从电信企业的业务实践出发，法人的概念向电信企业传达了三点信息，需要在法律事务中重点关注：

第一，法人具有独立的民事权利能力和民事行为能力。签订合同时要关注是否具有独立的法人资格。法人的内设机构不具有独立的法人资格，因此无法对外签订合同、承担合同义务。实践中最典型的问题是某单位，尤其是军队、政府部门、事业单位和国企等具有一定公权力的法人，不能以单位内部某部门名义对外签订合同，法人的内设部门不具有民事主体资格，不具有对外订立合同的能力。军队单位法人的分类与我国法律规定的法人的分类基本相一致，大体可分为军队机关法人、军队事业法人和军队企业法人三大类。军队机关法人一般指按军队统一编制，依照军委、总部行政命令设立的团（包括独立营）以上各级机关。其基本特征是有代号、番号（军分区、省军区和军兵种、军区以上机关没有代号），有独立的经费和银行账户，能够独立承担民事责任。军事机关法人的主要职能是实施军事管理，执行军事任务。[①] 因此与军队客户合作时，涉及主体资格问题可以有两种解决方案：第一，与团级及以上单位合作，可与该单位直接订立民事合同，与团级以下单位合作，应与其团级管理单位签订合同；第二，可以与军队设立的军队企业法人订立合同。《民

① 参见曲新佩：《军队系统法人及法定代表人的确认》，载《山东审判》1996年第6期。

法总则》第59条规定："法人的民事权利能力和民事行为能力，从法人成立时产生，到法人终止时消灭。"实践中需要注意的是在订立合同时，应当首先关注法人是否还在合法存续，关注法人的工商登记信息是否准确完整，是否存在被吊销营业资质、主体资质的问题，法人是否有破产的风险等，做好尽调工作。

第二，法人对外享有民事权利、承担民事义务。无论其是营利法人还是非营利法人，其都有承担责任的能力。实践中在面对非营利法人的履约和违约问题时，不必怀疑其责任承担能力。例如，社会中存在的事业单位、基金会、理事会、公益组织、社会服务机构，如果存在违约，可以直接作为追责对象，不必寻找其主管单位、上级组织，寻找其主管单位、上级组织带来的问题是各单位之间相互推诿扯皮，增加了电信企业的沟通成本，不利于争议的解决。

第三，法人是一个组织。这意味着广泛存在于社会中的各种性质的"单位"不一定都具有法人资质。这些不具有法人资格的非法人组织也是电信企业重要的客户来源。对于此类客户，应当按照法律规定，关注其合同订立能力和履约能力，针对不同的主体风险，适当改造已有的业务合同，使其与客户的主体资质、履约能力相称。例如，独资企业、合伙企业，虽然可以以企业名义从事民事活动，但其没有法人资格，只能由企业合伙人承担民事责任。因此在与合伙企业、独资企业客户订立合同时，可以考虑让客户提供担保，从而降低电信企业在合同履行中的法律风险。

2. 客户合作方合同流程管理非标化

企业建立合同流程管理制度的目的是将企业的合同管理标准化、流程化以防范合同管理不完善所带来的法律风险。而按照标准的合同管理流程，从合同的订立到合同的履行都应当按照法律的规定设计。但实践中，电信企业为了争取客户，为客户提供及时的服务，往往忽略了合同流程管理的要求。具体来说存在两个突出的问题。

(1)服务先于合同

集团客户规模大，其与电信企业的合作是多领域、综合性的，不仅仅在一个业务上有联系。基于彼此合作的关系，双方新开发的业务模式也都会首先考虑与对方进行合作，可以说电信企业与集团客户之间是战略伙伴关系。

也正是基于这种信任和长期合作关系，导致电信企业在与集团客户的合作中产生了合同订立风险。从合同法的角度解读这种行为，具体来说，在电信企业与集团客户未签订书面合同的情况下，就为集团客户提供了实质的通信服务。通信服务所产生的费用之债，有无法偿付的风险。此外，在未通过合同界定清楚具体的合同权利义务关系的情况下，就对客户提供服务，相当于履约合同是不确定的，待合同签订之后有合同履行不能或违约的风险。归根结底，这是典型的合同履行先于合同成立情况。其带来的法律风险是合同成立前的通信服务所产生的费用的承担问题。涉及的法律问题有合同成立的溯及力问题、事实合同的认定问题以及先于合同的行为所产生的纠纷属缔约过失责任还是违约责任的问题。

(2)回款程序后置

在电信企业与集团客户合作的过程中,经常出现电信企业已按照合同实际履行,但集团客户并未支付价款的情形。在订立合同时,电信企业与集团客户之间可以就合同履行的顺序进行约定。未约定履行顺序的,双方应当同时履行。《合同法》第67条规定:"当事人互负债务,有先后履行顺序,先履行一方未履行的,后履行一方有权拒绝其履行要求。先履行一方履行债务不符合约定的,后履行一方有权拒绝其相应的履行要求。"

集团客户与电信企业长期合作,有约定的货款支付时间和支付流程。而不同的客户,其付款的时间也不尽相同。政府客户可能在财年初期和末期支付货款,重资产传统行业集团客户可能习惯在年底支付货款,而轻资产型的高新技术产业则会按期履行合同支付货款。不同的客户有自己的财务管理制度,其支付方式和支付时间都不相同。

电信企业在与集团客户合作的过程中不可避免地遇到此类问题,如果能针对使用同一类型服务的企业,制定不同的回款时间是最合理的。这样,依照合同约定的合同履行顺序提供服务、支付价款。但若没有约定合同履行顺序,则可能面临合同履行瑕疵问题。

3. 客户合作方合同条款定制化

(1)客户定制化设备问题

与集团客户合作中,还存在集团客户指定设备厂家或者型号的情况,如民航系统出于安全、保密等情形的考虑,指定必须用某通信类股份有限公司生产的通信设备。对于客户定制化通信设备、终端设备的情况,电信企业存在合同风险和侵权风险。

合同风险主要体现在因第三方违约而造成的电信企业履约不能。对于该问题,应当在与集团客户的合同中细化合同内容,将使用第三方设备的权利义务约定清楚,同时约定第三方违约的责任承担方式。侵权风险主要体现在因第三方设备问题致使电信企业提供的通信服务不达标而造成的瑕疵。对于侵权风险,电信企业可以做到的是保证通信服务质量,确保侵权不是由于自身原因造成的。应当在与集团客户的服务合同中对风险进行"切割",明确约定第三方设备应当具备的资质、性能和标准。明确约定对于因第三方设备不达标而造成的侵权责任,不承担法律责任。

(2)客户定制化争议解决方式问题

电信企业与集团客户本着长期合作、互利共赢的宗旨展开合作,但合作客户的主体类型不尽相同,有的是行业内首屈一指的大公司,有的是业务规模庞大的合伙企业。不同企业适合的争议解决方式不尽相同。因此,在合同的争议解决处理条款中应当区分对待不同主体,设计不同的争议解决机制。

对于法人资质清晰明确的主体,尤其是有一定社会影响力、管理规范的大企业,双方可以尝试建立协商机制,不宜诉讼处理争议。对于非法人组织,在合同中应当明确诉讼作为争议解决办法,并直接约定管辖法院为电信企业所在地人民法院。

电信企业与集团客户之间的争议不宜走诉讼程序处理。第一,通常情况下,集团客户与电信企业均是各自行业翘楚,发生诉讼无疑对双方的社会声誉造成不可估量的影响。第二,与集团客户的合作中,集团客户本身就处于优势地位,为了争取客户,各电信企业往往在资费套餐、平台开发、资源调配方面均有倾斜,对于集团客户的维护和市场开发都投入了巨大的人力、物力和财力。而诉讼必有一方败诉,双方合作关系也将破裂,电信企业的前期投入将无法回收,可见采取诉讼的方式得不偿失。第三,诉讼以证据为基础,为争取集团客户,某些电信企业主动变通,在合同审批及合规审查方面可以说是"一路绿灯"。电信企业主动放弃风险防控,必然导致在举证方面捉襟见肘。那么,即使参加诉讼,也是高败诉风险的局面。因此,面对与集团客户合作中产生纠纷,不宜用诉讼手段解决争议。双方应当本着友好协商的方式解决问题,化解争议实现共赢。

但对于非法人组织,其主体资质相对于法人略有不同,应当从严把握,将争议解决方式限定为诉讼,且约定管辖法院,更利于电信企业管控风险。

(三)与集团客户合作方合作中产生的问题

以客户需求为导向的发展模式逐渐出现泛化、僵化的趋势。面对与集团客户合作的过程中出现的诸多问题,以提供通信服务为主要运营手段的电信企业需要调整和适应。例如,集团客户购买的通信产品或通信服务多存在定制化需求,需要对既有的产品和服务进行改造,以满足客户的多元需求。电信企业通常均致力于为集团客户提供全方位的通信产品和通信服务,但由于客户需求的个性化,导致某类业务体量较小,为了维系集团客户,不得不单独开辟通道、资源为集团客户服务,这就造成了运营过程中的"鸡肋"现象。集团客户的业务需求量不足以支撑电信企业某项业务的发展,但若不能为客户提供该项服务,无法满足客户需求,有丢失集团客户的风险。

在市场竞争的压力之下,争取客户就是争取到更多的发展资源,运用借助互联网快车道,大规模地发展集团客户无疑是正确的道路。但是在发展的过程中必须在合规框架内服务客户,否则互联网快车道反而会让风险放大。实践中,电信企业为了争取客户,在合同订立、合同履行的环节中忽略了潜在的法律风险,从而导致公司在后续的争议解决过程中十分被动,或将承担举证不能的败诉风险。

无论是市场营销模式的选择问题,还是提供服务与货款回收的顺序问题,归根结底还是合同风险防控相关的问题。认清合同风险,有针对性地提出风险防范措施才是解决问题的办法。从合同订立、合同履行的各个环节防范合同风险,建立健全证据留存制度化,确保公司在采取诉讼措施时有完整、详尽的证据支持。

二、集团客户合作方管理中的法律问题

服务先于合同现象的产生,是由于合同管理中合同成立的始点界定不清造成的。回款程序后置问题其落脚点应当是将先履行抗辩权和同时履行抗辩权落实到合同具体条款

的问题。不宜诉讼处理集团客户相关纠纷反映出的问题是合同争议解决条款的设置问题。归根结底,有关与集团客户合作法律风险的问题,重点是围绕合同问题展开的。应当厘清合同的主体和权利义务关系,明确各方责任。

集团客户以集团名义与电信企业签订合同,合同的主体是电信企业和集团客户,合同的标的是电信企业的通信产品、通信服务。具体的权利义务应当以合同约定为准,双方在约定合同具体条款时,应当充分考虑合同订立、合同履行过程中的法律风险,做好诉讼证据留存,约定合理的争议解决办法。

(一)集团客户合作方合同订立中的法律风险

合同订立过程中产生的风险就是合同成立问题的探讨。合同的成立要件是指依照法律规定或当事人约定合同所必不可少的事实因素。只有具备其成立条件,才能在法律上被视为一种客观存在。因此,首先应当保证电信企业与集团客户之间订立的合同是成立的。

1. 合同成立的一般条件中的法律风险

合同成立的一般要件是合同当事人明确,当事人意思表示真实。

电信企业与集团客户的主体应当是清晰明确的。实践中出现的问题是,集团客户主体在法律上主体关系复杂,母公司与子公司、总公司与分公司主体关系错综复杂,合同磋商时与母公司洽谈,待签订合同时却与子公司对接。诸如此类的主体不清问题,将直接影响合同条款中各方主体权利义务的设定,进而直接影响合同条款的约束力。

除了合同当事人应当明确外,当事人的意思表示也格外重要。当事人的意思表示应当是自愿、真实、完整的,合同当事人之间应当达成合意。不存在欺诈、胁迫、诱导,必须是基于各自的真实意思表示所达成的合意,否则合同将存在被撤销或无效的风险。实践中出现的问题是,主体不清问题,将直接影响合同条款中各方主体权利义务的设定,导致电信企业与集团客户之间就某一问题没有达成一致合意。特别是在格式条款的应用中,经常出现对于条款理解不同的情况,本质上就是双方未达成合意。而根据《合同法》第 41 条的规定:“对格式条款的理解发生争议的,应当按照通常理解予以解释。对格式条款有两种以上解释的,应当作出不利于提供格式条款一方的解释。格式条款和非格式条款不一致的,应当采用非格式条款。”作为通信服务提供者,电信企业提供的合同多为格式合同,如果未能就具体条款与当事人达成准确的合意,发生争议时将对合同条款作出不利于己方的解释。

2. 合同成立特殊条件中的法律风险

除合同成立的一般条件外,合同成立还有特殊条件,依照法律规定具备某特殊条件时合同成立。例如,法律规定实践合同的成立须以交付标的物为合同成立要件,或者当事人特别约定合同成立应特别具备某条件时,合同在具备该条件时成立。

实践中,在与集团客户合作订立合同时,应当格外注意合同成立特殊条件的问题。如果合同中明确约定了合同成立的条件,而在合同成立条件未达成时就开始履行合同义务将为电信企业带来巨大损失。不同于合同成立后的合同履行顺序问题,在合同未成立时即履行合同,如果造成损失,只能向集团客户主张其承担缔约过失责任,而合同成立后的合同履行不能问题,是典型的违约责任。不同的责任对应的是不同的赔偿范围,实践中应当格外注意合同成立的问题。

除了当事人约定的合同成立要件外,也应当注意到法律规定的合同成立要件对电信企业带来的法律风险。法律规定实践合同的成立须以交付标的物为合同成立要件。而电信企业与集团客户之间的合同标的是通信服务。对于通信服务是否应当属于实践合同的范畴尚不确定。学界中对于供电、水、气、热力合同存在事实合同理论,而事实合同的主要观点即是合同的成立并不以双方合意为要件,而是以具体的合同履行的事实过程作为合同成立的条件。事实合同的成立难以归纳出同意的法律过程要件,具体来说,存在三类事实合同,第一类是基于社会接触而产生的事实合同关系,包括缔约过失责任、好意施惠关系等;第二类是基于团体关系而产生的事实合同关系,例如事实上的合伙或公司、事实上的劳动关系或雇佣关系;第三类是基于社会给付义务而产生的事实的合同关系,例如公用交通的利用关系,供给电、水、气的法律关系等因社会类型行为发生的债权关系。由此可见,供给电、水、气的合同属于典型的事实合同,但通信服务合同是否可以参照适用供给电、水、气的有关规定还需进一步探讨。总之,电信企业在与集团客户订立合同的过程中应当考虑到通信服务合同的特殊性,虽然通信服务合同不属于有名合同,没有专门的法律规定,但是合同法精髓就在于关注当事人双方的意思自治,只要不违反法律的强制规定,根据双方合意订立的合同条款即有效。

(二)集团客户合作方合同履行中的法律风险

合同履行是指合同当事人按照合同的约定或者法律的规定,全面适当地完成各自承担的合同义务,使债权人的权利得以实现的过程。合同的履行是合同效力的集中体现,也是合同消灭的主要原因,因此谈及合同法律风险问题,应当重点关注合同履行中的法律问题。电信企业与集团客户履行合同的法律风险可概括为三个方面。

1. 合同条款约定不明时的合同履行法律风险

当合同的主要条款约定不明确时,相当于合同双方主体并未达成合意,合同未成立。因此探讨合同约定不明确时的合同履行规则问题,是指合同的非主要条款没有约定或者约定不明的情况,应当以何种方式确定履行规则的问题。《合同法》第 12 条规定了合同中一般条款,其中合同成立的必备条款为合同当事人和合同标的,其余条款均可通过《合同法》第 61 条、第 62 条的规则确定合同履行的规则。实践中对应的问题是电信企业与集团客户之间订立合同时主体不清或合同标的不清。主体不清的问题即签订合同的主体与合同磋商主体不同的问题。

另一个问题是合同约定不明时,依法定履行规则履行后的履行利益归属问题及履行成本的承担问题。法律规定的履行规则即确定了合同双方的权利义务关系。但在实践中,电信企业所提供的通信服务具有连贯性,其合同不可能一次给付完成,由于双方履行规则约定不清而造成的履约成本在持续产生,应当考虑到该成本所带来的法律风险。

2. 向第三人履行合同的法律风险

合同关系本质上是信用关系,是以对对方当事人的信任为基础的,因而合同履行的理想状态应当是亲自履行,即由债务人本人向债权人本人履行合同。但法律并不排除向第三人履行债务,向第三人履行债务时必须符合两个条件:第一,债务人向第三人履行债务必须由合同当事人约定;第二,双方的约定不得违反法律、行政法规的强制规定。

实践中,某电信企业的集团客户存在特殊的定制需求,例如,集团母公司为下属控股子公司采购通信服务的情况。电信企业与母公司签订合同,但是其提供通信服务的对象应当是该子公司。如果不确定其对子公司的具体权利和义务,或将面临合同履行法律风险。

3. 提前履行合同的法律风险

提前履行合同是指债务人在合同履行期限到来之前就开始履行自己的合同义务。《合同法》第 71 条规定:“债权人可以拒绝债务人提前履行债务,但提前履行不损害债权人利益的除外。债务人提前履行债务给债权人增加的费用,由债务人负担。”

实践中,某电信企业的部分集团客户在明确需求后,要求立即出卡,要求双方在走协议会签流程的同时交付物联卡,并开通业务。又如,集团客户付费模式以集团统付后付费为主,欠费免停,存在着恶意欠费风险。这些问题归根结底都是合同履行顺序问题。需要注意的是提前履行合同也可能产生法律风险,如果集团客户明确表述拒绝提前履行,那么因提前履行合同而造成的损失将由电信企业承担,而针对集团客户的通信服务多具有连贯性,且欠费免停,可见合同履行风险极大。

(三)集团客户合作方诉讼证据留存法律风险

与集团客户合作中的证据留存问题,本质上是证据留存形式合法化的问题。要防患于未然,将证据转化为有证据能力的证据形式。

实践中出现的问题是客观信息数据作为证据使用时,必须考虑证据能力和证明力。作为电信企业要达到的目标是,第一,让集团客户使用的设备中的客观信息数据以合法的证据形式呈现出来,便于将客观的信息数据以合法的手段转换和抓取出来,而不破坏证据的客观性和真实性。第二,使客观信息数据的表现形式符合证据形式的要求。目前,我国民事诉讼法规定了八种证据形式,也即所有的证据均需要通过法定的证据形式体现出来,法定形式以外的证据将不能作为证据被认可。第三,如何抓取有用的数据,让数据所反映的事实更可信,也就是提高数据的证明力。

(四)集团客户合作方争议解决法律风险

与集团客户合作方的争议解决风险主要有两项:第一,合同中争议解决条款的问题。

合同中未约定争议解决条款,导致发生争议时直接按照法律规定,采用诉讼的方式处理争议或者合同争议解决条款直接约定法院管辖。虽然是有效的争议解决条款,但该争议解决条款不符合电信企业的需求。与集团客户之间的纠纷,不宜采用诉讼途径解决争议。第二,合同纠纷的管辖问题。如果合同中没有约定管辖法院,根据《民事诉讼法》第 23 条的规定:"因合同纠纷提起的诉讼,由被告住所地或者合同履行地人民法院管辖。"如果是电信企业作为原告起诉,将面临到异地起诉的窘境。

三、集团客户合作方管理法律风险防范建议

(一)集团客户合作方合同订立中法律风险防范建议

合同订立的法律风险防范问题,核心应当抓住合同成立的要件问题,规范合同要件,从而保证合同成立无瑕疵。

对于当事人主体混乱、合同磋商主体与合同订立主体不一致的问题,首先应当明确主体资格,对主体进行资格审查校验。确定合同签订主体必须有相应的履约能力,必须处于电信企业可控制的范围内。为不同客户制定不同的业务办理权限等级,在客户办理业务时要求客户提交相应的资质证明,例如实缴资本在 300 万元以上的注册公司可以承办电信企业合同标的额 150 万元以内的业务,分级分批次确定业务承办资质,对集团客户资质做分级处理。除了客户主动提交资质证明外,电信企业也应履行审查义务,可以借助第三方企业信息查询系统或软件(如启信宝等软件)查询客户的履约能力、涉诉风险、工商信息等,切实核查用户的履约能力。

对于合同双方当事人未达成实质合意的情况。应对解决方案的核心是与集团客户尽快达成一致,使合同成立,否则合同效力的待定将导致合同撤销或无效而承担出现风险。具体来说,第一,根据《合同法》第 61 条的规定,出现合意不一致的情况,双方应当在协商的基础上达成新的合意并签订补充合同。第二,若未签订补充合同,则需要确定的规则使合同的内容清晰无误。根据《合同法》第 62 条的规定,确定合同履行的标准。第三,格式条款设计应当明确具体,避免根据法律作出对己方不利解释。约定合同成立的特殊要求时,应当在合同成立后再履行合同,区别缔约过失责任与违约责任的赔偿范围。

(二)集团客户合作方合同履行中法律风险防范建议

对于营销中的委托合同问题、代理问题,要确定清楚代理商的经营权限和委托权限,避免因代理商擅自越权操作而给电信企业带来法律风险。第一,明确划分代理商与集团客户的资质与权限。明确集团客户的定位是有一定发展能力的大企业,代理商不属于集团客户。第二,采用分级管理集团客户的办法,为不同客户制定不同的业务办理权限等级,在客户办理业务时要求客户提交相应的资质证明,避免代理商鱼目混珠,混入集团客户行列。第三,关注集团客户的业务量。以业务量划定集团客户的规模,针对不同规模的客户制定不同的风险防范策略。例如,在对集团客户的销售合同条款中增加开卡时限的

约定,即在放卡给代理商的同时约定该卡或该批次卡必须在某日前开户使用、产生计费,否则封卡作废、号段回收。这样代理商囤卡实际上成了包销业务,加强了卡号的管理,加速了卡号的回收,不存在因代理商囤号导致浪费卡号资源的问题。

对于向第三人履行合同的法律风险问题,应当抓住责任承担的主体。首先,在合同订立阶段,要明确合同订立的主体是否为合同磋商的主体,对于合同条款中与合同磋商阶段中不一致的表述应当重新确定合同双方的合意。其次,在合同履行阶段,要明确合同履行的主体是否为合同订立的主体,是否存在向第三人履行合同的情况。如果客户有向第三人履行合同的意愿与要求,应当通过合同条款具体明确约定,并确立相关的履约规则,确保向第三人的履行能够及时、顺利地完成。

对于提前履行合同的法律风险,首先,应当在合同中明确约定履行顺序,确保意思自治优先。电信企业与集团客户应当在合同中具体约定合同的履行顺序。例如,具体约定在订立书面合同后,电信企业开始提供通信运营服务,在通信运营服务产生费用后次月,集团客户应当支付前一个自然月内所产生的通信服务费用。只有将合同履行的顺序约定在合同具体的条款中,才能避免因合同履行顺序带来的合同履行风险。其次,善用顺序抗辩权,对于约定了履行顺序的具体条款,在集团客户存在欠费无法支付风险时,应当以顺序履行抗辩权为思路,要求集团客户及时补缴欠费,并声明在集团客户未缴清欠费前,不向其提供通信服务,由此而产生的损失与电信企业无关。同时,作为债务人履行合同的过程中,应当避免提前履行合同的情形出现。避免集团客户拒绝接受电信企业提前履行合同。最后,发生提前履行合同的情形,应当及时与客户确认。由于通信服务合同具有连贯性,电信企业提供通信服务是单方法律行为,并不需要集团客户的确认。但若电信企业履行合同的顺序与合同约定不符时,应当及时向集团客户确认合同履行情况,例如定期向集团客户出具资费情况说明、流量使用量说明等相关接受通信服务的量化证明,证明其对于电信企业所提供的通信服务是认可的、知情的,由此避免集团客户拒绝电信企业提前履行合同。

(三)集团客户合作方诉讼证据留存法律风险防范建议

《民事诉讼法》第 63 条规定:"证据包括:(一)当事人陈述;(二)书证;(三)物证;(四)视听资料;(五)电子数据;(六)证人证言;(七)鉴定意见;(八)勘验笔录。"也就是说,只有这符合这八种形式的才能作为证据在民事诉讼中使用。《民事诉讼法》第 64 条第 1 款规定:"当事人对自己提出的主张,有责任提供证据。"第 65 条第 1 款规定:"当事人对自己提出的主张应当及时提供证据。"也就是"谁主张,谁举证"的原则。从以上条款能够发现,电信企业在客观信息数据证据的采集过程中必须注意如下问题:第一,要保证数据的准确、真实、完整;第二,保证数据的表现形式符合法定要求;第三,要将证据和主张一一对应,也就是说,要将证据的准备与欲防范的风险结合起来对应考量。

为此提出如下防范建议:第一,在设计集团客户所需要的定制化产品时,要注重数据的“可视化”,要保证数据可以在后台导出,还要将导出的流程“透明化”“可视化”,让导出的过程更可信,从而增强提供证据的可信度,提升证据的证明力。第二,要以恰当的形式展现证据。电子数据本身的确是一种合法的证据形式,但是电子数据的获取和采集更为抽象。应当设计电子数据与视听资料或物证、书证的转化机制。例如,让电子数据直接生成电子文稿,打印备案,将电子数据直接录入光盘直接形成视听资料。第三,在产品的设计上,强调产品的数据保密性,即强调电子数据的获取只能由电信企业技术人员采集。这种设计模式是为了避免证据被非法采集、破坏从而干扰证据的证明力。

(四)集团客户合作方争议解决中法律风险防范建议

首先,应当在合同中设立争议解决条款或章节。详细约定不同类型的争议解决处理办法,引导纠纷从诉讼中分离。例如,约定有关合同中技术开发专利归属争议,向约定的仲裁机构申请仲裁,有关合同履行中的资费标准及欠费问题,应将争议提交有管辖权的人民法院。通过约定不同类型问题的争议处理方案的好处有两点:第一,可以有效缓解诉讼压力,缓和因诉讼带来的对双方声誉造成的损失;第二,可以掌握诉讼优势,对于证据齐全、证据效力高、证明能力强的诉讼提交法院,而对于电信企业处于不利地位的争议与纠纷提交给仲裁机构等有回旋余地的机构处理争议。

其次,对于合同纠纷的管辖问题。应当与客户协商,约定电信企业所在地人民法院或仲裁机构为有权管辖、仲裁法院。避免电信企业作为原告到外地参加诉讼,为此而支付诉讼必要费用的问题。或者不以原被告某一方法院所在地法院为管辖法院,而是根据具体的争议类型约定不同的管辖法院。具体可以参照《民事诉讼法》地域管辖的规定设定双方可以接受的地域管辖标准。

四、结语

互联网下集团客户合作方的管理的法律风险,主要集中在合同管理领域。对于电信企业与集团客户的合作,应当细致分析合作过程中的每一个细节。

从合同磋商阶段着手,考虑到合同磋商中的缔约过失责任,在合同订立的过程中,避免合同订立主体不清的情况,关注当事人的真实合意,确保合同成立有效。

在合同履行的过程中,充分考虑到电信企业与集团客户之间的合同履行习惯,“先服务、后付费”的模式本身将给电信企业带来客户无法支付费用的违约风险,及时与集团客户确认通信服务使用量,是确认债权从而保护自己追偿权的表现。善用顺序抗辩权,避免因自身原因而导致的客户拒绝提前履行合同的风险。

在证据留存方面,应当关注到抽象信息化数据的可视化问题,将抽象的证据转变为符合法定要求的证据形式,为诉讼积累有效的证据。

政企客户协议的合规化管理实证研究

贺夏熙　廖春生　陈　娟*

摘要

政企客户业务服务对象的专业性以及服务内容的多样性，导致政企客户协议相较于一般电信服务类合同更为复杂。本文拟通过对政企客户业务、政企客户协议文本等方面进行法律分类，分析政企客户协议各环节可能存在的法律风险，并积极提出应对方法。同时本文还以某省电信公司为例，将政企客户协议的合规化管理风险进行实证研究，总结出政企客户协议管理的风险应对措施，希望通过本研究，为今后政企客户协议的合规化管理提供借鉴参考。

Abstract

Due to the professionalism of service objects and the diversity of service contents, the government-enterprise customer agreements are more complex than the general telecommunication service contracts. This paper aims to analyze the potential legal risks in the government-enterprise customer agreements based on the legal classification for the vocational work and agreement text, and actively puts forward approaches to cope with. Meanwhile, we also take a provincial telecom company as an example, and implement an empirical study on the management risk of compliance for the government-enterprise customer agreements. We then summarize the response measures to the management risk of the government-enterprise customer agreements. The results of this study provide references for the future compliance management of the government-enterprise customer agreements.

一、政企客户协议管理概述

政企客户市场是当今信息通信行业发展的重要蓝海，开展政企客户市场的专业化运营，已经成为推动我国信息化事业持续健康发展的必然趋势。

* 贺夏熙，中国移动通信集团四川有限公司。
廖春生、陈娟，中国移动通信集团江西有限公司。

政企业务协议作为政企客户和政企业务的枢纽带，为保证政企市场持续健康发展，减少投诉、诉讼情况出现具有重要作用。因此，关注政企业务协议的风险管理对于通信运营商飞速发展的政企业务以及整体战略部署具有重要意义。

（一）政企业务情况概述

政企业务是指通过通信运营商的网络和业务平台，面向政企客户，以政企客户或其员工、客户、服务对象为使用对象的各类通信产品和信息化产品。以技术为划分标准，可以分为如下几类：（1）基础通信类，例如融合通信业务、流量与统付业务、物联卡应用业务、集团短彩信业务；（2）新型基础设施，例如互联网中心业务、大数据采购项目技术服务业务；（3）通用信息化业务，例如“云视讯”业务、“会议助理”业务；（4）行业应用类，例如“和教育”业务、“餐饮通”业务。同时由于政企客户有大量的个性化需求，因而还存在大量的定制化产品和服务。

（二）政企客户协议管理情况概述

1. 政企客户协议文本特点

首先，政企客户协议制定上往往以产品作为协议内容安排的基础与核心。事实上，政企业务产品往往不止于单一基础业务形式，而是呈现为多种基础业务的融合形式。但协议约定缺乏完整的每项基础业务中的权利和义务。

其次，政企客户协议呈现具象化特征。合同具象化是指合同内容过于具体而缺乏抽象的情况。主要表现为合同内容以产品为主导，合同缺乏统一模板，不同类型业务之间合同内容存在较大差异。

最后，政企客户协议结构松散。即使政企业务类型相似，依然存在协议条款不尽相同的情形。

2. 政企客户协议的风险管理

第一，对政企客户协议缺乏风险识别机制，主要表现在协议签订前，疏于对业务对象的相关资质、履约能力进行先行调查；协议履行过程中，政企客户在不知情的情况下订购或者退订产品，侵犯了政企客户的知情权。

第二，政企客户协议一律以产品为主导，没有以法律关系为导向，协议过于具象化。难以抽象出相同的基础业务和法律关系，并在共性的基础上进行风险管理。因此，政企客户协议管理工作量巨大，管理经验难以迁移到未来的政企业务上，对未来政企业务协议风险管理的指引和预测价值较小。

二、政企客户业务法律分类及法律风险分析

（一）政企客户业务法律关系及其法律风险与应对

1. 软件相关法律关系分析

政企业务中部分软件产品是由通信运营商外包给第三方进行开发或者加工的。根据

通信运营商在软件开发中承担的工作为划分标准，可以分为委托加工合同、委托开发合同、合作开发合同。这类合同应特别关注作品的知识产权的归属问题，包括交付的产品没有知识产权风险，创作的作品的著作权归属问题。

2. 硬件相关法律关系分析

（1）硬件销售

通信运营商向政企客户销售相关设备，将该等设备的所有权移转给政企客户。在该等情况下，双方形成买卖合同关系，通信运营商作为出卖人应当承担如下义务和责任：交付标的物、交付的标的物要符合质量要求、保证第三人不向政企客户主张权利（包括所有权、抵押权、租赁权、知识产权等）；而政企客户作为买受人则承担如下义务和责任：支付价款、检验和接受标的物。

（2）硬件租赁

硬件租赁是指在不移转设备所有权的前提下，将设备移转占有，由承租方进行使用的法律关系。租赁物的交付以及归还应当是该等硬件租赁的重要组成部分，双方对于所交付的租赁物的状态确认对于租赁物的返还时的瑕疵确认具有重要作用。此外，政企客户对该等设备的使用也应当符合双方对于租赁用途的约定以及法律法规的规定。

（3）硬件安装调试

硬件通过销售或租赁方式交付至政企客户后，通信运营商一般将为客户提供安装调试的服务。运营商以自己的设备、技术、劳力等完成安装调试工作，独立对工作任务的完成结果承担风险。因此，应当在合同中对安装环境进行说明并要求客户方提供相应的安装及运行环境，以确保硬件能够在适当的环境下进行安装。

3. 基础通信相关法律关系分析

基础电信业务作为电信行业的基础，系通信运营商所有业务的基础。该等基础电信业务可分为语音通话服务、短信服务、互联网数据服务。

（1）语音通话服务

在语音通话服务中，通信运营商与政企客户之间系一种服务采购关系。政企客户采购系通信运营商提供的一项基于信号资源的能够实现语音通话的通信服务。

服务采购法律关系中，应当注意以下几个法律风险点：

①服务内容的法律风险

由于服务作为一种商品具有五种性质：无形性、不可分离性、不可储存性、品质差异性以及不可感知性。确认服务内容对于服务采购纠纷具有提供一种客观评判标准的作用。因此，应当明确服务的内容包括语音号码的专属性及唯一性，语音通信的质量以及语音通信联络的畅通性保证。

②通信服务的合规性风险

由于政企客户的语音通信服务除满足沟通需求以外，还可能存在以该等通信服务提供相应增值服务的情形出现，应当注意对该等客户的增值服务相关资质进行核查，并在合同中对于该等资质的情况进行明确约定。

③通信服务限制

近几年，骚扰电话盛行，接到骚扰电话的最终用户会向相关运营商提出相关的投诉，要求运营商作为服务提供商，对于其客户利用该等服务进行的骚扰行为进行制止。

因此，为了确保客户不会利用相关电话拨打骚扰电话，则合同中应当就骚扰电话的相关条款作出明确约定，以便于出现骚扰电话投诉的情况，通信运营商能够根据相关约定对客户做出相应的制止行为。

(2)短信服务

短信服务相较于语音通话服务而言，由于具有群发功能，因此，相较于语音通话服务的一对一、点对点，短信服务能够实现更加广阔的信息传播。

基于此，在该等服务中需要注意的法律风险包括：

①服务内容的法律风险

短信业务中需要明确服务的提供方式，以及客户通过该等服务所能够实现的目标以及不能够实现的目标。

②服务标准

短信业务的服务标准包括短信的字数限制、短信发送信息的格式等。

③技术服务的合理注意义务

通信运营商存在对于客户利用该等服务进行的骚扰行为进行制止的监管义务。就该等情况，为了确保客户不会利用相关服务发送骚扰短信，则合同中应当就骚扰短信的相关条款作出明确约定，以便于出现骚扰短信投诉的情况，运营商能够根据相关约定对客户作出相应的制止行为。

(3)互联网接入

互联网接入系一种向客户提供互联网接入方式，使得客户能够通过该等传输通道完成与 IP 广域网的连接。

在该等服务中，既包含物理接入的过程，也包含通道接通后，通过通信运营商的相关设施从而实现与互联网连接的服务。该等类型的服务需要注意的法律风险包括：

①服务内容的法律风险

由于通信运营商提供的是一种互联网接入，从而能够连接互联网的一种服务。因此，服务内容应当按照互联网数据接入的相关技术，所连接互联网的相关数据传输的要求以及其他的服务内容。

②服务标准

在通信运营商的各项关于互联网的产品中，除了接入网络的基础服务以外，为了确保政企客户的一些特殊需求，运营商还能够提供相应的增值服务，例如互联网专线服务、数据专线服务。因此，在服务标准中，除常规服务所应当具备的基础标准外，还应当根据客户的增值业务的不同就不同类型服务的标准进行差别化的管理。

③服务的合理注意义务

由于通信运营商在提供互联网接入服务的过程中，只是为客户提供了 项通道服务，该等通道服务的内容不涉及任何接口的接入，也不涉及任何数据的收集，因而从法律关系的角度上来说，通信运营商所应当承担的监管责任较低。但是在该等业务之上，会存在形形色色的其他业务，因此需要在合同中要求客户就互联网业务的相关行为准则进行承诺。

④技术服务的合规性风险

由于互联网接入后，通过互联网发布信息将会相较于通话、短信有更加广阔的受众，各种不同客户出于其不同的身份考虑，所开展的事项也需要受到互联网相关规范的约束。根据不同的业务，办理不同的必需的许可、批准或备案等。

（二）政企客户协议法律风险的合规化分析与应对

1. 合同的一般法律风险分析与应对

一般而言，通信运营商可能会因为经营行为违反国家强行性规定或者监管政策，侵犯第三方的合法权益，未履行或未完全履行合同义务等原因产生法律上的风险。

（1）网络信息安全风险

通信运营商一方面需对通信用户的信息进行保密，另一方面需保障网络信息安全，即对经通信网络传播的信息内容应进行合法合规性审核，禁止接入和传输非法内容。如果在经营移动业务时未履行上述义务，将可能因为其违法违规或侵权行为承担法律责任。

（2）不正当竞争风险

通信运营商最常见的不正当竞争行为是以排挤竞争对手为目的而低于成本进行捆绑销售或者捆绑销售时对电信业务或服务进行不合理的交叉补贴。

在制订移动业务营销方案时，应防止违反《反不正当竞争法》《反垄断法》《广告法》《电信条例》等法律法规的禁止性和强制性规定，且对捆绑销售方案要按照有关规定履行相应的备案审批手续，捆绑销售要严格遵循消费者自愿原则，不得有损其自由选择权，不得妨碍其购买原有意向产品。

（3）消费者权益保护法律风险

①知情权

根据增值电信服务合同的特殊性，必须履行如下告知义务：第一，主动告知的义务，包括告知服务范围、服务标准、资费标准（《电信条例》第 30 条）、告知故障的义务（《电信条例》第 35 条）、告知巨额资费的义务（《电信条例》第 33 条）；第二，被动告知义务，即客户咨询的前提下，运营商应当提供免费的业务咨询、查询服务以及资费状况查询服务（《电信条例》第 33 条）。

②格式条款

根据法律规定，提供格式条款一方免除其责任、加重对方责任、主要义务，排除对方主要权利的，该条款无效；而当格式条款的解释出现争议且无法按照通常理解进行解释时，将按不利于格式条款提供者进行解释。运营商应注意，如因电信业务协议用语不规范引发用户理解歧义，将导致作为制定格式合同的电信企业一方承担不利的法律后果。

（4）合同履行法律风险

合同履行过程中所涉及的风险是多样化的，从合同的签订、履行、解除各环节都潜伏着法律风险。第一种是因运营商内部管理引发的纠纷。如合同签订过程中，对政企客户的资信和履约能力审查不严格，或是随意简化签约流程。第二种即是受政企客户或第三方行为影响导致违约或侵权。比如，当政企客户违反电信服务合同，向个人客户发送垃圾短信或非法链接时，个人客户无法向政企客户索赔时，通信运营商将被视为责任方；或者当第三方提供的产品或服务不符合质量标准，抑或侵犯他人权利的情况下，通信运营商还可能承担由此给政企客户造成的损失。

2. 具体业务法律风险分析与应对

（1）MAS 及云 MAS 业务

MAS 及云 MAS 业务作为一种短信接口服务，能够为客户提供相应的短信发送服务。由于该功能能够群发短信，因此需要对客户利用该等产品群发骚扰短信的风险作出相应的对策。

（2）智慧码业务

智慧码业务系短信接口服务中，最容易导致最终用户起诉的一项产品。由于智慧码业务中，需要就客户提供的验证码发送到相应的手机用户处，该等验证码对于手机用户的相关账户安全具有重要的作用。由于该等智慧码系客户系统生成，运营商仅提供短信接口服务供其通过短信的方式，将该等系统生成的智慧码发送至相应手机用户上，因此运营商应当与客户就该等验证码及最终用户的账户安全作出明确的约定，由客户对其最终客户的账户安全负责。

（3）会议助理

会议助理包含软件服务以及短信接口服务，通过通信运营商提供的软件操作界面，能够实现该等软件所连接的短信接口的相应作用，从而群发短信。基于此，需要对客户利用该等产品群发骚扰短信的风险作出相应的对策。

（4）物联卡业务

物联卡业务中，由于可能存在最终用户的情况，因此需要就直接销售的政企客户，及政企客户的最终用户，具体业务模式进行相应的设计及规划，可以采取向政企客户销售产品时，同时销售物联卡，确认政企客户与通信运营商之间的法律关系；也可以采取在向政企客户销售产品时，为最终用户设定义务，由最终用户做出相应承诺的方式实现最终用户对物联卡服务的购买及使用,以确认通信运营商与最终用户之间的法律关系。

(5)ICT 业务

ICT 业务系一种定制化要求较强的业务。ICT 业务中往往存在较多的建设内容以及设备采购事项。由于通信运营商并不以建设及设备销售作为主营业务,因此在该等项目中存在于合作单位共同承建该等项目的情形。在该等业务中,需要明确与合作方的合作方式,避免出现违法分包、违法转包的情况。

三、政企客户协议管理的合规化分析与应对

(一)政企客户协议的模式选择

1. 合同的产品主导与法律关系主导

(1)合同产品主导情况

目前政企客户合同主要是以产品作为政企合同内容的主导而确定的。政企合同以产品作为主导的主要表现为该等合同只以产品整体作为服务内容说明,以产品的应用环境以及相关应用目的作为服务内容进行说明,而没有将产品所包含的各类服务根据具体的法律关系进行调整。产品作为各种类别的法律关系的融合,在合同里面难以就通信运营商所应当提供服务的内容作出明确,该等情况很可能导致出现合同履行争议的情况下,无法依据合同约定内容确定相关的服务内容及相应的法律关系,确认相应服务的履行标准。

(2)合同法律关系主导

在合同模板书制定过程中,应当首先就产品所包含的相关内容进行拆分,以区分不同的法律关系。

例如,云视讯业务中,同时包含硬件销售、硬件安装调试、软件销售、互联网接入、云计算五类不同的业务。如果以法律关系主导的方式进行合同拟定,则云视讯业务应当分为五种不同的法律关系,就这五种法律关系通信运营商所提供的设备或服务也不尽相同,通过这种方式便能够明确该等产品项下具体事项的法律关系,在合同履行出现争议时,也能够迅速就某一个法律关系作出快速准确的分析,从而判断运营商与客户之间的权责关系。

因此,合同以法律关系作为主导更有利于复杂产品合同中权利义务的划分。

(3)合同法律关系主导的转化梳理流程

在确认以法律关系作为主导的合同表述方式后,通信运营商需要就现有合同以及现有产品进行梳理,就每一个标准化产品所涵盖的法律关系进行逐一确认,将产品拆分到每个单独的法律关系中,再通过该等法律关系的相关安排拟定该类服务中的相关权利义务。

2. 合同的具象化及类型化

(1)合同具象化

合同具象化主要表现为合同内容以产品为主导,合同缺乏统一模板,不同类型业务之间合同内容存在较大差异。合同具象化对于合同管理来说是一种巨大的障碍,在整个体量

巨大的政企合同中，无法对合同类型化将会造成合同管理的混乱，也无法对政企业务合同进行宏观把控，从而无法把握各个合同的具体风险，甚至无法对合同风险作出相应的统计。

(2)合同类型化

合同类型化是将不同业务的合同进行抽象，再通过一定的总结方法，将所有合同按照一定标准分配到一定类型的过程。在合同存在具象化的情况下，对业务整体进行梳理，将合同由纷繁复杂的表现形式中，归纳总结出一定标准下的各个类型。经过类型化转化之后，合同管理过程中，能够对各个类型的合同作出统一的梳理，以明确该等类型下的相关法律风险，从而实现对合同模块化的管理。

因此，合同类型化对于合同模板统一化管理具有十分重要的作用，能够有效地杜绝防范合同具象化带来的各种风险。

(3)合同类型化的转化梳理流程

对政企客户的业务进行梳理，以法律关系作为主导对产品进行分解，确认各个类型业务的基础法律关系。由于各类产品可能为若干法律关系共同协作之下的组合，因此还需要对各类产品的主要法律关系进行确认。

经过确认后的合同呈现出两种类型：一种系产品业务类别上的类型；另一种系法律关系上的类型。

在两种分类标准之下，可以通过网格化管理的方式，对合同进行不同类别的分解组合，从而实现合同文本模板化管理。

(二)政企客户协议的管理风险分析与应对(以某省电信公司为例)

以某电信企业省公司2017年3月前全省政企类协议管理情况为例。

1.政企客户协议的管理风险

(1)合同起草模式

在2017年3月政企业务协议管理规范前，某电信企业省公司的政企类协议的起草模式主要包括：经合同系统的系统协议、未经合同系统的套章协议、未经合同系统的快文协议或者其他纸质协议。同时，由于未规范模式使用的条件，业务部门在选择模式上任意性较大。根据梳理的数据显示：套章协议使用量最大，占三类协议的66.7%；其次为快文协议(或纸质协议)，占31.9%；系统协议使用量最小，仅占2.4%。

(2)合同审核流程

①系统协议的审核流程过长，影响合同签署效率。

政企协议不同于一般的经济合同，提升效率才能有效占据市场优势地位。如果政企协议的系统审核流程与一般的经济合同一样，其效率是很难保障的。这也是很多政企业务承办人员不愿意用系统协议的原因之一。

②其他方式的审核流程不明确。

除系统协议有明确的审核流程和签署授权，套章协议和快文协议(或纸质协议)基本看不出审核流程,即使快文协议可能有审核流程,但由于存在流程分散、不易保存等原因一般集中无法获取。

(3)合同签署

政企客户类协议的签署很有可能是与客户之间进行当场签署,与一般经济合同相比,具有现场性、及时性的特点。套章协议和快文协议(或纸质协议),合同签署较随意,在无相关合规授权的情况下,有的业务协议仅由产品经理签署,有的由(市公司部门或者县公司)三级经理签署。

(4)合同归档管理

政企客户类协议归档存在以下问题:

①合同原件保管不善。集中档案管理的合同原件与政企业务的实际发展情况相比,规范管理的合同原件数量远远少于实际签订数量。

②实签合同原件数量无法核实。在未规范之前,政企类合同通常为了保障效率,不经合同管理系统的电子审批流程,而使用了套章协议或者快文协议、其他纸质协议,合同未留有电子痕迹。并且合同签订数量与产品(服务)使用数量无法一对一核实,有可能一个合同对应几个产品(服务),在无法立即获得合同原件的情况下,仅有 BOSS 上的产品信息,合同实际签订量无法准确判断。

合同原件归档工作在企业法律管理中是非常重要的环节,合同原件是双方权利义务确立、变更、终止的书面证明文件,是合同履行的依据,是合同发生纠纷时最重要的证据。然而,政企类合同的合同管理工作中存在较大空缺。

(5)套章协议的管理

套章协议的制定、领取、使用、返还、销毁存在管理缺位。

①套章协议的制定。在规范前,政企客户类协议都是根据省公司业务主管部门下发的业务协议,比照分公司自身情况进行修改后,直接投入印刷使用。协议从下发到印刷使用,可能都未经法律和财务的审核,就投入批量使用,存在较大的法律风险。

②套章协议的领取。批量印刷后,各分公司业务部门按需进行领取,个别较规范的分公司进行了领取登记(记录领取的编号),很多分公司无相应的登记台账。

③套章协议的使用。在政企客户协议中,运营商往往是乙方,在合同签署中必然处于较被动一方,因此,除了当场签订的业务协议情形外,套章协议一旦给了甲方,不能及时收回的可能性极大。当然,使用管理不善可能存在一些极端情形可引发较大的法律风险:套章协议领取后,挪作他用,并没有按业务规范指导进行业务协议的签订;同一家合作方,有两份项目一样但内容不同的套章协议的签署。

④套章协议的返还和销毁。套章协议如果领取后,正常签署后,应及时归档(上文已述);若未正常签署,也应及时返还。套章协议毕竟是使用了公司合同专用章的正式合同,若不再使用或者作废应进行统一销毁。

2. 政企客户协议管理风险的应对

(1)建立政企业务合同的闭环风险管控体系

①明确政企业务合同的起草方式和适用范围

为兼顾效率和风险控制，明确政企业务协议只能通过两种方式：系统协议、套章协议，并各自设定不同的审核流程。

对两种起草方式系统协议和套章协议的适用范围应有明确的界定，适用原则遵循强制性与推荐性相结合。比如，第一，对于一些业务个性化较强的、法律风险较大的协议强制使用系统协议的，包括：A. 针对个性化较强的业务签署的政企客户类协议；B. 其他标准化业务，但是风险较大的政企客户类协议，比如协议月收入≥5000 元。第二，对于能够标准化的业务，且金额不大，风险较小，可推荐使用套章协议。

②建立空白套章协议印制、管理、销毁的管理制度

应进一步规范套章协议模板的起草、审核、启用以及套章协议的印制、管理、销毁的主体责任，并在工作职责上进行细化，包括套章协议模板的审核流程，套章协议的印制审核流程，套章协议的编号规则，套章协议的专人专账收发管理，以及套章协议的作废范围和销毁流程等。

③建立政企客户协议审批的管理制度

第一，合同审批时应提供相关支撑性文件。对于政企客户类协议，虽然多为收入类合同，通信运营商作为提供服务或者产品方，也需要投入大量的成本。因此，政企客户的相关资质文件、履约能力等在合同签署前应进行审查，合作依据、合作方式等也应在合同签署前确定。

第二，套章协议和系统协议分别不同的审核流程。套章协议的模板都是由法律和财务会审后确定的模板，具体套章协议签署前的审核主要关注其中的业务信息。为提升效率，套章协议的审核与普通经济合同相比，应减少其他非主管部门的会审。此外，建立两级审核制，第一级审核均为合同经办的客户经理，第二级根据协议签订的客户类别和月收入金额大小进行区分。系统协议则与普通经济合同的审核流程一样。

④建立政企客户套章协议签署的管理制度

政企客户协议作为通信运营商的对外经济合同，应由公司法定代表人/负责人或者法定代表人/负责人的授权人进行合同的签署。但鉴于政企客户协议签署的特殊性，授权不太可能一事一授权，建议可以通过集中年度授权的方式。比如由市州分公司负责人按年度向具有最终审核权的人员发布授权委托书；对于渠道承载政企客户代办业务的，由市州公司负责人授权渠道法定代表人签署合同；同时相关被授权人均不得再进行转授权。

⑤建立政企客户套章协议归档的管理制度

严格规范政企客户套章协议的归档制度。由业务部门专人负责套章协议的发、收、归管理。对于已签订的套章协议应在签订后一定时间内返回业务部门协议管理员处进行归

档，归档范围包括协议文本、协议附件，并建立协议归档台账。同时，对于领取但未及时签订的套章协议，应当定期稽核，及时收回。

（2）将政企客户类套章协议全部纳入系统管理

套章协议作为政企业务中一个重要环节，对业务起着承前启后的作用；协议审核人员与业务审核人员完全可以重叠，不必同一业务经两次审核（业务审、协议审）。从提高效率、业法融合的角度，建议建立套章协议与业务融合的管理系统。比如，如图 1 所展示，将套章协议的申请嵌入政企客户业务的订单系统，系统中已导入各类套章协议的模板，业务人员在发起项目订单申请的同时，填写合同关键信息（包括对方主体、业务内容、单价、数量、付款方式等），由相关人员审核后，系统生成合同，并加盖电子印章。待客户签章后，协议生效，反馈系统以生成订单，完成业务开通。

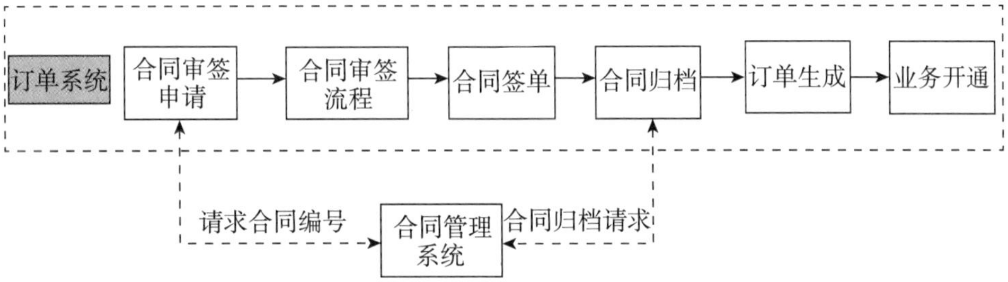

图 1　订单系统示意图

①提升合同签署的效率。套章协议纳入系统管理，其合同审批流转都通过电子的方式完成，节省人力成本、时间成本。

②加强套章协议全流程的电子化管理。从业务的申请、业务的审核、到业务的开通，都与合同的申请、合同的审核、合同的签署在同一个系统上。业务与合同本身直接挂钩，既能保证合同的真实性，也能保障合同的有效执行，加强套章协议的全流程电子化管理。

③实现套章协议的查询统计分析。套章协议不能再成为合同管理的孤岛，通过以上构建的订单系统可与合同系统数据接口，从合同系统上能直接查询、统计套章协议的签订情况，跟踪协议的履行情况。

（3）建立政企业务合同欠费风险防控措施体系

由于政企业务数量巨大，其中涉及的服务类型复杂，存在大量服务采用后付费方式，加之政企业务客户并非一律属于具有较高资信状况的单位。随着政企业务进一步铺开，存在不少履约能力不足的政企客户，从而欠费问题也是在政企业务发展中面临的一个重要合同风险。为兼顾效率和风险控制，应当考虑系列措施有效控制欠费风险。

①建立政企客户欠费中止服务的管理制度

通过规范政企业务体系，将政企业务从收费角度考虑分为：预付费产品、周期结算产品、后付费产品。从而对各类产品的欠费中止服务确定明确的标准，尽可能减少后付费产品。对于周期结算产品，在一个周期没有结算费用的，则不再提供下一个周期的服务。

同时通过制度将政企客户欠费催收责任加以明确，以促进业务人员或客户人员加强对于欠费客户的催收工作。

②考虑通过接入征信体系促进客户清偿欠费

近年来，随着我国征信体系建设的发展，信用体系在生活中发挥了越来越大的作用，各方对于征信也越来越看重。因此，通信运营商可以考虑将政企客户中拖欠费用的客户接入征信系统。根据《征信业管理条例》第 15 条规定："信息提供者向征信机构提供个人不良信息，应当事先告知信息主体本人。"因此，需要在相关合同中增加有关出现欠费违约则通信运营商有权上传征信的条款约定，从而避免客户对于上传信息的争议。通过接入征信体系，对于欠费客户的全社会力量的干涉，从而促使客户进行清偿。

③建立通信运营商自身的黑名单体系

通过对于欠费客户及其关联人员的黑名单体系，避免在客户已经欠费的情况下，通信运营商继续与欠费客户或与欠费客户的关联方发生新的业务，加大运营商的损失。

销售渠道集中化运营模式法律分析与应对

武发虎 赵蔚霞 李 超 张治军*

摘要

随着转型发展需要及互联网业务的快速发展,互联网企业产品推广和销售模式也在不断地发展变化,各类办理业务的渠道越来越多,管理方式也向集中化、规范化和标准化等方向发展。为推动渠道集中化管理运营,提升内部协同效能,有些企业会在下设省级销售分公司全面实施全省线上线下集中运营,实现渠道集中化管理,通过渠道集中化管理创新,进一步提升企业竞争力。集中化后,可以压缩信息传递的过程环节,大部分销售政策及监管措施直接传递到渠道一线,一线营销信息及稽核数据直接反馈到省级销售指挥中心。集中化可保证销售政策经过更严格的测评,提前制定更周全的风险管控措施,同时,因集中化产生的信息反馈及时性和直接性,对于风险监控更为高效,会使传统风险进一步降低,同时有利于提高销售能力和销售效率,降低营销成本。但集中化后也会增加部分新型风险。一是对营销能力、规范管理要求程度更高。集中化前因管理缺陷可能造成的地域性的风险,在集中化之后,如果某个营销方案、销售方式存在缺陷,则可能造成全省性的重大风险,影响面将加大。二是对信息接收和反馈的要求更高。因为信息传递环节的减少,如果各地市分公司不及时跟进消化营销方案内容,或销售分公司不及时监控了解销售推广执行情况和效果,将导致营销方案在地市分公司得不到较好执行,同时销售分公司制定的营销方案和销售推广措施也不能较好地适应当地客户需求和业务发展。

为全面梳理分析集中化营销策划、销售推广过程中的法律风险,进一步研究、分析、评估既有及新出现的法律关系和问题,为今后顺利开展业务厘清管理思路,研究小组对运营企业集中销售过程及线上线下对外业务办理过程情况和自有营业厅、专营店、村级服务站、电子渠道等渠道进行了实地访谈和调研。

本报告将通过对销售集中化中各主体之间法律关系、渠道类别的梳理,从而对集中化

---

* 武发虎、赵蔚霞,中国移动通信集团云南有限公司。
李超、张治军,中国移动通信集团安徽有限公司。

营销和销售中的法律风险进行分析,初步提出防范措施和建议,为业务部门做好应对准备提供参考借鉴。

关键词

集中化营销　集中化销售　渠道　风险　防范

Abstract

With the need of transformation and rapid development of Internet business, product promotion and sales mode of many enterprises are constantly changing. There are more and more channels to handle business, and management mode is also developing towards centralization and standardization. In order to promote centralized channel management and operation and enhance internal synergy, some enterprises will set up provincial sales branches, which will be fully responsible for the management of online and offline centralized operation of branch offices in various cities, achieve centralized channel management, and further enhance the competitiveness of enterprises through centralized channel management innovation. After centralization, the process of information transmission can be compressed. Most of the sales policies and supervision measures are directly transmitted to the first line of channels, and the first line marketing information and audit data are directly fed back to the provincial sales command center. Centralization can ensure that the sales policy undergoes more rigorous evaluation and formulates more comprehensive risk control measures in advance. At the same time, due to the timeliness and directness of information feedback generated by centralization, it is more efficient for risk monitoring, which will further reduce the traditional risks, at the same time, it is conducive to improving sales capacity and efficiency, and reducing marketing costs. But centralization will also increase some new risks. Firstly, the requirement of marketing ability and standardized management is higher. After centralization, if there is a defect in a marketing plan and sales mode, it may cause significant risks and increase the impact in the province. Secondly, the demand for information reception and feedback is higher. That is because the information transmission link is reduced , if local branch companies do not follow up and digest the content of marketing plan in time, or sales branch companies do not monitor and understand the implementation and effect of sales promotion in time, the marketing plan will not be well implemented in the city branch companies, and the marketing plan and sales promotion measures formulated by sales branch companies can not better meet the needs of local customers and business development.

In order to sort out and analyze the legal risks in the process of centralized marketing planning and marketing promotion, to further study, analyze and evaluate the existing and emerging legal relations and problems, and to clarify the management ideas for the smooth development of business in the future, the research group has conducted a comprehensive analysis of the centralized marketing process of operating enterprises, the process of online and offline external business management and the situation of its own business halls, franchised stores and village service stations. Field interviews and investigations were conducted through electronic channels.

This report will analyze the legal risks in centralized marketing and sales by sorting out the legal relations and channel categories among the main bodies in the process of centralized marketing, and put forward preliminary preventive measures and suggestions, which will provide reference for business departments to prepare for the response.

Keywords

Centralized Marketing; Centralized Sales; Channel; Risk; Prevention

一、集中化销售法律风险研究范围

（一）当前通信领域销售集中化运营的几种主要方式

通信业务销售集中化的核心是营销工作的集中化管理。某些国际著名通信运营商已经进行了有益的探索和尝试，取得了一定的成果。Docomo、T-mobile、Vodafone 等积极进行营销转型，在一定程度上实现了由统一的运营部门或销售公司对全渠道进行集中化销售、采购、物流管理，并在加强传统实体渠道的同时，拓展网络销售渠道。

日本领先电信运营商 Docomo 主要通过连锁方式实现营业渠道的集中化管理，根据日本连锁经营模式发达的市场特点，引入高度专业化的连锁经营企业，借助连锁企业的经营能力进行集中化营销，在保障了服务质量的同时，提高了管理效率。

德国电信通过专门的销售公司实现集中化管理和运营，减少了管理层级，实现了架构的扁平化和高效化。

日德的集中化模式各辟蹊径，均适应当地的社会商业传统和法律环境，具有独特的生命力。

（二）销售集中化运营模式中销售分公司与省公司、各分公司和各渠道之间的法律关系

准确分析和界定销售集中化中各主体之间的法律关系，是梳理集中化后法律风险的前提。

（三）集中化营销中的法律风险分析与防范

精准营销和大数据运用是传统营销手段基于信息化技术的升级，所面临的法律问题具有一定的前沿性，需予以特别关注。

（四）集中化销售中的法律风险分析与防范

实体渠道、社会渠道和电子渠道是根据销售通道不同而作出的划分，三者特点迥异，其风险在集中前后具有共性的一面，也有独特个性的一面。

二、渠道概况

销售渠道根据管理模式不同,可分为自营渠道和社会渠道,根据销售方式不同,可分为实体渠道(实体店铺)、电子渠道(线上办理)、直销渠道(客户经理、代办员)。

(一)实体渠道

实体渠道包括自有渠道和社会渠道。其中:

1. 自有渠道

包括直营营业厅。

2. 社会渠道

包括:(1)加盟店,含:委托加盟店、带店加盟店;(2)授权店,含:手机专卖店、授权代理店、手机卖场、社区店、村级服务站等。

(二)电子渠道

1. 自有渠道

包括:(1)互联网渠道,含:互联网门户、手机上网门户、客户端、自营网店、互联网应用;(2)电话渠道;(3)短信渠道。

2. 社会渠道

包括:(1)B2C 电商;(2)互联网分销。

(三)直销渠道

1. 自有渠道

包括:(1)个人客户经理;(2)集团客户经理。

2. 社会渠道

包括:(1)农村代办员;(2)校园代办员;(3)社区代办员。

三、渠道集中化中各主体的关系

(一)销售分公司

销售分公司是渠道集中化管理的主要承担者、实施者,是公司内部渠道集中化主要落实者,也是对外与社会渠道进行合作、对社会渠道进行监督管理的责任主体。

(二)各分公司、各区县的分公司

此类分公司在公司条块结合的管理体系中,在属地进行全业务经营,负责营销政策的执行。

(三)其他专业分公司

其他专业分公司是除销售分公司之外的、根据总公司安排,从事各专业范围内的经营业务,在渠道集中化中承担协作义务。

(四)各内部部门

与渠道集中化有关的内部部门以市场部为主,涉及各专业部门。市场部是市场管理的责任主体，负责总公司主要市场目标的提出和贯彻落实，其他专业部门在各自职责范围内承担配合协助义务。

（五）渠道

包括自有渠道和社会渠道。自有渠道营业员归属与销售分公司管理，与销售分公司签署劳动合同。社会渠道与属地分公司签订代办协议，销售分公司进行业务管理，社会渠道根据销售分公司的营销政策和销售要求完成销售任务并获取报酬。

（六）客户

客户是电信服务合同的当事人，根据过去的合同签约模式，各分公司是服务提供方。

四、集中化营销中的法律风险与防范

（一）大数据运用侵犯个人信息

1. 涉及的法律风险

（1）大数据运用对精准营销的重要意义

销售分公司成立后，在开展营销方案设计时往往利用大数据技术分析锁定销售推广的客户群体，通过明确目标客户群体，可有效指导各渠道销售人员有针对性地开展销售推广，在很大程度上提高了营销推广的效果和效率。大数据技术可对用户的姓名、年龄、号码、通信消费习惯、访问互联网情况、消费构成比例等数据进行采集和分析，再按照分析结果发现市场规律和发展趋势，制订有针对性的营销方案、推出新业务，提升市场占有率和服务质量。根据大数据进行精准营销，可大幅度提高营销服务的效率、节省营销成本。但是，由于大数据分析可能涉及收集、使用客户个人信息，因此可能因使用不当引发侵犯个人信息等风险。

（2）侵犯公民个人信息

①侵犯公民个人信息罪的规定

大数据时代对个人隐私的刑法保护不断强化。2009 年通过的《刑法修正案（七）》规定了非法获取公民个人信息罪，以及出售、非法提供公民个人信息罪两个罪名。2015 年 10 月正式实施的《刑法修正案（九）》及相关司法解释撤销了上述两个罪名，新设侵犯公民个人信息罪，实质上将原有的两个罪名合二为一。《刑法修正案（九）》将《刑法》第 253 条之一修改为："违反国家有关规定，向他人出售或者提供公民个人信息，情节严重的，处三年以下有期徒刑或者拘役，并处或者单处罚金；情节特别严重的，处三年以上七年以下有期徒刑，并处罚金。违反国家有关规定，将在履行职责或者提供服务过程中获得的公民个人信息，出售或者提供给他人的，依照前款的规定从重处罚。窃取或者以其他方法非法获取公民个人信息的，依照第一款的规定处罚。单位犯前三款罪的，对单位判处罚金，并对其直接负责的主管人员和其他直接责任人员，依照各该款的规定处罚。"

2017 年 6 月 1 日开始实施的《最高人民法院、最高人民检察院关于办理侵犯公民个人信息刑事案件适用法律若干问题的解释》第 1 条对"公民个人信息"进行了界定:"公民个人信息",是指以电子或者其他方式记录的能够单独或者与其他信息结合识别特定自然人身份或者反映特定自然人活动情况的各种信息,包括姓名、身份证件号码、通信联系方式、住址、账号密码、财产状况、行踪轨迹等。据此,在进行客户大数据采集及分析过程中,必然涉及"公民个人信息",需引起足够重视。

同时,该司法解释第 5 条第 1 款,对于构成犯罪的"情节严重"各情形作出了具体规定,可能与销售渠道集中化大数据应用有关的情形包括该条第 1 款的第(四)、(五)、(六)、(八)项:

"(四)非法获取、出售或者提供住宿信息、通信记录、健康生理信息、交易信息等其他可能影响人身、财产安全的公民个人信息五百条以上的;

(五)非法获取、出售或者提供第三项、第四项规定以外的公民个人信息五千条以上的;

(六)数量未达到第三项至第五项规定标准,但是按相应比例合计达到有关数量标准的;

(八)将在履行职责或者提供服务过程中获得的公民个人信息出售或者提供给他人,数量或者数额达到第三项至第七项规定标准一半以上的"。

②网络安全的法律规制

2016 年 11 月 7 日,十二届全国人大常委会第二十四次会议表决通过了《中华人民共和国网络安全法》(以下简称《网络安全法》),该法于 2017 年 6 月 1 日起施行。

《网络安全法》第 40 条规定:"网络运营者应当对其收集的用户信息严格保密,并建立健全用户信息保护制度。"第 41 条规定:"网络运营者收集、使用个人信息,应当遵循合法、正当、必要的原则,公开收集、使用规则,明示收集、使用信息的目的、方式和范围,并经被收集者同意。网络运营者不得收集与其提供的服务无关的个人信息,不得违反法律、行政法规的规定和双方的约定收集、使用个人信息,并应当依照法律、行政法规的规定和与用户的约定,处理其保存的个人信息。"

《网络安全法》规定了网络运营者对收集的用户信息严格保密的义务,强调了收集个人信息的边界,即"不得收集与其提供的服务无关的个人信息",明确规定了个人信息保护的主体责任。

《网络安全法》第 42 条规定:"网络运营者不得泄露、篡改、毁损其收集的个人信息;未经被收集者同意,不得向他人提供个人信息。但是,经过处理无法识别特定个人且不能复原的除外。网络运营者应当采取技术措施和其他必要措施,确保其收集的个人信息安全,防止信息泄露、毁损、丢失。在发生或者可能发生个人信息泄露、毁损、丢失的情况时,应当立即采取补救措施,按照规定及时告知用户并向有关主管部门报告。"第 44 条规定:"任何个人和组织不得窃取或者以其他非法方式获取个人信息,不得非法出售或者非法向他人提供个人信息。"

《网络安全法》对哪些网络行为应当受到处罚进行了规范，尤其是强调了网络运营者等维护个人信息安全的"主体责任"，承担法律责任的方式也多样化，有警告、没收违法所得、罚款、责令暂停相关业务、停业整顿、关闭网站、吊销相关业务许可证或者吊销营业执照等。《网络安全法》第64条规定："网络运营者、网络产品或者服务的提供者违反本法第二十二条第三款、第四十一条至第四十三条规定，侵害个人信息依法得到保护的权利的，由有关主管部门责令改正，可以根据情节单处或者并处警告、没收违法所得、处违法所得一倍以上十倍以下罚款，没有违法所得的，处一百万元以下罚款，对直接负责的主管人员和其他直接责任人员处一万元以上十万元以下罚款；情节严重的，并可以责令暂停相关业务、停业整顿、关闭网站、吊销相关业务许可证或者吊销营业执照。违反本法第四十四条规定，窃取或者以其他非法方式获取、非法出售或者非法向他人提供个人信息，尚不构成犯罪的，由公安机关没收违法所得，并处违法所得一倍以上十倍以下罚款，没有违法所得的，处一百万元以下罚款。"

2. 侵犯公民个人信息风险的防范措施

（1）对公司所拥有的数据进行采集和分析并不违法，但应注意严格控制大数据的敏感内容和采取加密措施，以免无意中构成罪名中的"提供"行为。

《最高人民法院、最高人民检察院关于办理侵犯公民个人信息刑事案件适用法律若干问题的解释》第3条第2款规定："未经被收集者同意，将合法收集的公民个人信息向他人提供的，属于刑法第二百五十三条之一规定的'提供公民个人信息'，但是经过处理无法识别特定个人且不能复原的除外。"因此，对大数据内容应当采取有效的保密措施，在采取技术处理之前不宜向渠道方直接提供。如果根据精准营销的需要，需向有关合作方提供或在内部流转，则应当先对有关敏感内容（个人信息、通信记录等）进行技术屏蔽，且须确保不能通过普通技术手段规避技术屏蔽措施。

（2）对大数据的采集和分析的中间数据以及最终成果，应采取技术措施防止数据拷贝、传播，从源头上杜绝信息泄露的发生。

大数据的采集和分析过程，必然会有内部人员或受委托单位的工作人员接触到有关大数据，应当在工作用计算机设备上设置对未经允许的拷贝、传送予以禁止的功能。

（3）在精准营销环节，只能使用不包含敏感信息的大数据"清洁版本"。

大数据"清洁版本"应当不包含该罪状所描述的内容，建议仅包含客户姓氏以及电话号码。

（4）在精准营销方案中，只应规定推广方案措施、对象，不能对客户通信偏好、消费记录等信息进行披露。

（5）公司与接触到大数据有关内容的全部人员签订保密协议。

在与受委托进行大数据采集分析的第三方以及社会渠道所签订的保密协议中，应当注意约定明确的保密措施以及第三方对其工作人员的保密要求，以及违反保密约定所应承担的赔偿损失、解除合同等违约责任。

对于可能接触到大数据的公司内部工作人员，应当签订有针对性的保密协议。

(6)通过对工号权限的合理分级设置，从技术上控制敏感信息的接触范围。

(二)泄露公司商业秘密

1. 涉及的法律风险

(1)大数据中的商业秘密

商业秘密是指不为公众所知悉、能为权利人带来经济利益，具有实用性并经权利人采取保密措施的技术信息和经营信息，包括设计资料、程序、产品配方、制作工艺、制作方法、管理诀窍、客户名单、货源情报、产销策略等。其中，不为公众知悉，是指该信息不能从公开渠道直接获取；能为权利人带来经济利益，具有实用性，是指该信息具有可确定的可应用性，能为权利人带来现实的或者潜在的经济利益或者竞争优势。商业秘密是公司的财产权利，它关乎企业的竞争力，对公司的发展至关重要。大数据所形成的数据文件，包括了客户名单、消费习惯等信息，反映了客户市场的基本特点，如被竞争对手获悉并不当运用，将损害企业的市场竞争力。

(2)大数据包含的商业秘密在采集运用环节的泄密风险

受委托进行大数据采集、分析的单位，可以接触大数据技术实施过程的中间数据及最终结果。在大数据运用过程中，有关渠道工作人员会接触到大数据的部分内容。如果不采取有效的保密措施，将导致泄密事故的发生。

2. 对防范大数据中商业秘密泄露风险的建议

(1)应当将大数据采集分析的中间数据及最终文件纳入商业秘密保护范围。

(2)前述关于防范侵犯公民个人信息罪刑事责任风险的措施，也适用于大数据商业秘密泄露风险的防范。

(三)精准营销中广告违规

1. 涉及的法律风险

(1)传统营销模式中违反《广告法》的主要情形

《广告法》为广告制作发布者提出了更高的要求，对企业而言，特别应关注的几个方面为：

①《广告法》第9条关于极限用词的禁止，这在过往的广告中较为常见，如“最优、最佳”即成为被投诉的广告。以后应严格审查、杜绝此现象的出现。

②《广告法》第13条规定，广告应当具有可识别性，应当有广告标记。特别是软文广告，容易违反该条第2款“大众传播媒介不得以新闻报道形式发布广告”的规定。

③贬低竞争对手的对比性广告。

④广告侵犯第三方在先权利。如广告所采用字库是第三方登记了著作权的美术字体，产生侵权纠纷。

(2)互联网营销中违反广告法的情形

互联网广告风险虽然也属于广告风险的一部分,因其风险特征具有其特殊性的一面,电子渠道广告主要适用《互联网广告管理暂行办法》的规定。互联网广告指通过网站、网页、互联网应用程序等互联网媒介,以文字、图片、音频、视频或者其他形式,直接或者间接地推销商品或者服务的商业广告。在内涵方面,除付费搜索外,还包括链接广告、电子邮件广告、商业性展示广告等形式。互联网信息只要满足《广告法》第3条规定的四大构成要件,就应当被认定为商业广告,具体为:①在中国境内,即广告主、广告发布者、广告经营者、域名或服务器所在地等任一要素在境内的;②一定的媒介形式,包括网站、网页、自媒体、电子邮箱、应用软件等,不论受众多少,不论媒介是否自有或他人所有;③直接或间接的推销商品或者服务的目的,包括直接广告、软文、事件营销、企业形象展示等;④不管是否支付广告费。

利用互联网发布、发送广告,不得影响用户正常使用网络。不得以欺骗方式诱使用户点击广告内容。未经允许,不得在用户发送的电子邮件中附加广告或者广告链接。此外,在互联网页面以弹出等形式发布的广告,应当显著标明关闭标志,确保一键关闭。互联网广告,应当具有显著的可识别性,使一般互联网用户能辨别其广告性质。以电子邮件、即时通信信息等形式即时推送广告的,应当在发件人和标题部分明示邮件、信息的来源和性质,使消费者在打开邮件、信息之前即能获知其广告性质。

根据《关于加强网络信息保护的决定》及《网络安全法》之规定,互联网广告经营者及发布者在业务活动中收集、使用用户个人电子信息,应当遵循合法、正当、必要的原则,明示收集、使用信息的目的、方式、(收集和使用的)规则和范围,并经被收集者同意。

2. 风险防控建议

(1)所有广告在发布前,均应经过合法性审查。

(2)委托广告经营者制作的广告,应在委托合同中明确约定不得侵犯第三方在先权利,如出现侵权纠纷,由受委托方承担全部责任。

(3)对于通过网络论坛、APP等形式发布的产品信息或营销内容,应当纳入广告审查范围,特别是对软文予以足够重视。

(4)采用电子邮件等电子形式推送广告,应做显著标志,应当在用户打开查阅之前便可查知属于广告。

(5)可考虑在客户入网协议中增加格式内容:"同意在合同履行过程中根据本人通信消费项目信息向本人推荐更为合适的资费套餐。"

(四)精准营销中营销产品"窜货"

1. 涉及的法律风险

精准营销方案中的"窜货"风险。

"窜货"是指商品流通中代理商在约定代理区域内销售商品。在精准营销中,对特定用户推出了个性化的营销政策。如果营销政策运用或被推广到错误的客户群体中,轻者将会导致营销效果大打折扣，严重时会给公司带来损失。因此，此处借用“窜货”概念代指精准营销方案因管理混乱或社会渠道恶意利用规则漏洞，被错误运用到非目标客户的营销现象。

2. 风险防控建议

（1）在营业系统中，对精准营销业务的办理设置特定客户与精准营销方案的关联，非关联客户不能办理业务。

（2）对社会渠道办理的精准营销业务，通过书面形式确定办理权限和时限，并禁止将业务转委托其他渠道或第三方。

（3）通过短信、APP 等途径实行的精准营销，必须做到点对点到位，且采取周密措施防止营销方案误发到非营销对象。

（五）渠道精准营销培训不到位

1. 涉及的法律风险

精准营销要求渠道具有更高的销售能力。实行精准营销后，不同的营销方案需要不同的营销方式和手段，业务介绍内容也显著不同，需要对各类渠道销售人员进行必要培训，提升销售能力，避免错误销售。

2. 风险防控建议

（1）对于精准营销内容采用具有针对性的关联措施，如印发统一的纸质营销介绍内容，随大数据分析得出的客户清单分发配置到相应的社会渠道。

（2）根据客户投诉，对超出精准营销内容的情况及时介入核查，并纳入考核。

（3）加强社会渠道培训。

五、集中化销售中的法律风险及防范

（一）销售时不与用户签订协议或签订协议不规范

1. 涉及的法律风险

由于目前各销售渠道在为客户办理业务、服务或产品变更等过程中，未与客户签订内容完整的业务受理单或协议，导致经常发生客户投诉，引发客户的投诉和不满。规范完善对外业务个人客户协议流程，有以下三个方面必要性：一是监管要求趋严。2017 年 2 月，工信部下发《关于规范电信服务协议有关事项的通知》，要求电信企业在开展电信业务经营活动时，应与客户订立电信服务协议，按电信服务协议提供服务。不得拒绝订立协议，不得擅自终止、变更协议，否则可以按相关法律法规追究民事责任。二是投诉压力增大，可能通过网络、舆论大肆炒作、传播扩散不实评论，引发舆情危机，使投诉不断加剧，甚至可能转变成重大维稳事件。三是难以适应发展：互联网时代线上办理业务将成为主要发展模式，但目前线上渠道办理业务没有与客户签订电子协议，也没有生成可保存电子单据，任何官网或客户端等渠道无法查询到办理业务的具体内容，客户一旦产生怀疑或争议，因难以提供相关依据，可能违反知情权、明白消费等消费者权益保护法的相关规定。

2. 风险防范意见

（1）所有业务办理后应有受理单或附有个人客户协议。对通用业务、全省性业务或者业务办理量较大的业务，如号卡类业务（开户、过户、销户等）、资料变更类业务（账户资料变更、客户资料变更）等，统一拟定固定模板由信息技术中心上传到营业系统配置使用。针对营销活动，应在基本的模板框架上，通过营业系统配置，将营销活动具体的业务规则、资费情况、合约生效时间、违约责任等嵌入基本的模板中，生成完善的电子协议。

（2）管控高风险的重要业务类型和渠道，风险较高的过户、补卡等业务应签署书面或电子协议。如果电子渠道不能实现电子协议签署方式的，建议限制该类渠道。对于风险较低的业务，可以放开在线上办理，一是规范与代理商侧的管理，加强协议签订和权限管理，增加审核审批环节；二是规范与客户侧的交互，通过短信通知、短信确认加验证码等较为严密的方式办理业务，降低风险发生。

（3）书面形式并不仅仅限于纸质版本，还应大力推广电子数据，支撑电子渠道的发展。据此，应考虑加快社会渠道无纸化办公系统的优化和设备的配置，使更为便利的电子签约方式得到更广泛运用。

（4）建立电话营销、短信营销等电子数据方式签订合同操作规范。对营销中的电子数据必须通过技术手段确保实现数据的保存和提取，以此作为特殊书面合同的依据。对于电话营销，应当通过短信提示、确认程序，固定客户选择的服务内容。在设备存储能力允许的情况，辅助以录音文件，作为合同组成部分。对于短信营销及短信内容，包括电话营销中的短信确认信息，应当取保内容完善清晰，用户选择服务简便明确。

（5）完善协议有效期管理和协议存档管理。所有营业系统、线上渠道中的协议均应存档，存档期限原则上在协议期满后不少于三年。系统设置并登记协议的履行期限，协议到期系统自动提醒或设置自动续签功能。记录协议的变更情况，包括原合同内容、变更后内容、变更执行时间等。电子数据因其易于删改、灭失，作为书面合同的证据具有一定难度，对此须予以足够重视，以免出现服务争议时作为服务方举证不能。

（二）销售时实名入网执行不严、审核不规范

1. 涉及的法律风险

（1）实名入网的规定是近年来电信服务监管领域的热点和难点问题。实名制事关国家社会综合治理、打击电信欺诈以及反恐战略，各运营商有义务严格执行。但对于社会渠道而言，其政策高度不够，日常经营不规范，是推行实名制的难点所在。且目前线上实名认证方式可在实际使用人未在现场的情况下，通过身份证复印件进行认证入网，存在审核不规范、实际使用人与入网信息不符的问题。如果社会渠道不能履行实名制义务，运营企业作为被代理人将承担相应法律责任。

(2)实名制的规定

国家层面关于实名制的规定主要包括《全国人民代表大会常务委员会关于加强网络信息保护的决定》《电话用户真实身份信息登记规定》《关于防范和打击电信网络诈骗犯罪的通告》等法律法规及规范性文件。

根据六部委、机关通告第3条之规定,实名入网具体要求是"电信企业在为新入网用户办理真实身份信息登记手续时,要通过采取二代身份证识别设备、联网核验等措施验证用户身份信息,并现场拍摄和留存用户照片"。

(3)违反实名制所承担责任

如出现电话用户实名制违法违规行为,将按照工信部等六部委机关印发的《关于防范和打击电信网络诈骗犯罪的通告》要求处理。对违规较轻的,对相关省、市进行通报批评,限期整改;对违规严重的,对相关省、市主要负责人进行警告、记过、记大过等行政处分。

2. 风险防范建议

(1)设备保障

为社会渠道配置二代身份证识别设备、联网核验设备,并只应支持现场拍照方式审核身份证后入网,所拍照片应当与设备有传输接口。

(2)确定规范的用户身份验证程序,并通过书面形式(含电子数据)确定社会渠道应当遵照执行的义务和责任。

(3)实名认证系统中应当完善用户信息核查功能,对于不符合规定的入网信息,应通过软件禁止方式拒绝入网。

(4)对于实名制执行情况进行监督管理,并纳入考核事项。

(三)变更时过户及补卡程序不完善被恶意利用

1. 涉及的法律风险

过户是电信服务中常见业务,适用于客户之间对原使用号码的转移。补卡是用户在原卡损坏遗失等情况发生时必不可少的程序。有些渠道的补卡主要通过营业厅中自助补卡设备实现。非正常的补卡和过户操作,会导致吉祥号码的盗卖,原号码内预存费用的盗用等恶性事件发生。补卡还可能导致原卡与特定设备的绑定失效,导致新卡在其他终端设备上的非正常使用,客户只需按原资费标准付费即可享有其他服务(如固定区域使用的上网卡可漫游到省外、安防机锁卡失效),将导致运营企业遭受重大损失。

2. 风险防控建议

(1)设定敏感号码、吉祥号码清单,对清单内号码的补卡、过户设定更高的审核程序。限制社会渠道可以办理的补卡、过户号码范围,只向其开放范围外号码的补卡过户功能。

(2)建立补卡过户程序规定,通过书面形式纳入各渠道应承担的代理义务。通过书面形式,对各类渠道违规办理补卡过户业务确定严格的违约责任。

(3)对于特殊用途的卡,在营业系统中禁止通过普通程序自助补卡。

(4)及时监督检查补卡过户合规性执行情况,纳入社会渠道考核范围。

(四)销售人员利用职务养卡获利、套利

1. 涉及的法律风险

(1)养卡是社会渠道中个别不良代理商通过为通信卡虚假开户,并维持通信卡基本使用状态,以此获取业务发展佣金和各类活动优惠,赚取“利润”的手段。养卡获取佣金,是利用业务规则漏洞获取不当利益的欺诈行为。对运营企业而言,支出了较高金额的佣金,但没有实际获得市场份额的拓展。

(2)套机获利是一种欺诈行为,严重的可构成诈骗罪。套机获利一般发生在预存话费送手机的业务活动中。直销渠道、社会渠道通过办理虚假的预存送机业务,在业务办理完成后机卡分离,不按约定期限支付每月的保底通信费,将手机终端变卖获利。随着对套机获利打击的深入,甚至出现了重新刷终端IMEI号以实现变卖目的的违法套机方式。

2. 风险防控建议

(1)对于养卡或套机获利的处理规定,应当通过书面形式纳入社会渠道的合同义务。有关内容应包括对于养卡、套机获利的判断标准、出现养卡、套利情形时社会渠道应承担的责任。养卡、套利判断标准的确立,可使社会渠道失去恶意利用佣金规则的前提。对于调查后认定确属养卡套利的,应当收回码号,由社会渠道退还所收取的佣金和获得的利益,并自保证金中扣收违约金,增加其欺诈成本。如不能按期退还,则按市场价赔偿终端损失。构成犯罪的,将相关报案材料移送公安司法机关按诈骗犯罪报案处理。

(2)持续完善营业系统对于养卡的稽核功能。

(3)对于短时间内大量开卡、办理优惠活动的情况进行有效监控,发现超过异常监控阈值的,立即介入人工调查。

(4)将养卡、套利等行为纳入日常考核事项。

(五)对销售代理方的准入和退出管理不当

1. 涉及的法律风险

集中化销售模式的发展,使实体渠道、电子渠道中不断吸纳进越来越多的代理方进行第三方代理,但代理方资质、经营实力、信誉、销售能力良莠不齐,对集中化推进过程中的规范、合规管理造成较大的困扰。

哪些网络平台、什么资质的经营主体、具备什么能力的个人可以代理业务、代理哪些业务目前无明确清晰的规定,也没有具体审批、审核流程,对可以代理的业务类型没有做级别上的限制。或者即使对社会渠道有管理标准,但对未及时对代理商代理行为进行评估,导致代理商在后续合作过程中不具备履约能力,甚至违规操作,给公司带来巨大损失。当销售代理方经营绩效低下或出现严重违规时,应当及时退出。如果处理不及时将会养痈成患,出现更大损失。

2. 风险防范建议

(1)公司应严格审查合作代理商的经营范围、资质,申请成为公司的业务代理商(如专营店、代办店等),必须具备法律上的市场主体资格。公司应当明确代理商准入评审审核、评估服务情况、退出解除代理等相关管理规范要求。

(2)对申请人的负责人或实际控制人进行审查。杜绝一个实际控制人,以多个主体名义申请成为公司社会渠道的现象。

(3)对实际控制人转让其已经获得的社会渠道经营资格的,应当在代理协议中明确约定禁止擅自转让。

(4)通过社会信用公示查询系统,核查其经营中的信用状况,杜绝已失信人员申办社会渠道资格。

(5)定期对代理商代理行为进行评估考核,对于违规代理商应尽快收回代理权限,如违规办理业务给公司或客户造成损失的,应要求其承担损害赔偿责任。

六、集中化销售风险特点总结

集中化后一些原有的传统风险仍未能彻底解决,同时,随着集中化和互联网模式的发展,我们还需对新产生的风险做好充分的分析、评估和应对。

集中化是相对于层级管理模式而言。未集中时分层管理模式为各销售政策和监管措施传递需要逐级下达,传递效果从省公司到各区县公司及营业网点不断减弱。对于营销信息的反馈,信息流按照反向流动,同样存在逐级递减的特点,从营销效率和效果上会造成一定程度的损减。另外,集中化销售前各分公司经常在未深入分析研究市场竞争形式和客户需求的情况下,匆忙出台各种营销方案和政策,导致各类套餐繁多复杂,相互冲突重叠,目前历年来积累的套餐数量已达到上万个,造成了营销成本和维护成本的占用和浪费。

渠道集中化后,压缩了信息传递的过程环节,大部分销售政策及监管措施直接传递到渠道一线,一线营销信息及稽核数据直接反馈到省级销售指挥中心。集中化可保证销售政策经过更严格的测评,提前制定更周全的风险管控措施,同时,因集中化产生的信息反馈及时性和直接性,对于风险监控更为高效,会使传统风险进一步降低,同时有利于提高销售能力和销售效率,降低营销成本。

但集中化后也会增加部分新型风险。一是对营销能力、规范管理要求程度更高。集中化前因管理缺陷可能造成的地域性的风险,在集中化之后,如果某个营销方案、销售方式存在缺陷,则可能造成全省性的重大风险,影响面将加大。二是对信息接收和反馈的要求更高。因为信息传递环节的减少,如果各分公司不及时跟进消化营销方案内容,或销售分公司不及时监控了解销售推广执行情况和效果,将导致营销方案在分公司得不到较好执行,或者销售分公司制定的营销方案和销售推广措施不能较好地适应当地客户需求和业务发展的情况。

销售集中化是管理创新的重要举措,本报告主要研究了集中化营销中可能产生的侵犯公民个人信息、泄露公司商业秘密、广告宣传违规等风险,以及集中化销售推广过程中的风险,并对销售代理方管理中的风险进行了梳理,提出了防范控制风险的建议。目的是通过对集中化后的新情况新问题开展风险研究,切实规避风险,保障业务的顺利开展。

通信光缆建设与维护的法律风险防控

赵　丽*

摘要

近年来,通信基础设施的快速发展为实现“互联网+”的信息化国家战略奠定了坚实基础。与此同时,通信基础设施建设与维护过程中的纠纷案件也同步上升,其中通信光缆纠纷案件占比最大。本文通过对通信光缆纠纷案件的类型归类,探索发生纠纷案件的根本原因,分析纠纷案件可能造成的各种后果,进而提出防控纠纷案件的方法与措施,以期对识别和防范通信光缆建设与维护过程中的风险与纠纷有启发和借鉴作用。

关键词

通信光缆　通信光缆建设　通信光缆维护　风险防控措施

Abstract

In recent years, the rapid development of communication infrastructure has laid a solid foundation for the realization of the "Internet +" informationization national strategy. At the same time, disputes in the construction and maintenance of communication infrastructure have also increased simultaneously, with communication cable disputes accounting for the largest proportion. This paper classifies the types of communication optical cable disputes, explores the root causes of dispute cases, analyzes the various consequences of dispute cases, and then proposes methods and measures to prevent and control disputes, with a view to providing inspiration and reference for identifying and preventing risks and disputes in the process of construction and maintenance of communication optical cable.

Keywords

Communication optical cable; Communication optical cable construction; Communication optical cable maintenance; Risk prevention and control measures

* 赵丽,中国移动通信集团陕西有限公司。

我国当前正处于工业化、信息化、城镇化快速发展的关键时期，加快通信基础设施的建设，提高通信基础设施的维护水平，对推动云计算、大数据、物联网等新兴产业发展，培育电子商务、现代物流等新兴服务业态，保障“互联网＋”的快速发展，提升信息消费水平、建设智慧城市，都具有十分重要的现实意义。与此同时，涉及通信基础设施的纠纷案件也时有发生。如何有效防范纠纷案件的发生，如何有效处置纠纷案件，这是摆在通信运营商面前的现实问题。

一、通信光缆纠纷案件现实状况与风险防控的紧迫性

作为国家通信基础设施的重要组成部分，通信光缆、通信管道、通信杆塔、通信分线箱（盒）、通信基站、通信机房等，在承载信息传输方面发挥着不可替代的巨大作用。其中最为接近社会生活的便是分布于城市角落与荒郊野外的通信光缆，其构成了信息传递的有形网络。正因为通信光缆分布的广泛与有形，决定了通信光缆最容易成为通信类纠纷案件的对象与标的。

通过司法判例检索，从通信光缆纠纷案件的类型来看，既有通信运营商因承担侵权责任的案件，又有因杆路租赁或共建管网发生的合同纠纷案件。从通信光缆纠纷案件发生原因来看，不仅有建设与维护方面的原因，而且有他人损坏光缆造成第三方受损的情形。从通信光缆纠纷案件的不良后果来看，既有对外赔偿或被行政罚款给企业造成经济损失，也有造成通信阻断或用户投诉的不良社会影响，还有可能涉嫌构成重大安全生产事故的刑事追责。由此可见，加强通信光缆建设的规范合法，提升通信光缆维护的尽责到位，是通信运营商防范此类纠纷案件的重大课题。

二、通信光缆纠纷案件的类型分析

从将通信光缆投入电信运营的周期来看，涉及通信光缆纠纷的案件主要发生在前期建设阶段、中期维护阶段，以及后期废弃阶段。通过司法判例大数据分析，这三个阶段发生的纠纷案件数量占到全部涉诉案件的绝大部分。本文将以光缆投入电信运营的周期为主线，以客观真实的典型判例为基础，从纠纷案由、责任承担等方面进行归类汇总，分析司法裁判者对纠纷案件的裁判标准，这对通信光缆建设与维护中的风险防控大有裨益。

（一）通信光缆建设过程中的纠纷案件类型

1. 光缆施工致人伤害的连带赔偿案件

通信运营商为提升通信质量，增强企业核心竞争力，不断加强光缆建设投资。但如何有效应对光缆建设施工过程中出现的侵权纠纷，是值得考虑的问题。从过往实务中不难发现，光缆建设中的纠纷案件主要由施工方以及项目投资方按照各自过错比例承担相应的赔偿责任。

以 2014 年一起民事案件为例，甲通信公司将埋藏有通信光缆的管道承包给 A 公司施

工，A 公司完成施工和结算后，在管道附近未设显著警示标识，且将其中一段交付给乙通信公司使用。受害人步行经过时未注意到该管道井盖缺失，不慎跌入而导致受伤。法院审理认为，管道工程已由 A 公司交付给甲通信公司使用，甲公司作为产权人即应当对此负有管理责任；涉案管道井中有一孔蜂管未明确产权，A 公司作为施工方未举证证明产权方归属，负有管理义务；A 公司就部分管孔与乙通信公司签订《通信管道购买合同》，故乙公司也是该管道井的管理人。因此，甲公司、乙公司、A 公司对涉案管道井均负有管理义务，对管道井盖缺失均应承担疏于管理与维修的责任，故应对受害人的损失承担连带赔偿责任。

从法院对该案件的裁判标准不难看出，在光缆施工过程中对第三人造成侵权，若工程尚未完工或完工尚未交接的，在此期间因施工原因导致第三人发生侵权纠纷的，由施工方承担相应的赔偿责任，通信运营商无须担责。若工程已移交给通信运营商，通信运营商是否承担责任是以其是否尽到管理义务为标准。由此可见，法律责任的承担与在法律关系的主体地位息息相关，这就要求通信运营商在办理通信光缆工程交接后，必须强化监管责任，尽到产权人与管理人的管理义务。

2. 光缆建设不规范的共同担责案件

实践中，经常存在通信线路与电力线路等布置于同一区域，特别是通信光缆线遇到高压线时，之间因没有预留有足够的安全空间，导致共同侵权的情形发生。

在 2016 年某案件审理中，法院认定事实为：受害人杨某驾驶货车行至案发地段时，因架设在公路上方的通信光缆下垂，影响车辆正常通行，受害人杨某爬上车顶处理下垂的光缆，不小心触碰到光缆上方的 1 万伏高压电线，触电后从 3 米多高的车顶摔至公路地面，经"120"医生现场抢救无效死亡。该案中，受害人在处理下垂光缆过程中，被未达到安全距离的光缆电击身亡。法院认定高压电力方和通信光缆方均承担责任。高压电力方承担责任理由在于：一是事故地段的路面硬化抬高了路面高度后却没有相应提高高压输电线路高度，导致高压电线与地面的垂直距离不符合国家标准要求；二是高压电力方在通信光缆方架设的光缆与高压电线的垂直距离不符合国家标准时却没有要求通信光缆方拆除，也没有停止该电线的高压电力输送，故应负主要责任。而通信光缆方承担责任理由在于：一是在高压电线下架设光缆时，光缆与高压电线之间的垂直距离不符合国家标准的要求，并且对不符合架设规定的光缆没有及时拆除清理；二是架设的光缆下垂后没有及时清理，影响了下方道路上车辆的正常通行，故应负次要责任。法院最终判决高压电力方承担 30% 的民事责任，通信光缆方承担 70% 的民事责任。

该类纠纷赔偿责任的承担比例均立足于案件事实。通信运营商建设通信光缆不符合规范，一旦发生侵权事件则难辞其咎。因此，通信运营商作为光缆产权人，合法规划并建设光缆是杜绝纠纷案件的前提和首选。

3. 共建管网的权属争议案件

在通信管网的共建过程中，多家通信运营商因共建同一管网而发生产权纠纷，因共用同一管网而发生租赁纠纷，甚至发生因产权或租赁纠纷而引发互剪对方光缆的恶劣行为。

以产权纠纷为例，在2011年发生的一起案件中，原告诉称，其与被告曾就被告租赁原告建设的通信管道达成口头约定，且被告使用至今未支付租赁费，请求人民法院依法判令被告偿付通信管道租赁费。法院审理认定，通信管道建设在先，而原告成立在后，原告并非通信管道的所有权人，也无证据证实有合法的管理使用权，更无证据证实其与被告之间有任何关于管网的租赁合同，故对原告要求被告偿付通信管道租赁费的诉讼请求不予支持。

从法院判决不难看出，此类纠纷案件法理关系并不复杂，按照产权界定与一般租赁法律关系处理即可。但是，共建管网的历史背景往往比较复杂，通常难以清晰证明管网在建设完成后的产权划分与租赁关系，因此容易产生纠纷，这要求通信运营商在建设过程中对共建管网的产权界定与租赁关系需及时以书面形式固定客观事实。

4. 城市管网敷设光缆的租赁纠纷案件

在城市光缆建设实务中，通信运营商通常租用管网公司的地下管道敷设光缆，常常由于高额的租赁费用及后续维护等原因，使得租赁双方纠纷不断，管网公司甚至采取剪断光缆等自助行为来迫使电信运营企业就范。因此，通信运营商在与管网公司的租赁合作中，应当积极完善合同条款内容，在签订初期将风险予以消除。

（二）通信光缆维护过程中的纠纷案件类型

1. 光缆下垂致人受伤的侵权案件

通信光缆在建设后若缺乏有效维护，容易下垂或脱落，极易对过往行人的身体权、生命权、健康权造成损害。此类侵权纠纷属于《侵权责任法》规定的特殊侵权类型，即由通信运营商证明光缆下垂与受害人损害之间不存在因果关系，否则将承担赔偿责任。

2015年某民事案件中，受害人涂某驾驶电动车行驶至案发路段时，因悬挂在该路旁树上的通信光缆一端垂落地面，电动自行车后轮被光缆缠挂，造成涂某倒地受伤。根据《侵权责任法》第85条的规定，物件脱落造成他人损害，所有人、管理人或者使用人不能证明自己没有过错的，应当承担侵权责任。法院认定本案为光缆脱落引起的交通肇事，光缆所有权人负事故主要责任，涂某负事故次要责任。

从法院判决来看，通信运营商承担赔偿责任在于其举证不能，不能证明受害人伤害的损害后果与脱落光缆不存在因果关系。此案提醒通信运营商，只有加强通信光缆的监管与维护，才有可能避免承担责任；也就是说，落实管理和加强维护是通信运营商规避此类纠纷的最好途径。

2. 光缆被损坏致人受伤的过错赔偿案件

此类案件多发生于道路交通事故纠纷中，属于共同侵权中的无意思联络，各方按照过错大小对受害人承担按份赔偿责任。

2016年法院审理一起民事案件中查明的案件事实为：被告侯某驾车时将横跨道路的

通信线缆拖拽,致位于道路南侧一木质通信线杆断裂,断裂后的线杆将站于道路一侧的原告钟某打中,致原告受伤。法院认定,该案由司机违法操作以及通信运营商的通信线缆高度设置不符合安全规范,两过错结合导致第三人受伤。通信运营商没有提供证据证明事发时通信线缆高度设置符合安全规范,或事发时侯某所驾车辆超高,而侯某所驾车辆又挂到归通信运营商所有和使用的通信线缆,故通信运营商对原告遭受的损失(超出交强险赔偿的部分)承担80%赔偿责任,侯某承担20%赔偿责任。

与此案例案情相仿的另一案件结果则恰恰相反,同样是肇事司机驾驶汽车在行驶过程中,由于车底盘勾到路旁的光缆线,导致路边的行人受伤这一事实。法院认为移动公司通信光缆安装符合规定,且移动公司并不具有主动发现隐患、事前预防等职责,故不存在过错前提,对事故损害不担责。

从法院的裁判规则来看,通信运营商是否承担责任是以存在过错为前提,即光缆建设指标是否符合规定、光缆维护是否到位,通信运营商需证明其管理的通信设施符合规定且维护到位,否则需承担赔偿责任。

3. 多家运营商光缆下垂致人损害的责任推定案件

此类纠纷多见于通信线路布局或管理较为混乱的区域,由于缺乏有效的管理机制,导致出现多家通信运营商共用同一杆路,通信光缆很难区分产权人。在此环境下,发生光缆下垂造成第三人损伤等纠纷后,依照何种标准要求各主体承担责任,是该类纠纷的关键所在。

在某案中,原告银某在骑摩托车回家途中,被掉落下的光缆线绊倒,后被别人发现送去医院并报公安局“110”,公安局巡警大队出警现场登记表记录的内容及证人廖某证言均证实原告银某在回家途中被绊倒。掉落的光缆既有甲通信公司使用的光缆,又有乙通信公司使用的光缆,至于是谁家的光缆绊倒了原告则难以查清。

该案中,法院如何划分责任,取决于哪个主体会被认定为是造成受害人损伤的光缆的产权人与管理人。按照《侵权责任法》第85条之规定,本案适用过错推定责任原则。法院认定涉案光缆系传输杆路的一部分,该杆路属于甲公司。甲公司作为资产的所有人、管理人及使用人,未按规定及时报本级联合维护工作组协调解决光缆共用同一杆路问题,也未向上一级联合维护工作组报告,甲公司存在过错,应承担全部的责任。乙公司无过错不担责。

从本案裁判规则可以看出,产权模糊是该类纠纷中在界定赔偿责任主体时的最大障碍。通信运营商对多家光缆共用的区域,应明晰产权人与管理人,确保在纠纷发生时能够清晰界定产权人和管理人,从而准确界定赔偿责任的承担主体。

(三)通信光缆废弃后的纠纷案件类型

通信运营商对于淘汰废弃的通信设备,负有及时处分的义务,若由此造成第三人侵权的,理应承担赔偿责任。承担侵权责任以行为是否有过错作为承担赔偿责任的衡量标准,法律约束的是行为,并不涉及物的使用与否。

某案中,设立在人行道与主干道间的电线杆及斜拉线,系通信运营商的通信设施改造后遗留在该处的废弃物,导致原告绊倒摔伤,原告受伤时该电线杆及斜拉线未设置明显标志。基于通信运营商未及时处置废弃物,由此导致受害人损伤的事实,法院认为,在人行道及上方架设电信设施,应当按照国家的有关规定设置标志,以防止和避免意外事故发生而造成他人损害。法院据此而判决通信运营商承担赔偿责任。

由此可见,及时处置通信设备废弃物,避免发生事故,是通信运营商在通信光缆废弃处置中的应有意识和具体工作标准。

三、发生通信光缆纠纷案件的原因分析

通过通信光缆纠纷案件的现有判例进行风险识别,总结发生纠纷案件的原因,才能从源头开始化解和消除风险,达到规避和杜绝不良后果的目的。

(一)建设阶段纠纷案件原因分析

1. 无规划而随意悬挂光缆

实务中,通信光缆造成他人受损事件多发生于城郊或野外等公共管理较为薄弱地区,该类地区由于政府公共监管力度弱化等原因,光缆建设施工部门对光缆建设过程中较为随意和混乱,将光缆悬挂于路灯杆路、房檐屋下、其他缆线甚至树枝上,各种随意悬挂现象司空见惯。究其原因,通信运营商在光缆建设时未严格按照相关规定进行规划,导致光缆悬挂缺乏科学性与安全性,这是导致光缆伤人事件时有发生的重要原因。

2. 光缆建设不符合国家相关标准

根据《通信行业标准本地通信线路工程设计规范》《通信行业标准本地通信线路工程验收规范》等相关行业标准,通信线等架空线路离地面的最小垂直距离有着明确的规定。若通信光缆离地面的最小垂直距离低于该标准,在侵权纠纷案件中会被法院认定为通信运营商存在过错,受害方举证得到认可后,通信运营商势必难逃赔偿责任。光缆建设规范不仅包括架设高度,还有保护措施、警示标志等方面,在此不再列举。

3. 借用杆路时未建立光缆共维共管机制

多家通信运营商共用同一杆路搭载光缆是常见现象,但由于在共建初期并未设立共管机制,导致在光缆后期维护、事故责任分担等方面产生纠纷。此外,通信运营商借用其他单位或个人的杆路或房屋悬挂光缆,往往疏于对借用杆路事项的商谈,或根本不签订书面合同,导致时过境迁后发生纠纷。建立有效的共管机制,签订书面杆路借用合同,防患于未然才能最大限度地防控纠纷。

4. 租用杆路或管网但对租赁费用未达成共识

租用杆路或管网与借用杆路相类似,通信运营商租用杆路或管网是光缆建设的常见方式,但往往因租赁费用纠纷、出租人无权出租、租赁期限纠纷、杆路或管网迁移等事由,

导致通信运营商与出租方产生纠纷，甚至发生出租方私自挪移或剪断光缆的情形。因此，在签订杆路或管网租赁合同之前，必须对出租方进行必要的资质调查，要求出租方出具土地使用权证、房屋所有权证或其他证明其有权对外出租的相关证明文件，以确保出租方具有出租杆路或管网的所有权、使用权。

5. 同业竞争者或纠纷对方借故剪缆

由于光缆建设面广同时又承载着重要的传输功能，往往成为同业竞争者或纠纷对方恶意破坏的对象。在现实生活中，剪断光缆往往并非单纯出于破坏目的，存在所谓的“自助行为”，即对方以维护自己利益为名而剪断通信运营商的光缆。同业竞争者或纠纷对方剪断光缆的“自助行为”，如果达到最高人民法院《关于审理破坏公用电信设施刑事案件具体应用法律若干问题的解释》中规定的定罪量刑标准，就构成了破坏公用电信设施罪。但由于“自助行为”与通信运营商光缆建设与维护有着千丝万缕的关系，因此也需通信运营商对光缆建设与维护是否合法合规进行自我排查。

6. 光缆施工时安全措施不到位

光缆施工过程中安全措施不到位，通常会发生光缆绊倒行人、车辆掉进人井、杆路被剐倒等安全事故，引发人身伤害和财产损失。作为通信运营商，应做好对通信光缆施工的安全管理工作，在通信光缆施工的重点地段设置警示标牌、请专人看管或加强巡检等措施，保障光缆安全施工。

（二）维护阶段纠纷案件原因分析

1. 光缆维护流于形式或疏于日常巡查

通信运营商对光缆巡查维护建立了制度和办法，但由于光缆线路具有面广、线长等特点，传统的巡线方式已无法达到全网巡查目的。实践中，巡线人员重点关注光缆易受到破坏的外部施工现场，对其他光缆线路难以顾及，光缆维护往往流于形式，甚至疏于日常巡查。对此，一方面需通信运营商采取更科学、更合理的巡查方式；另一方面还需加强光缆巡查维护责任落实与制度执行。

2. 光缆设施报修后未及时维护处理

常见情形是，群众发现光缆垂落、人井盖缺失时向市政或通信运营商电话报修，但在报修后，要么由于光缆或人井等产权模糊，要么由于维修机制不通畅，结果往往是群众报修后便无下文，无法起到实质性作用，或延误维修时机造成安全事故，或发生安全事故后任由损害结果发生，如此只能加重通信运营商责任。对此，光缆检修部门应在第一时间确定通信故障的大致位置，为抢修工作人员确定好方向，确保在最短时间内能够恢复正常通信，降低侵权事件发生的概率，避免损失的扩大。

3. 放任他人违规借用光缆

实务中，他人擅自在通信光缆上悬挂广告牌、搭载其他缆线，而通信运营商也未积极采取有效处理措施，导致侵权事件发生。法院一般会认定通信运营商监管不力，应承担相应的赔偿责任。避免该类事件的措施是，通信运营商在日常维护与监管过程中加大力度，保障在合理期限内排除违规行为，确保光缆的正常工作，从源头避免责任承担可能。

4. 对废弃光缆、杆路或人井未及时清理

通信运营商在规划新的通信线路、设置新的通信设施后，对于原址的废弃光缆、路杆、人井等设备未及时清理，导致对第三人造成侵害的事故时有发生，通信运营商对此需承担必要的赔偿责任。由此看来，通信运营商的管理责任范围，不仅包括对现有运行设备的维护，还应当注意对废弃设施的及时清理与管理。

5. 发生事故未及时保护现场并固定证据

对于侵权类纠纷案件，特别是多家通信运营商共同侵权中，此类纠纷举证责任倒置，即通信运营商应当举证己方在此类纠纷中并无过错。在发生侵权事件后，通信运营商往往因未及时保护事故现场，未固定现有证据，导致在第一时间很难拿出对己方有利的证据，从而无法排除赔偿责任。

6. 对外力威胁光缆场所未事先预防或宣传不到位

针对通信光缆被屡次破坏的情形，通信运营商应积极主动地和当地相关部门建立常态联系制度，取得相关部门的支持和配合；同时深入社区、建筑工地等外力破坏光缆案件易发区域，通过悬挂横幅展板、发放宣传材料等形式开展丰富多样的宣传活动，向用户推送通信设施安全保护的法律法规和典型案例，宣传电信设施的安全防护知识，最大限度地让通信设施保护的理念深入人心，从源头降低通信设施被破坏的风险。

7. 光缆安全保护标识不明晰

由于光缆分布广泛，而光缆维护宣传有限，许多群众由于对光缆缺乏认识而无意中破坏光缆，这也是光缆遭破坏案件逐年增大的重要因素。对此，通信运营商应当积极设置显著警示标识，增强民众对通信设施的保护意识，从源头与意识层面降低风险发生的可能性，保障通信设施的良性运转。

四、发生通信光缆纠纷案件的后果预估

只有对通信光缆纠纷案件不利后果有深刻的认识，才能充分认识到风险防控的必要性与紧迫性。从现有司法判例分析，通信光缆纠纷案件对通信运营商有以下不利后果。

（一）因对外赔偿而造成企业经济损失

由于通信光缆分布的广泛性，案件发生的后果一般会涉及对他人身体权、生命权、健康权造成伤害，也易对他人财产造成经济损失。解决纠纷案件势必有可能对外赔偿，从而给企业造成一定的经济损失。

（二）因通信阻断而引发社会负面影响和用户投诉索赔

通信运营商以服务用户为重中之重，而在通信光缆被破坏后，正常通信网络势必受到影响。对通信运营商而言，损失的不仅是经济利益，同时还有广大用户体验感降低，有时

客户还会因通信中断产生间接损失,引发其他投诉、索赔纠纷。

(三)解决纠纷案件劳民伤财损形象

企业在纠纷解决过程中不仅要消耗大量的人力、物力、财力,而且承担民事赔偿与行政罚款会加重企业负担。更为重要的是,随着国家司法公开和惩治措施的逐步加强,案件频发后果也会逐步加重,特别是涉及人身侵权的案件,有时会给被侵权方造成不可挽回的伤害,都会在很大程度上影响企业信誉度,对企业社会形象也会造成一定负面影响。

(四)可能遭受各种行政处罚

对于通信企业发展而言,通信光缆在规划、建设、维护等方面若违反强制性管理规范,难免要承担规划、安监、行业管理等方面的行政处罚,如被经济处罚、限制业务发展等,这对于企业发展将是巨大打击,也会限制企业开拓新业务与新领域,阻碍企业的全面发展。

(五)重大安全事故可能会被追究刑事责任

若通信光缆在建设和维护过程中违反规章制度,发生重大伤亡事故,造成严重后果的,企业不仅需对外赔偿形成经济损失,还会被行政处罚,企业主要负责人和直接责任人更有可能承担刑事责任。

五、通信光缆纠纷案件的防范措施

通过司法判例分析通信光缆建设与维护过程中的纠纷案件类型,明确了法院对通信光缆纠纷案件的裁判规则,在分析通信光缆纠纷案件的原因和后果的基础上,有针对性提出有效防控纠纷案件的措施和建议,以期能降低通信光缆建设与维护的法律风险,切实保障通信光缆的安全可靠运行。

(一)按照国家规范规划和建设通信光缆

随着通信行业的日益发展,涌现出大批的通信技术和通信产品,现阶段光通信技术已经成熟,网络智能化的建设都需要一个完整的光缆来承载。一方面,光缆线路的规划和建设规模应在通信发展规划的基础上,综合考虑远期业务需求和网络技术发展趋势后确定,由具有资质的规划设计部门进行设计;另一方面,通信光缆线路对安全性的要求很高,建设工程应当按照施工规范要求严格执行,杜绝不合规的随意建设是避免承担责任的前提和保障。

(二)在建设过程中有效防范光缆建设风险

光缆建设工程项目通常时间跨度较大,建设过程中会受到多方面因素的制约,如设计方案不完善、施工组织方案不充分、项目管理机制不健全等,这些都会对光缆工程建设项目产生影响。特别是建设过程中如果在一些关键问题上处理不当,往往会带来重大的经济损失,甚至造成光缆工程建设项目的失败。为有效规避光缆建设过程中的风险,首先,可以通过招标选择信誉好、有较强技术、经济力量和施工能力的单位承担施工建设,对工程的质量和工期具有可靠的保障作用。若工程量大，技术难题多，可以以地域为界，分段引入施工单位，通过多家施工单位共同实施。其次，要求施工单位提前对现场施工的风险进行评估，根据评估结果，制定每一类风险详细的控制措施。最后，对现场施工的质量进行严格把控，可设置质量安全监督员，监督各项要求的落实。并在合同中明确约定施工过程中出现的安全事故或工程质量问题，通信运营商可追究施工单位相应的责任等内容。通过上述措施，通信运营企业便可实现将光缆建设风险由参与各方共同防控的目的。

（三）加强对光缆的巡查与管理

通信光缆线路分布较广，日常管理难度较大，而线路的自然老化、脱落，野蛮施工、偷盗等人为因素，以及常见的洪水、火灾、地震等自然因素，均能导致通信光缆的损害，修复过程不仅耗费巨大的时间、人力成本，而且造成通信阻断的损失也是不可估量的，甚至因修复不及时继而引发致第三方权益损害事件，秉着“预防为主，防抢结合”的原则，光缆线路的巡检是光缆线路日常维护的主要方法，是预防光缆线路故障的重要措施。因而，采取科学有效的管理制度，加强对通信光缆的日常巡检工作具有重要作用和意义。

首先，应当将光缆巡查与管理工作制度化，确定巡检的相关标准和规范，包括检查的范围、项目、方法和标准，做到直观检查与仪器检查相结合。另外，明晰相关部门及人员的责任范围和工作内容，以确保责任能落实到人。

其次，对于通信光缆容易遭受外力破坏的重点或薄弱地段，应制订更加切实可行的巡检计划，增加巡检的频率，采取有针对性的措施，例如，可采取迁移、设置警示标牌、请专人看管或加强巡检等措施，以确保及时发现隐患，减少光缆线路故障的发生。

最后，早发现早抢修。发现通信光缆故障后，相关检修部门应当第一时间利用技术手段确定通信故障所在路段的位置，为抢修工作人员确定好方向，确保抢修人员能迅速赶赴故障线路现场，并在最短时间内恢复正常通信，降低第三人侵权事件发生的概率，同时也避免了损失的扩大化。

（四）委托第三方巡查与管理通信光缆

通信光缆存在点多、面广、线长等特性，空中、地面、地下立体交叉，导致容易出现安全隐患，或出现安全隐患后难以及时发现，很容易引起第三人侵权纠纷，因而，针对维护成本高或故障易发地段的通信光缆的日常维护工作可以采取服务外包的方式，即选择有实力、信誉良好、管理规范的专业外包单位进行通信光缆维护的合作，明确外包单位对通信光缆的维护义务、违约和损害赔偿责任，以及通信运营企业的考核评估标准。如若出现通信光缆线路故障或第三人侵权等事故，经审查发现外包单位未尽到必要维护和合理注意义务的，通信运营商可要求外包单位承担违约责任，或第三人的损害赔偿责任，以减少通信运营企业的损失。

（五）建立通信光缆事故应急处置预案

为提高应急处置能力，通信运营企业需建立光缆事故应急处置预案，从突发事故的定级、部门及人员的职责、处置方案、信息通报等方面，规范突发事故处置流程，明确迅速判断事故范围、级别及位置的技术措施，相关部门之间的横向联系机制以及抢修人员、装备材料、后勤保障、信息报送和善后处理各个环节的工作流程、要求和安排，确保应急处置工作全面、规范、高效、有序地开展。

光缆事故应急处置预案的制定，一方面应当确保抢修工作及时开展；另一方面应当为后续通过法律手段维护权益做好铺垫工作，如向安全监督管理部门报告，并及时向公安机关报案，保护好案发现场不遭受二次破坏，以便公安民警到场勘验后能提取有价值的法律证据。同时，法律合规部门作为后勤保障应当参与到事故应急处置预案中来，同相关部门人员共同组成应急小组，分析事故情况，提出避免损失扩大的防范措施，确定处置方案，最大限度地维护企业合法权益。

（六）建立通信光缆事故保险理赔机制

资产保险是企业在生产经营管理活动过程中，为合理规避意外风险、挽回企业损失、确保资产安全的主要手段。通信运营企业基于财产的多样性、广泛性，一般均购买财产保险，有的除投保财产一切险外，还扩展到恐怖活动责任、公众责任险等，在实际通信线路的建设和维护工作中应充分利用该项保障机制。

公司相关管理部门应在保险合同签署后，及时明确保险理赔流程，并充分传达到各级单位，基层单位要做好相关人员财产保险知识培训及具体应用指导，如注意发生损失报案的及时性，第一时间进行现场拍照，积极协调保险经纪公司、保险公司做好现场勘察，做好第一手资料的收集等，为后期的理赔奠定基础。同时，还要做好后期理赔损失确认工作，确保公司得到及时、足额赔偿，有效降低甚至避免企业可能承担的经济损失。

（七）建立通信光缆纠纷案件应诉处理制度

为妥善处理光缆纠纷案件，维护合法权益，通信运营企业有必要建立光缆纠纷案件的应诉处理制度。根据纠纷案件的涉案金额、法律关系的复杂程度以及对外影响等因素对光缆纠纷案件的等级进行划分，确定其为一般案件或者重大案件。不同等级案件处理适用不同的工作制度与流程，相关部门在证据资料收集整理、案情分析论证以及与外部机构的对接联络机制等，都应在制度中一一明确，以便纠纷案件快速解决，杜绝损失的进一步扩大。

（八）加强通信光缆的安全防护宣传

首先，通信运营商内部应组织通信光缆维护员工开展相关法律法规的培训和教育活动，切实提高从业人员风险防范意识。其次，通信运营商应积极主动和当地相关通信管理部门汇报通信光缆的运行情况，建立健全常态联系制度，取得相关部门的支持和配合。同时可深入社区、建筑工地等设施破坏案件易发区域，通过悬挂横幅展板、发放宣传材料等形式开展丰富多样的宣传活动，也可以利用网上营业厅、官方微博、微信公众号以及媒体广播等网络媒体平台，向用户推送通信光缆安全保护的法律法规和典型案例，宣传通信光缆的安全防护知识,最大限度地让通信光缆保护的理念深入人心,从而能从源头降低通信光缆盗挖、破坏等风险。

六、结语

本文通过通信光缆建设与维护过程中纠纷案件的分析研究,探索了有效防控法律风险的措施和建议。实际上,本文所提出的防控法律风险的措施和建议可推而广之应用于所有通信基础设施的建设与维护之中。总之,规范电信设施建设、加强电信设施维护、保障电信设施安全稳定运行,维护电信用户和电信业务经营者的合法权益,一定要在法治的轨道上运行。只有建立权责法定、守法诚信的通信法治环境,才能在通信基础设施层面上确保国家通信产业的蓬勃发展,让人民群众真正感受到信息产业对生活所带来的改变和便利。

热点法律解读

政企类信息化项目投标活动中的法律问题研究

张　昕[*]

摘要

本报告以政企类信息化项目争议现状为样本，筛选梳理了17个判决文书，综合分析招标争议，并就法律适用等问题进行探讨，对常见的争议行为及法律规范的具体认定标准、适用场景和适用标准进行定性、定量分析，并提出相应的风险控制建议。

关键词

政企类信息化项目　招标争议　法律适用

Abstract

This report takes the current situation of disputes in government-enterprise informationization projects as samples, screens and combs 17 written judgements, comprehensively analysis bidding disputes, probes into the application of law and other discussed issues, conducts qualitative and quantitative analysis of common disputes and specific identification standards, applicable scenarios and applicable standards of legal norms, and puts forward corresponding risk control suggestions.

Keywords

government-enterprise informatization projects; bidding dispute; application of law

一、概述

本文关注的政企类信息化项目是指电信企业参与的，包含线路建设、网络构架、软件

* 张昕，中国移动通信集团甘肃有限公司。

开发、集成服务等多项内容,以电信服务、信息服务、IT 服务及应用的有机结合为特点的采购项目。[①] 以某企业为例,2017 年 1 月至 2018 年 6 月,通过招标投标程序实施的政企类信息化项目 130 个,其中争议项目 27 个,超过 20% 的项目存在异议、质疑、投诉等争议。

与政企类信息化项目招标采购直接相关的法律法规包括《政府采购法》《招标投标法》及实施条例等,另外,金融、石化等特定行业采购规范,对采购或招标也有相应规范要求。以政府采购程序为例,在预算管理阶段,存在《政府采购法》与《预算法》规定不一致的情形;在投标阶段,存在《政府采购法》与《招标投标法》《反垄断法》不一致的情形;在合同签署阶段,《政府采购法》与《合同法》的冲突需要关注;在质疑投诉阶段,《政府采购法》与《行政复议法》《行政诉讼法》《民事诉讼法》的不一致,也有可能导致公司的权利不能得到切实保障。[②] 这是导致政企类信息化项目争议难以解决的一个原因。

将招投标程序分为招标公告及投标、开标及评标、中标结果公布三个阶段,以某企业在 2017 年 1 月至 2018 年 6 月发生质疑、异议或投诉的 27 个项目为样本,政企类项目投标活动争议分布如下:

表 1　政企类信息化项目争议发生阶段分布统计表

单位性质	争议总数	招标公告及投标	开标及评标	中标结果公布
党政军及事业单位	19	15	3	1
企业	8	8	0	0
合计	27	23	3	1

通过表 1 可以看到,争议节点大致分布在招标文件异议、开标及评标程序异议、中标结果公布三个阶段,争议主要发生在招标文件异议阶段,而对开标及评标程序及中标结果进行异议的较少。

按照争议原因,将争议区分为招标文件内容违反强制性规定、招标文件设置不合理条件、招标文件要求的资质文件与项目无关、投标文件无效等因素,进行统计。

表 2　政企类信息化项目争议事由列表

单位性质	争议总数	招标文件内容违反强制性规定	招标文件要求的资质文件与项目无关	招标文件设置不合理条件	投标文件无效	低于成本价投标
党政军及事业单位	19	1	4	11	2	1
企业	8	2	3	3	0	0
合计	27	3	7	14	2	1

① 参见张顺利:《ICT 项目招投标与技术标书编写实务》,人民邮电出版社 2017 年版,第 5 页。
② 参见潘超:《政府采购法律体系化研究》,华中师范大学法学院 2014 年硕士学位论文,第 32 ~ 36 页。

从表1、表2的数据可以看出,该企业所遇到的争议主要表现为招标文件对资质文件要求超出项目需要,招标文件的商务评分标准和评分办法不合理,招标文件违反强制性规定、投标文件无效等方面,其中招标文件要求的资质文件与项目无关和招标文件设置不合理条件这两项事由是引发争议的"最强音",达到21项,占全部争议事由的77.78%。

通过对裁判文书网等判决案例的检索和梳理,本文共梳理筛选招投标诉讼案例17个[①],并从以下三个方面开展分析:第一,纠纷中质疑投诉处理探讨及可诉性分析;第二,投标过程中的风险点分析;第三,是否存在倾向性、排他性或以合理条件排除潜在投标人的判断与分析。

二、可诉性分析

(一)招投标纠纷的可诉性探讨

【案例一】

中山市横栏港源学校、港源四沙学校与横栏镇人民政府、横栏镇资产管理中心、华文学校招投标纠纷案[②]

本案中,港源学校、港源四沙学校主张横栏镇政府、横栏资产中心在招标文件中故意设置不合理条件以达到排斥其目的,要求确认招投标结果无效,同时确认横栏资产中心与中标人华文学校签订的合同无效。但第一,港源学校、港源四沙学校作为原告主体不适格。从一般民法原理出发,落选者不具备原告资格;其次,因政府机关、评标委员会等是否存在违规操作,都不直接属于民事诉讼审查范围,民事诉讼无法启动审判程序。如港源学校、港源四沙学校作为未中标人对中标过程有异议,可以申诉,通过行政监督途径解决,该类纠纷不属人民法院受理民事诉讼的范围。第二,招标、投标、发出中标通知书都是缔约过程中的行为,在招标投标阶段,由于合同尚未生效,过错方向受损害方承担的民事责任并不是违约责任。过错方违背诚实信用原则的不当行为导致受损害方损失的,受损害方可另案主张或另循途径解决,不属本案的审理范围。第三,港源学校、港源四沙学校诉请的基础是基于租赁合同关系并主张优先承租权,而优先承租权属债权请求权,既不具备对抗第三人物权的效力,也不是形成权,不当然影响横栏资产中心与华文学校合同的效力。

依据上述理由,可以看出《招标投标法》可被视为以行政管理为导向的程序法,招投标合同的效力问题不属于民事诉讼的受案范围,也无法因为没有进行招投标或招投标程序

---

① 本报告中,所有案例及裁判文书均引自司法裁判文书网。

② 案情和审理情况,参见(2016)粤2072民初8718号民事裁定书。

存在问题就认定合同无效。除非法律、行政法规对招标投标有强制要求的,方可对未经招标投标而订立的合同认定无效。

对于纠纷的具体解决途径,未中标人对招投标活动有异议可申诉,通过行政监督途径解决,不能解决的且符合《政府采购法》第58条规定的,可以依法申请行政复议或者向人民法院提起行政诉讼。

根据《最高人民法院民事案件案由规定》,招标投标买卖合同纠纷和串通投标纠纷属于民事诉讼受案受理。此外,招标、投标、发出中标通知书都是缔约过程中的行为,过错方违背诚实信用原则的不当行为导致受损害方损失的,受损害方可以援引《合同法》第42条关于缔约过失责任的规定依法诉讼。

(二)招投标项目中缔约过失的可诉性探讨

【案例二】

北京新燕莎商业有限公司与北京天树标牌制造有限公司缔约过失责任纠纷案①

本案值得分析的第一个问题是,采取招投标方式订立合同的情况下,合同何时成立。根据《合同法》第15条和一般观点,在采取招投标方式订立合同的情况下,招标人的招标公告和招标文件为要约邀请,投标人的投标文件为要约,中标通知即为承诺。因此,在采取招投标方式订立合同的情况下,投标人收到招标人发出的中标通知书后,投标人与招标人之间合同成立。

第二个问题在于投标人不具备承担招标项目的能力的法律后果是什么。根据《招标投标法》第26条的规定,投标人应当具备承担招标项目的能力;国家有关规定对投标人资格条件或者招标文件对投标人资格条件有规定的,投标人应当具备规定的资格条件。根据《招标投标法实施条例》第51条第3项的规定,投标人不符合国家或者招标文件规定的资格条件的,评标委员会应否决其投标。

由此衍生的问题是:在这种情况下双方所形成的事实建设工程施工合同是否有效?《招标投标法实施条例》第51条第3项规定,投标人不符合国家或者招标文件规定的资格条件的,评标委员会应当否决其投标。因此在上述案件中,在不具备招标文件对投标人资格条件的规定且投标人与实际中标人不符的情况下,新燕莎公司向天树标牌公司发出《中标通知书》的行为已经违反了《招标投标法》及《招标投标法实施条例》的规定,而双方基于该中标通知书所形成的事实建设工程施工合同应属无效。对于无效所造成的损失,过

① 案情及审理情况,参见(2016)京01民终2354号民事判决书。

错方应各自承担相应的责任。

所以,在进行招投标活动时,应对投标人是否符合国家或者招标文件规定的资格条件进行审查,对不符合符合国家或者招标文件规定的资格条件的,应直接予以拒绝,避免出现因为违反法律、行政法规的强制性规定而导致合同无效的情形。

且在订立合同过程中不得存在故意隐瞒与订立合同有关的重要事实或者提供虚假情况或其他违背诚实信用原则行为的情形,否则就此给对方造成损失的,应当承担损害赔偿责任。

【案例三】

苏州守护神电子有限公司诉太仓市政府采购中心缔约过失责任纠纷一案①

本案中的第一个焦点问题在于政府采购过程中,政府采购当事人的违法行为是否应承担相应民事责任。根据《政府采购法》第79条的规定,政府采购当事人有违法行为给他人造成损失的,应依照有关民事法律规定承担民事责任。本案案涉采购项目因采购文件具有明显倾向性或者歧视性问题以及采购中心重新组织评审属于采购过程违法,而苏州守护神电子有限公司作为原成交单位,因采购中心违法废除原成交公告,致使其未能与采购人太仓市公安局签订政府采购合同,蒙受经济损失,依据《政府采购法》第79条的规定,苏州守护神电子有限公司可以向采购中心主张承担缔约过失责任。

另一个焦点问题在于太仓市政府采购中心是否是适格的被告。本案中苏州守护神电子有限公司是政府采购活动中的供应商,案外人太仓市公安局为采购人,采购中心为采购代理机构,采购中心与太仓市公安局之间是委托合同关系。据此,案涉采购合同磋商缔约的双方应为苏州守护神电子有限公司及采购人太仓市公安局,采购中心系采购活动中采购人的委托代理人。因受托人依委托合同的授权,与第三人之间进行的民事活动,其后果不是由受托人承担,而应由委托人承担,故苏州守护神电子有限公司如主张缔约过失责任应向委托人太仓市公安局主张,向受托人采购中心主张缔约过失责任缺乏事实及法律依据。

综上,政府采购过程中,政府采购当事人的违法行为应承担相应民事责任。招标、投标、发出中标通知书都是缔约过程中的行为,过错方违背诚实信用原则的不当行为导致供应商损失的,供应商可以援引《合同法》第42条关于缔约过失责任的规定依法诉讼。但诉讼对象应为实际采购人,而非受托的招投标组织者。

---

① 案情及审理情况,参见(2017)苏05民终2236号民事判决书。

（三）对投诉处理的可诉性分析

【案例四】

上饶市元典贸易有限公司诉上饶县财政局监督处理决定纠纷案[①]

本案中的第一个焦点问题是财政局的处理决定是否具有可诉性。所谓行政行为，是行政主体为实现行政管理目标而行使行政权力，产生法律效果的行为。上饶县财政局作出的处理决定，就是在法律授权范围内上饶县教体局的采购行为履行监督管理职责的行为。该决定虽以“文件”的形式出现，但其涉及的是特定的主体，且内容不具有可复制性，故不属于抽象行政行为。《行政诉讼法》第12条规定了行政诉讼的受案范围，其中该条第1款第12项“认为行政机关侵犯其他人身权、财产权等合法权益的”及《最高人民法院关于适用〈中华人民共和国行政诉讼法〉的解释》第1条规定，排除性地确定了不属于人民法院行政诉讼的受理范围，根据该规定，本案的处理决定不属于第1条第2款第1项至第5项的情形，而其中第10项规定：“对公民、法人或者其他组织权利义务不产生实际影响的行为。”上述规定将行政行为对他人权利义务是否产生实际影响作为可诉性的条件之一，且明确不具备法定排除司法审查的行政行为，均具有可诉性。元典公司作为采购项目的中标人，上饶县财政局作出责令重新开展采购活动的处理决定势必对其的权利义务产生实际影响。由此本案的处理决定属于行政诉讼受案范围。

第二个焦点问题是元典公司的原告主体是否适格。根据《行政诉讼法》第25条的规定，本案中元典公司虽不是上饶县财政局作出的处理决定的相对人，但处理决定责令重新采购的内容与其是否继续享有课间餐采购项目经营权有利害关系，因此元典公司是本案适格原告。

第三个争议焦点在于处理决定是否合法。从程序上来看，《政府采购供应商投诉处理办法》第12条、第13条明确规定了行政相对人及利害关系人在财政部门处理政府采购投诉行政程序中享有知情权、陈述及申辩权。赋予行政相对人及利害关系人知情权、陈述及申辩权也是正当行政程序原则的要求。本案中，上饶县财政局未告知元典公司有关举报的处理事宜，亦未保障元典公司必要的陈述申辩权利，违反法定程序。

从事实认定上讲，招标文件第三章第（三）项“食品主要技术指标及要求”第7目“鸭腿”：……应符合GB/T 23586国家标准，却错误写成了GB/T 23568，被告主张该错误存在《政府采购法实施条例》第20条第2项“设定的资格、技术、商务条件与采购项目的具体特点和实际需要不相适应或者与合同履行无关”的情形，属于该条例第20条“以不合理的条件对供应商实行差别待遇或者歧视待遇”。GB/T 23586是酱卤肉制品的国家标准，GB/T 23568是工业机床的国家标准。“鸭腿”与GB/T 23568国家标准是毫不相干的，任何供应

---

① 案情及审理情况，参见（2017）赣1121行初8号行政判决书。

商都提供不出该类产品,事实上不能构成以不合理的条件对供应商实行差别待遇或者歧视待遇,而且,供应商作为业内人士,不会产生"鸭腿"与工业机床国家标准联系起来的误解。经原评标委员会证明,所有投标人提供鸭腿检测报告原件及电子文件中的国家标准均是GB/T 23586,评标委员会也是按照正确的国家标准进行评标。综上,招标文件的错误是所有供应商均能够识别或无法实现的,不会导致特定供应商因为错误而受到差别待遇或者歧视待遇,这类错误可以理解为书写错误,不会影响中标、成交结果。

招标文件第一章第(二)"投标人的资格要求"第3目:"投标人为经销商,须提供所有产品制造商出具的本项目唯一产品授权书原件。"本案中,元典公司与新希望公司针对食品蛋黄派出具的均是制造商三辉公司的授权书,但原告使用的是三辉公司巧克力口味50g盒装,分两个充气独立包装产品,而新希望公司使用的是三辉公司香橙味、香蕉味、草莓味、蛋黄味规格为25g产品。双方授权的属于同一品牌不同规格和型号的产品。被告以原告与新希望公司系同一制造商授权,不具唯一性,不响应招标文件的事实认定不成立,且适用法律错误。

在实际工作过程中,行政机关在作出处理决定时有时会以内部行政行为为名,但行政行为会对并非行政相对人的相关方的权利义务产生影响,根据相关法律法规,对利害相关人的权利义务产生影响的具体行政行为,通常具有可诉性。在政府采购活动中,供应商如因具体的行政处理决定遭遇不利后果,可以通过诉讼方式进行救济,此时可以围绕行政机关在做出处理决定的过程中在程序上、事实认定上、法律适用上是否存在问题展开抗辩。

(四)投诉处理的管辖

【案例五】

核工业赣州工程勘察院诉佛山市公共资源交易中心行政不作为纠纷案①

本案的第一个争议焦点为佛山市公共资源交易中心有无依法定程序对原告投诉履行职责。根据国家发展和改革委员会等部门制定的《工程建设项目招标投标活动投诉处理办法》第4条第1款:"各级发展改革、工业和信息化、住房城乡建设、水利、交通运输、铁道、商务、民航等招标投标活动行政监督部门,依照《国务院办公厅印发国务院有关部门实施招标投标活动行政监督的职责分工的意见的通知》(国办发〔2000〕34号)和地方各级人民政府规定的职责分工,受理投诉并依法做出处理决定。"根据《佛山市公共资源交易活动投诉处理办法》第3条"公共资源交易管理机构统筹管理公共资源交易活动投诉处理工

① 案情及审理情况,参见(2015)佛城法行初字第36号行政判决书。

作，负责协调指导、分办转办、登记和统计分析等事宜，受理并协助行业监督部门处理公共资源交易投诉；各行业监督部门按职责分工，负责本行业范围的投诉事项并进行调查处理”、第7条“投诉处理应坚持归口管理、属地负责、分工配合、依法依规、公平公正、简便高效的原则”的规定，被告依法应履行的职责是协调指导、分办转办、登记和统计分析等事宜，受理并协助行业监督部门处理公共资源交易投诉；各行业监督部门按职责分工，负责本行业范围的投诉事项并进行调查处理。且应坚持归口管理、属地负责、分工配合的原则进行。

本案中，原告向被告就南国桃园地质灾害综合治理工程招标投标事项进行投诉，由于被投诉单位为佛山市南海区狮山镇招标采购管理办公室，投诉内容涉及的招投标工程亦地处佛山市南海区，根据上述规定，被告按照属地负责原则将原告的投诉，以书面转办的形式，转由佛山市南海区公共资源管理委员会办公室进行处理，并将转办的情况告知了原告，被告对原告投诉的处理符合上述法律法规的规定，已依法履行其法定职责。

因此，就招投标事项进行投诉时，首先应根据地方法规、部门规章等确定处理投诉事宜的相关部门，而不应该贸然选择，损耗精力和时间成本。

（五）质疑或投诉的期限

【案例六】

昆山嘉德机电工程有限公司与苏州市财政局招投标纠纷案①

本案的争议焦点在于明珠公司提出的质疑事项是否属于超期，投诉处理及行政复议是否应该受理该质疑事项。《政府采购法》第52条规定，“供应商认为采购文件、采购过程和中标、成交结果使自己的权益受到损害的，可以在知道或者应知其权益受到损害之日起七个工作日内，以书面形式向采购人提出质疑”。明珠公司先后两次向欣杰公司提出质疑，两次质疑内容基本相同，对此，欣杰公司也予以认可。

综上，虽然明珠公司在第二次质疑的七个工作日之前已知被质疑的相应招标文件内容，但考虑到其第二次质疑的提出是由于欣杰公司发布了涉及投标人资质变动的补充公告而昆山市财政局亦认为需重新提出质疑，且前后质疑内容基本相同，前次质疑又未得到过行政、司法救济。故从保障当事人投诉救济权利及对政府采购招投标活动的有效监管出发，昆山市财政局、市财政局对明珠公司所提质疑事项受理投诉及行政复议，未违反法律规定。

本案中关于投标产品核心部件进口评分高于国产评分是否设置合法的问题，涉及了《政府采购法》第22条第2款所指“以不合理的条件对供应商实行差别待遇或者歧视待遇”的认定与识别问题，也值得参考。

---

① 案情及审理情况，参见(2017)苏05行终50号行政判决书。

综上，政府采购业绩并非供应商竞争实力的核心标准及外在表现形式，本案中，评分项有利于已有政府采购项目业绩的供应商，不利于未有政府采购项目业绩的供应商，实质限制了市场竞争，属于以不合理的条件对供应商实行差别待遇或者歧视待遇。

政府采购行为实质涉及公权力的行使及公共利益的保护，应当给予严格的审查和保护。

（六）招标方式实施行政许可的可诉性分析

【案例七】

张家界安顺出租车有限公司、张家界飞龙出租汽车有限公司诉被告张家界市道路运输管理局出租汽车经营权出让招标纠纷案[1]

本案涉及以下三个焦点问题：(1)市运管局发布《招标公告》的行为是否具有可诉性？(2)招标人的哪些行为属于以不合理条件限制、排斥潜在投标人或者投标人？(3)招标人以不合理条件限制、排斥潜在投标人或者投标人的法律后果？

第一个焦点问题，市运管局发布《招标公告》的行为是否具有可诉性？《行政诉讼法》第12条规定了行政诉讼的受案范围，其中该条第1款第12项规定："认为行政机关侵犯其他人身权、财产权等合法权益的。"《最高人民法院关于适用〈中华人民共和国行政诉讼法〉的解释》第1条规定排除性地确定了不属于人民法院行政诉讼的受理范围。上述规定将行政行为对他人权利义务是否产生实际影响作为可诉性的条件之一，且明确不具备法定排除司法审查的行政行为，均具有可诉性。

发布招标公告的行为是整个行政行为的必经程序，也是一个独立的具体行政行为。被告发布招标公告的行为对原告的权利义务产生了实质性影响，与其有法律上的利害关系。因此，市运管局发布招标公告的行为具有可诉性。

本案例还对以不合理条件限制、排斥潜在投标人或者投标人的认定和法律后果进行了裁判。《招标投标法实施条例》第32条第2款规定了六种招标人以不合理条件限制、排斥潜在投标人或者投标人的具体情形以及一个兜底条款。在本案中招标文件的评分办法中按照注册资本多少、是否参加某特定项目评分的规定违反了公平原则，涉嫌排斥部分投标人，显失公平、公正，可能会被认定行政行为违法。以不合理的条件限制、排斥潜在投标人或者投标人，违反了招投标法及其实施条例的禁止性规定，违反了公开、公平、公正和诚实信用原则，出现此种情况的，招标人应当在修改资格预审文件或者招标文件后重新招标。

在涉及公共运输、电信资源等公共资源配置，需要赋予特定权利的事项，行政机关作出行政许可决定时应当通过招投标、拍卖等方式作出。如果招标活动中存在"以不合理的

---

① 案情及审理情况，参见(2014)张中行初字第27号行政判决书。

条件限制或者排斥潜在投标人或投标人、对潜在投标人或投标人实行歧视待遇的”,潜在投标人或投标人有权利要求终止招标活动。属于强制招标项目的,招标人修改资格预审文件、招标文件,纠正其行为后,须重新招标;属于非强制招标项目的,招标人可在改正后重新招标,也可以采用其他采购方式。

(七)投诉处理程序正当性问题分析

【案例八】

怀化远帆机电设备有限公司与沅陵县财政局政府采购投诉处理纠纷案①

本案的争议焦点在于:当招标文件存在“不合理的条件对供应商实行差别待遇或者歧视待遇”违法情形时,作为财政监管部门,沅陵县财政局是否可以要求招标单位修改招标文件后恢复招投标?还是必须中止招投标活动,重新组织招投标?

本案一审法院认为《政府采购法实施条例》第71条规定意在说明在政府采购活动中,只有具有影响或可能影响中标、成交结果的情形存在时,政府采购活动才应当终止,重新开展政府采购活动。而本案中沅陵县财政局受理投诉后,通知招标单位暂停了采购活动,在对招标文件进行审查后,认为招标文件具有对供应商实施歧视性或差别性待遇的条款规定,遂作出了责令招标单位修改招标文件的投诉处理决定。招标单位按照沅陵县财政局作出的投诉处理决定要求,对招标文件进行了修改,在招标单位修改招标文件以后,沅陵县财政局作出了要求招标单位恢复采购活动的通知,说明沅陵县财政局认为招标单位经修改后的招标文件,不具有对供应商实施差别性或歧视性待遇的规定条款,也不会影响本案涉及的政府采购活动中标、成交结果。当本案沅陵县财政局认为招标单位的招标文件,不再具有不合理性后,通知招标单位恢复采购活动,是符合法律、法规规定的。《政府采购供应商投诉处理办法》第18条规定,财政部门经审查,认定采购文件具有明显倾向性或者歧视性等问题,给投诉人或者其他供应商合法权益造成或者可能造成损害的,按下列情况分别处理:(一)采购活动尚未完成的,责令修改采购文件,并按修改后的采购文件开展采购活动……沅陵县财政局受理远帆公司针对招标文件提起的投诉后,认为被投诉的招标文件带有对供应商的歧视性和不合理规定,作出责令招标单位修改采购招标文件并按修改后的采购文件开展采购活动的决定,完全符合《政府采购供应商投诉处理办法》第18条第1款的规定。因此,远帆公司辩称的沅陵县财政局发现招标单位招标文件有歧视性、不合理后,应该终止政府采购活动,而不是责令招标单位修改采购文件后按规定恢复

---

① 案情及审理情况,参见(2015)沅行初字第31号行政判决书。

采购活动的辩论理由不能成立。

但是根据《政府采购法》第71条、第73条,招标单位存在"以不合理的条件对供应商实行差别待遇或者歧视待遇的"的情形时,"影响中标、成交结果或者可能影响中标、成交结果的",如果"未确定中标、成交供应商的",应当"终止采购活动"。《政府采购法实施条例》第71条对此做了同样的规定,因此,本案所涉的招投标活动既然的确存在以不合理的条件对供应商实行差别待遇或者歧视待遇的情形,那么作为财政监督部门,正确的处理方式应当是终止采购活动,在修改招标文件后重新组织招标,而不是责令修改后再恢复招标。而法院却认为《政府采购法实施条例》第71条规定意在说明只有具有影响或可能影响中标、成交结果的情形存在时,政府采购活动才应当终止,重新开展政府采购活动。而经修改后的招标文件不具有对供应商实施差别性或歧视性待遇的规定条款,就不会影响本案涉及的政府采购活动中标、成交结果。

据此,法院的观点并不准确。第一,《政府采购法》第73条规定应"终止采购活动"的情形不仅仅是"影响中标、成交结果",也包括"可能影响中标、成交结果的",只要招标文件存在"以不合理的条件对供应商实行差别待遇或者歧视待遇的"的情形,当然"可能影响中标、成交结果",这一点根本无法排除。故财政部《政府采购供应商投诉处理办法》第18条"采购活动尚未完成的,责令修改采购文件,并按修改后的采购文件开展采购活动"的规定明显与《政府采购法》第73条冲突。从立法层级来看,《政府采购供应商投诉处理办法》作为部门规章,根据下位法服从上位法的原则,当《政府采购供应商投诉处理办法》的具体规定与《政府采购法》相冲突时,应与上位法为准。更重要的问题在于:只要招标文件存在"以不合理的条件对供应商实行差别待遇或者歧视待遇"的情况,就会排斥潜在的供应商,使得不符合"不合理条件"或是因"不合理条件"得分较低,在竞争中处于不利位置的供应商畏惧乃至放弃投标,即便招标文件修改后删除了"不合理条件",那些之前因为"不合理条件"未参与投标的供应商却因为错过了投标期限而无法参与投标,失去了机会。所以《政府采购法》要求先终止采购,在修改招标文件后重新组织招投标,以此保障潜在供应商参与采购的机会,维护公平正义,这是《政府采购法》第73条的立法初衷之所在。相形之下,如果依据《政府采购供应商投诉处理办法》第18条的规定,即便"认定采购文件具有明显倾向性或者歧视性",即便"给投诉人或者其他供应商合法权益造成或者可能造成损害",招标单位"在修改采购文件之后",仍然可以"按修改后的采购文件开展采购活动",那么之前因为"不合理条件"被排斥出去的供应商同样无法参与采购活动,失去了竞标的机会,这样的结果并不公平。因此,无论是从下位法服从上位法的基本法律原则上说,还是从公平合理的角度来看,本次政府采购活动都应该遵循《政府采购法》第73条的规定,而不应适用《政府采购供应商投诉处理办法》第18条的规定。

第二,财政局已经确认招标文件中有三项内容属于"以不合理的条件对供应商实行差别待遇或者歧视待遇",不可谓不严重,说其不可能影响中标、成交结果无法令人信服。如果因为修改后的招标文件不存在差别待遇或歧视待遇，不再影响中标、成交结果，就推定不适用《政府采购法》第73条的话，那么任何采购项目，无论制作的招标文件违反《政府采购法》禁止性规定的程度多么严重，都可以被修改，从而符合法律规定，因为不存在不能修改的文件，既然只要修改了就不影响中标成交结果，那所有的违规采购活动都不需要终止后重新开始，修改后恢复采购活动即可。如此一来，《政府采购法》第73条就是一纸空文，没有适用余地，完全背离了追求公平合理的立法本意。

因此，沅陵县法院的判决存在问题，此次政府采购活动应当先行终止，而不是修改招标文件后即行恢复采购活动。

综上，在招标文件存在“不合理的条件对供应商实行差别待遇或者歧视待遇”违法情形时，应该遵循《政府采购法》第71条、第73条的规定，只有违法情形极其轻微，完全不会影响中标、成交结果，也不存在影响中标、成交结果可能的，换句话说，不会排除潜在供应商可能的，财政监管部门可以责令招标单位修改招标文件后恢复招投标，但如果违法情形会影响中标、成交结果，或存在影响中标、成交结果可能的，包括可能排除潜在供应商的，必须中止招投标活动，重新组织招投标。另外，招标文件中对经营业绩的设置如果不以某一特定地区或特定行业为条件，不属于“以不合理的条件对供应商实行差别待遇或者歧视待遇”，不违反法律规定。

三、招标投标过程中的法律风险节点案例分析

（一）投标中的串通行为

【案例九】

北京智程景颐科技有限公司诉北京现代汽车有限公司、北京国际招标有限公司、北京银景科技有限公司串通投标不正当竞争纠纷一案①

《招标投标法》第32条和《招标投标法实施条例》第41条均规定禁止招标人与投标人串通投标。适用上述法律规范的难点在于如何认定和证明投标过程中存在串通行为。

本案的争议焦点在于是否可以认定三被告构成串通招投标。“串通招投标”指在招投标过程中投标人和招标人通过意思联络达成了排挤该投标人竞争对手公平竞争的共同意图，并实施了以不正当手段排挤该投标人竞争对手公平竞争的违法行为。“勾结”和“串通”必须以投标人和招标人之间的“意思联络”为前提，这一前提条件的生成必须以一定的客观行为方式加以实现。具体到本案，综合在案全部证据，并无直接证据证明三被告之间

① 案情及审理情况，参见(2013)东民初字第14132号民事判决书。

通过意思联络形成了排挤原告公平竞争的共同意图,亦无充分证据证明各被告实施了以不正当手段排挤原告公平竞争的违法行为,即在案证据均不能直接或间接证明三被告串通招投标。故,本案三被告未构成串通招投标。

所以,在进行招投标活动时,投标人不得相互串通投标报价,不得排挤其他投标人的公平竞争,损害招标人或者其他投标人的合法权益;投标人不得与招标人串通投标,损害国家利益、社会公共利益或者他人的合法权益;投标人不得以低于成本的报价竞标,也不得以他人名义投标或者以其他方式弄虚作假,骗取中标。避免出现因为违反法律、行政法规的强制性规定而导致合同无效甚至构成犯罪的情形。

还应注意到,经营者在生产经营活动中,应当遵循自愿、平等、公平、诚信的原则,遵守法律和商业道德。经营者在生产经营活动中,应当遵守相关法律规定,不得有损害其他经营者或者消费者的合法权益的行为。在订立合同过程中不得存在故意隐瞒与订立合同有关的重要事实或者提供虚假情况或其他违背诚实信用原则的行为的情形,否则就此给对方造成损失的,应当承担损害赔偿责任。

(二)投标文件未响应招标文件要求

【案例十】

福州市豪果缘果业有限公司与福建省财政厅、福建省人民政府、福建省福瑞工程招标有限公司、福建省福州司法强制隔离戒毒所招投标纠纷案[①]

本案的焦点问题在于开标会现场投标人法定代表人魏某到场并提交了身份证复印件但未提交其证明其为法定代表人身份的材料,福瑞招标公司拒收投标文件是否属于差别待遇或者歧视待遇。

本案中福瑞招标公司已对本次政府采购项目的招标文件予以预公告及专家评审,预公告期届满未有潜在投标人提出异议且评审专家亦对该份招标文件予以认可,因此该份招标文件具有法律效力,尽管该份招标文件未对法定代表人提交投标文件予以规定,但可以看出招标文件中关于投标人签到代表的规定是为了确认参加开标会人员的身份,确保参会人员具有投标人的授权委托、确能代表投标人参加投标,因此原告的法定代表人亲自参加开标会并无不可,但仍应加以证明其法定代表人身份。因此第三人福瑞招标公司拒收原告的投标文件符合招标文件的规定,并不存在差别待遇或歧视待遇。

应该注意的是,作为招标人,不得以不合理的条件限制或者排斥潜在投标人,不得对

---

① 案情及审理情况,参见(2017)闽0102行初7号行政判决书。

潜在投标人实行歧视待遇。招标文件应当包括招标项目的技术要求、对投标人资格审查的标准、投标报价要求和评标标准等所有实质性要求和条件以及拟签订合同的主要条款。招标文件意思表达清晰明了,不能模糊,不能有歧义。

作为投标人,应当严格按照招标文件要求制作投标文件,并按要求提交相关材料。在细节上不能有任何大意或侥幸心理,避免应提交法定代表人证明却只提供身份证复印件这样的低级错误。

(三)投标文件著作权问题

【案例十一】

杭州市环境保护有限公司、杭州市设备安装有限公司著作权纠纷一案①

本案的焦点问题之一为环境公司对《工程采购投标文件》是否拥有著作权,是否属于著作权法中作品的保护范围。

《著作权法》第2条第1款规定"中国公民、法人或者其他组织的作品,不论是否发表,依照本法享有著作权"。第3条规定"本法所称的作品,包括以下列形式创作的文学、艺术和自然科学、社会科学、工程技术等作品:(一)文字作品;(二)口述作品;(三)音乐、戏剧、曲艺、舞蹈、杂技艺术作品;(四)美术、建筑作品;(五)摄影作品;(六)电影作品和以类似摄制电影的方法创作的作品;(七)工程设计图、产品设计图、地图、示意图等图形作品和模型作品;(八)计算机软件;(九)法律、行政法规规定的其他作品"。《著作权法实施条例》第2条规定"著作权法所称的作品,是指文学、艺术和科学领域内具有独创性并能以某种有形形式复制的智力成果"。

本案中环境公司制作的《工程采购投标文件》是环境公司为参加转塘中学污水处理工程的招投标所编制的工程标书。作为其标书核心内容的技术方案、施工方案等,是为阐述和介绍环境公司对该招投标工程污水处理设施的功能、原理、工艺流程及相关技术指标和施工计划等思想意图而创作的表达形式,其包含文字和图形两方面的内容,是凝结了投标人的劳动和创造力的智力成果。对污水处理工程设施的设计、施工进行阐述、介绍之表达形式可以有多种,环境公司通过文字与图形相结合的表达方式,对相应工程设施的功能、原理、工艺流程、技术指标和施工计划等进行设计和描述,以工程投标文件之形式表现出来。该投标文件的编排制作,特别是其中的技术方案、施工方案等内容,系采用独特、具有个性特征的表达形式,是环境公司智力活动的产物,具有独创性和可复制性,符合《著作权

① 案情及审理情况,参见(2010)浙知终字第60号民事判决书。

法》关于“作品”的构成要件。因此，环境公司对《工程采购投标文件》(主要是其中的技术、施工方案等)依法拥有著作权。

本案的焦点问题之二是设备公司是否侵犯环境公司著作权。

从双方的投标文件来看，其中的技术方案、施工方案是其核心的内容。在上述内容方面，设备公司之投标文件与环境公司在语句表述上几乎一致，甚至连错别字也如出一辙。显然，设备公司是在环境公司标书的基础上，仅仅对其中的某些指标数据做了改动，所附工艺流程示意图也只是个别箭头有所变换。设备公司标书的这些变化不具有实质性变化，不构成设备公司的独创性成果。而且服务承诺与质量承诺部分，设备公司标书与环境公司基本完全一致。由此表明，设备公司的技术、施工方案采用了与环境公司实质上相同的制作表达形式，故设备公司侵犯了环境公司的著作权。应依《著作权法》第47条、《最高人民法院关于审理著作权民事纠纷案件适用法律若干问题的解释》第25条、第26条的规定等法律、法规承担相应的民事责任。

环境公司未能提供充分的证据证明其受到的实际损失，设备公司的违法所得也难以确定，故适用法定赔偿原则。综合考虑争讼作品的类型及其制作费用、侵权行为的性质、造成的后果等因素，酌情判令设备公司赔偿环境公司2万元，其中包括合理的律师费支出。

在招标投标活动中，投标文件的制作要独立完成，不能剽窃、复制他人的相关文件，否则将侵犯他人的著作权，将承担相应的民事责任。另外，公司在自己制作投标文件时也凝结了创造性的智力劳动成果，对此同样拥有著作权，如受到他人侵犯，可通过民事诉讼予以保护。

(四)低于成本价投标

【案例十二】

南通市通州百盛市政工程有限公司诉苏州市吴江东太湖综合开发有限公司建设工程施工合同纠纷案[①]

本案的争议焦点问题在于是否存在低于成本价投标的情形，建设工程施工合同是否有效。

依据《合同法》第52条第5项的规定，违反法律、行政法规强制性规定的合同无效。《最高人民法院关于适用〈中华人民共和国合同法〉若干问题的解释(二)》第14条对上述条款中的强制性规定的表述进一步细化为是一种效力性规定，将强制性条款区分为管理性条款和效力性条款，只有后者才影响合同的效力。《招标投标法》第33条规定，“投标人不得以低于成本价的报价竞标”。该法中所指建设工程的成本价对不同承包企业而言是不同

① 案情及审理情况，参见(2015)民申字第884号民事裁定书。

的，主要取决于其成本管理控制能力，低于成本倾向于理解为企业个别生产成本，故招标过程中协成工程造价咨询公司编制的工程造价咨询标底造价严格讲并非成本价认定之根据。对于成本问题，应由作为施工单位的投标者一方加以关注并结合自身能力预先估测。

投标人不得以低于成本价的报价竞标，其目的并非出于对其缔约自由意思本身之强行约束，而是以建筑产品质量安全这一社会公共利益考量作出的规制。本案中标合同所涉标的，并非一般意义上的建设工程或建筑产品，而是取土工程，招投标主要范围是土方挖运、堆放、便道（桥）和土源管理等，带有一定的技术含量相对较低的劳务承包特征。故原告百盛市政公司在自主报价并中标施工的基础上，在施工过程中又以合同约定工程价格因受迫于被告东太湖公司而低于成本价，主张合同无效，缺乏事实和法律依据。据此，双方签订的建设工程施工合同合法有效。

作为项目总承包商或建设方的投标者应关注项目成本并结合自身能力预先估测，这属于交易中正常的商业风险，应由签约方自行承担。所以公司在对外签约中，要注意对合同标的进行成本评估，有效防范交易风险。

招标人在招标文件中制定最高投标限价是控制价格的常见做法，应明确投标人的报价必须在此限价之下，否则的话该投标应被否决。

同样地，一旦评标委员会发现投标人的报价明显低于其他投标报价或者在设有标底时低于标底，可能低于其个别成本的，应当要求投标人澄清，该投标人应当提供相关证明材料并进行说明。如果投标人不能完成上述要求，即属于以低于成本报价竞标，评标委员会应否决其投标。

（五）投标文件是否实质性响应招标文件要求

【案例十三】

营口绿源锅炉有限责任公司、东营市河口区国有资产运营管理中心、东营市河口区城市管理局招标投标买卖合同纠纷案①

本案中的第一个争议焦点在于哪些项目属于招标文件的实质性要求和条件？

《招标投标法》第 19 条第 1 款规定："招标人应当根据招标项目的特点和需要编制招标文件。招标文件应当包括招标项目的技术要求、对投标人资格审查的标准、投标报价要求和评标标准等所有实质性要求和条件以及拟签订合同的主要条款。"同时，该条第 2 款还规定："国家对招标项目的技术、标准有规定的，招标人应当按照其规定在招标文件中提出相应要求。"根据上述规定，招标项目的技术要求、对投标人资格审查的标准、投标报价

① 案情及审理情况，参见（2014）鲁商终字第 184 号民事判决书。

要求和评标标准等为招标文件的实质性要求和条件,同时,国家对招标项目的技术、标准有规定的,该规定亦为招标文件的实质性要求。

对于货物采购项目而言,货物的名称、规格、特征、功能、数量等要素应为采购项目的技术要求,属于招标文件的实质性要求和条件。

第二个争议焦点在于投标人未对招标文件的实质性要求和条件作出响应的法律后果。

根据《招标投标法实施条例》第51条的规定,投标文件没有对招标文件的实质性要求和条件作出响应的,评标委员会应当否决其投标。在上述案件中,一审法院认为,由于营口绿源公司在投标文件中未响应招标文件的实质性要求,故其投标为无效投标,评标委员会在评标过程中应当对此予以认定但未予认定,河口国资运营中心、河口城管局在中标公示期满后合同签订前,发现营口绿源公司投标无效的该项事由并作废标处理,不违反相关法律规定,应属合法有效,予以确认。根据《招投标法实施条例》的上述规定,投标文件没有对招标文件的实质性要求和条件作出响应的,评标委员会应当否决其投标。因此,为避免引发纠纷,针对投标文件没有对招标文件的实质性要求和条件作出响应的,评标委员会应当对其投标直接予以否决,而不应该在进行中标公示后再行废标。

第三个争议焦点为采取招投标方式订立合同的情况下,合同何时成立?

《合同法》第15条规定:"要约邀请是希望他人向自己发出要约的意思表示。寄送的价目表、拍卖公告、招标公告、招股说明书、商业广告等为要约邀请。商业广告的内容符合要约规定的,视为要约。"根据合同法的上述规定和合同法的基本原理,在采取招投标方式订立合同的情况下,招标人的招标公告和招标文件为要约邀请,投标人的投标文件为要约,中标通知即为承诺。因此,在采取招投标方式订立合同的情况下,投标人收到招标人发出的中标通知后,投标人与招标人之间的合同成立。

因此,在进行招投标活动时,应对投标文件是否符合招标文件提出的要求和条件进行审查,对于不符合招标文件要求和条件的投标文件,应直接予以拒绝,避免在公示后或者发出中标通知书后出现废标的情况。

四、倾向性、排他性条款或以不合理条件排除潜在投标人的判断与分析

(一)不合理条件排除潜在供应商问题

【案例十四】

山东万得福装饰工程有限公司与德阳市财政局招投标纠纷案[①]

本案中最主要的问题在于德阳市中心城区照明提档升级和灯光秀照明设备及安装C

① 案情及审理情况,参见(2017)川0603行初29号行政判决书。

标段——(钟鼓楼、东山山体、灯光秀)采购项目磋商文件中设定的“投标人提供2013年1月1日至今已完成的单个2000万元以上的照明亮化类的业绩合同作为业绩评分标准”,是否属于《政府采购法实施条例》第20条第4项、第8项规定的予以禁止的情形。

依据《政府采购法实施条例》第20条规定采购人或者采购代理机构以特定行政区域或者特定行业的业绩、奖项作为加分条件或者中标、成交条件;以其他不合理条件限制或者排斥潜在供应商属于以不合理的条件对供应商实行差别待遇或者歧视待遇。

本案中,涉案采购项目预算金额为7354.32万元,对该竞标项目设置2000万元的业绩评分标准,实施条例释义针对第20条第8项禁止的内容列举了几种情形。“资格预审公告或者采购公告中获取资格预审文件或采购文件的要求不合理;以各种借口阻挠潜在供应商取得资格预审文件或采购文件;资格预审文件或采购文件的发售期限、投标截止时间和采购文件澄清或者修改时间不符合规定;要求供应商缴纳各种不合理费用以及超过规定比例的保证金等”,所列举的几种情形均是针对剥夺潜在供应商获取竞标资格的不合理情形,被告市财政局以磋商文件将类似业绩设置为2000万元以上的标准,认定为违反了该项规定,明显不当。行业类似业绩加分设置最低金额限制是否构成以不合理条件对供应商实行差别待遇或歧视待遇,实施条例中并无明文规定,没有违反禁止性规定。

在政府采购的各种法律关系中,采购人和供应商之间的关系多属于政府采购合同关系。供应商是采购合同的竞争者,采购合同的订立程序是否合法、采购合同的条件和授予是否公平,直接关系供应商的切身利益。

政府采购中,采购人和供应商的采购合同关系最容易产生纠纷。因此,主管部门保护供应商在政府采购合同中的合法权益是实现政府采购制度健康发展的关键一环节,这就要求主管部门必须遵守法律规定,本案中,正是市财政局把代理机构对投标人的业绩要求,曲解为设立了“特定行业的业绩”,发出的该通知适用法律错误,进而错误地认定为排斥了潜在的投标人,损害了万德福公司的合法权益。

【案例十五】

苏州黑象智能科技有限公司与苏州工业园区财政局招投标投诉处理决定纠纷案①

本案中的焦点问题之一为招标文件中“具有CMMI3级及以上认证证书”的要求是否存在倾向性和排他性。

《招标投标法实施条例》第32条第2款第2项规定,招标人设定的资格、技术、商务条件与招标项目的具体特点和实际需求不相适应或者与合同履行无关,属于以不合理条件

① 案情及审理情况,参见(2016)苏0508行初20号行政判决书。

限制、排斥潜在投标人或者投标人。《政府采购法》第22条第2款也规定,“采购人可以根据采购项目的特殊要求,规定供应商的特定条件,但不得以不合理的条件对供应商实行差别待遇或者歧视待遇”。从上述规定可知,政府采购中,招标人有权利对投标人设置相应资格要求以保障项目和服务质量,但需与招标项目的具体特点和实际需求相适应,不得实行差别待遇或歧视待遇。本案所涉CMMI认证可以帮助软件企业对软件工程开发过程进行管理和改进,增强开发和改进能力,从而能按时地、不超预算地开发出高质量的软件,是企业从事软件开发能力的体现。本案招标项目系大型软件开发项目,开发周期长,服务要求高,作为招标人有需求要求作为软件开发方的投标人具备按时、按预算完成开发任务的软件开发成熟度能力,招标人将CMMI 3级及以上认证资质作为对投标人的一项特殊条件与本案招标项目的具体特点和实际需求相适应。而CMMI认证在国内普及性、发展状况也是考虑设置该资质条件是否会限制竞争的因素,从目前CMMI认证在国内推广、发展状况以及本案符合CMMI 3级及以上认证资质的投标单位实际报名情况来看,均不能表明本案CMMI认证资质要求限制了本案政府采购中的公平竞争。

焦点问题之二为招标文件中“外地单位在苏州设有分公司或承诺中标后三十日内在苏州市市区设立分公司”的要求是否属于以不合理的条件对供应商实行差别待遇或者歧视待遇?

《政府采购法》第52条规定:“供应商认为采购文件、采购过程和中标、成交结果使自己的权益受到损害的,可以在知道或者应知其权益受到损害之日起七个工作日内,以书面形式向采购人提出质疑”;第55条规定:“质疑供应商对采购人、采购代理机构的答复不满意或者采购人、采购代理机构未在规定的时间内作出答复的,可以在答复期满后十五个工作日内向同级政府采购监督管理部门投诉。”根据上述规定,供应商提出质疑、投诉的前提是“认为权益受到损害”。而黑象公司系苏州本地企业,不受本项特殊条件限制,其就本项提出质疑、投诉是认为“政府采购项目不得排斥外地企业进入本地市场,设置此项招标条件不合理”,并非是“认为权益受到损害”,黑象公司与本项质疑、投诉事项无利害关系,对其该项的起诉理由不予支持。

因此,招投标过程中,招标人设定的资格、技术、商务条件与招标项目的具体特点和实际需求不相适应或者与合同履行无关,属于以不合理条件限制、排斥潜在投标人或者投标人,在政府采购中,招标人有权利对投标人设置相应资格要求以保障项目和服务质量,但需与招标项目的具体特点和实际需求相适应,对于具体的资质条件,应该综合考虑其在国内的普及性、发展状况,实际情况等判断该条件的设置是否会限制公平竞争。

还需注意到,投标人认为招标人的采购文件、采购过程和中标、成交结果使自己的权益受到损害的,可以以书面形式对招标人的要求提出质疑或投诉。

(二)采购文件中技术指标存在倾向性、排他性的判断和处理程序

【案例十六】

韶关市滇鹏贸易有限公司与韶关市财政局、广东省财政厅财政行政处理及行政复议纠纷案①

本案的争议问题在于如何判定《公开招标文件》设定的技术参数是否存在倾向性、排斥性,是否指向特定的供应商而排斥其他投标人。

《政府采购法实施条例》第20条第3项规定:“采购人或者采购代理机构有下列情形之一的,属于以不合理的条件对供应商实行差别待遇或者歧视待遇……(三)采购需求中的技术、服务等要求指向特定供应商、特定产品。”第20条第8项规定:“采购人或者采购代理机构有下列情形之一的,属于以不合理的条件对供应商实行差别待遇或者歧视待遇……(八)以其他不合理条件限制或者排斥潜在供应商。”《广东省实施〈中华人民共和国政府采购法〉办法》第34条第3项规定:“政府采购文件不得规定下列内容……(三)以单一品牌特有的技术指标作为技术要求。”

上述各项规定采购产品所含技术(包含参数)指向特定供应商、特定产品,或者以单一品牌特有的技术指标作为技术要求以及以其他不合理条件限制或者排斥潜在供应商等行为属于差别或者歧视待遇。所谓的特定,一般是指某一种或者某一个,特定的产品或者供应商,应当是指采购产品技术指向某一个供应商或者某一种产品、某一个产品、单一品牌特有技术指标。

采购文件存在“倾向性”通常表现在采购文件中的投标资格条件、技术要求及评标标准等内容违反法律和行政法规的强制性规定,违反公开、公平、公正和诚实信用原则,限制市场竞争。

采购文件常见的“倾向性”条款主要表现为:首先,在采购文件中明确限定或指定特定的专利、商标、品牌、型号、原产地或者供应商,导致只有唯一的供应商符合要求。如某灯具采购项目规定“采用飞利浦品牌电器及光源”,明显歧视其他品牌供应商;其次,在采购文件中设定的资格业绩、技术参数等条件根据某些供应商的实际情况“量身定做”。主要是将一些与采购项目的具体特点和实际需要不相适应或者与合同履行无关、对采购项目无关紧要的资质、业绩或技术参数设定为必须响应的实质性指标,以区分特定供应商与其他供应商,导致其他供应商不具备这些条件。

综上,采购文件规范与否直接关系到采购结果的公平公正性。为使供应商之间形成良性竞争,许多法律规章明确指出采购文件不得含有倾向性或歧视性条款。但在实践中,

---

① 案情及审理情况,参见(2017)粤02行终33号行政判决书。

评分标准设置不符合法律规定和实际工作需要的现象还是时有出现。

采购文件是否有倾向性、排他性可以从两个维度进行判断。首先，设置的评分因素是否属于项目的切实需要。如果设置了采购项目根本不需要的参数或要求，则可以重点去审查是否存在倾向性。其次，在市场上能否形成充分竞争。如果采购文件的要求在市场上无法构成充分竞争，则属于有倾向性、排他性的设置，但是如果确实只有个别供应商能够满足，则不应当采用公开招标的采购方式。

现实工作中，为了减少质疑、投诉事项，采购人应当根据项目特点和需要编制采购文件，而不应为某一特定供应商量身定做采购文件。采购文件编写是否规范、准确，是否科学、严谨，直接影响整个采购工作的进度和成败。采购文件制作中，采购人和采购代理机构、交易服务机构要公开征求潜在投标人的意见，把好技术参数设定关口，力求采购文件更加公平公正。

（三）招标文件质疑及投诉的程序

【案例十七】

中山市嘉旺电子科技有限公司、砚山县财政局财政行政管理（财政）行政纠纷一案[①]

本案的焦点问题之一为投标方认为招标文件（采购文件）使自己的权益受损害，如何依法进行质询和投诉。

根据《政府采购法》第13条规定，各级人民政府财政部门是负责政府采购监督管理的部门，履行对政府采购活动的监督管理职责。第55条规定，质疑供应商对采购人、采购代理机构的答复不满意或者采购人、采购代理机构未在规定的时间内作出答复的，可以在答复期满后十五个工作日向同级政府采购监督部门投诉。

《政府采购法》第58条规定，投诉人对政府采购监督管理部门投诉处理决定不服或者政府采购监督部门逾期未作处理的，可以依法申请行政复议或者向人民法院提起行政诉讼。

焦点问题之二为招标文件售价远超印制成本费用，是否属于获取不正当利益。

根据《政府采购法》第70条规定："任何单位和个人对政府采购活动中的违法行为，有权控告和检举，有关部门、机关应当依照各自职责及时处理"和《价格法》第33条规定："县级以上各级人民政府价格主管部门，依法对价格活动进行监督检查，并依照本法的规定对价格违法行为实施行政处罚"的规定，该项主张属物价行政管理法律关系，上诉人可向价格主管部门提请处理。法院对于本案涉及招标文件价格不予评析。

---

① 案情及审理情况，参见（2017）云26行终56号行政判决书。

焦点问题之三为招投标过程中，是否存在歧视和排斥部分投标人并致使部分投标人利益受损的现象。

《招标投标法》和《政府采购法》中并没有直接定义不合理条件，仅是依法规定了招标人或采购人不得以不合理条件限制、排斥潜在投标人或供应商，以及法律责任。《招标投标法》第18条规定，招标人不得以不合理的条件限制或者排斥潜在投标人，不得对潜在投标人实行歧视待遇；第51条规定，招标人以不合理的条件限制或者排斥潜在投标人的，对潜在投标人实行歧视待遇的，责令改正，可以处一万元以上五万元以下的罚款。《招标投标法》中并没有规定招标人采用不合理条件限制排斥潜在投标人“中标无效”，不过，《招标投标法实施条例》第82条明确规定，依法必须进行招标的项目的招标投标活动违反招标投标法和本条例的规定，对中标结果造成实质性影响，且不能采取补救措施予以纠正的，招标、投标、中标无效，应当依法重新招标或者评标，纳入了“中标无效”范畴。但结合本案来看，本次政府采购标的是学校食堂使用的设施设备，使用和服务对象特殊，招标文件设置了部分特别规定是从保护学生安全角度考虑的，并不存在排斥中山嘉旺公司投标的意思，不属于以不合理条件限制、排斥潜在投标人或供应商的情形。

综上，在招标投标过程实践过程中招标文件如果出现以下情况，投标人、潜在投标人和其他利害关系人，在规定的时间内，可以对招标文件提出异议，具体内容主要有：(1)招标文件以不合理的资格条件限制潜在投标人投标或明显倾向性内容或技术规格明显有利于个别投标人产品；(2)招标文件出现专用技术、专利产品、特定品牌等倾向性内容或技术规格明显有利于个别投标人产品；(3)评标办法不科学、不公平；(4)招标文件商务条款具有倾向性、歧视性或设置不合理；(5)政府采购项目没有体现对于中小企业、节能、环保产品和民族产业的优先和支持政策；(6)招标文件规定的其他违法违规情形。若投标人提出异议，招标人应当在限期内履行对异议作出答复，对异议作出答复前招标人应当暂停招投标活动。招标投标过程中对于纠纷的具体解决途径，未中标人对招投标活动有异议可申诉，通过行政监督途径解决，不能解决的且符合《政府采购法》第58条规定的，可以依法申请行政复议或者向人民法院提起行政诉讼。

五、结语

政企类信息化项目招标过程中，投标人存在隐瞒或提供虚假信息的情形的，实际采购人不当行为导致供应商损失的，可以主张缔约过失责任。通过质疑、投诉等方式解决争议的项目，可以通过对争议处理决定提起行政诉讼来解决争议。特定条件下，可以通过著作权侵权之诉等方式维权。在通过行政投诉或诉讼解决争议过程中，重点应当关注投诉处理的管辖、多次质疑或投诉的期限限制、行政处理程序是否正当等事由。

在招标投标过程中，应当遵循自愿、平等、公平、诚信的原则，遵守法律和商业道德，避免因串通投标、低于成本价竞标等方式违反强制性规定导致投标无效。投标文件是否实质性响应招标文件要求是影响招标活动效力的重要因素,招标活动中应当注意避免因构成未实质性响应招标文件要求而导致投标无效。

以不合理条件排除潜在投标人是政企类信息化项目招标过程中的主要争议点,需要结合《政府采购法实施条例》第 20 条规定具体认定特定行政区域或者特定行业的业绩、奖项作为加分条件或者中标、成交条件的具体情形。判断以特定认证资质作为投标人条件是否合理,需要综合考虑特殊资质是否与招标项目的具体特点和实际需求相适应,综合考察该认证资质在国内的普及性、发展状况,实际情况等判断该条件的设置是否会限制公平竞争等因素。

采购文件是否有倾向性、排他性可以从设置的评分因素是否属于项目的切实需要,在市场上能否形成充分竞争等维度进行判断。对于招标文件存在可能限制或影响投标人利益的 6 种具体情形的,应当及时提出异议,并按程序维权。

基础电信企业经营视频业务行业监管相关法律问题研究

马　远　严德庆　何宏燕*

摘要

随着网络和终端性能的提升，基于通信网的视频业务发展迅猛，已经成为基础电信企业重要的新增长点。在国家政策层面，国家也鼓励基础电信企业提供视频业务。国务院办公厅于2015年印发了《国务院办公厅关于印发三网融合推广方案的通知》(国办发〔2015〕65号)。根据该文件，"广播电视节目生产制作、互联网视听节目信号传输、转播时政类新闻视听节目业务、除广播电台电视台形态以外的公共互联网视听节目业务、交互式网络电视(IPTV)传输、手机电视分发业务"等业务向基础电信企业开放。

由于基础电信企业掌握着通信网络，在开展视频业务方面具有独特的优势。但基础电信企业开展视频业务在法律层面也面临新的问题。一是由于视频业务涉及多方监管，行业政策壁垒目前仍然存在；二是技术高速发展，法律的滞后性较为明显，部分业务的法律性质和运营要求仍不明确；三是开展视频业务的模式较多，其法律关系和监管要求也有所不同，并且新的业务形态还在产生。本文将对基础电信企业开展视频业务的发展实际进行深入分析，梳理出相关的法律风险，并结合业务开展提出风险防控及合规建议。

关键词

基础电信企业　视频业务　行业监管

Abstract

With the improvement of telecommunication network and terminal performance, video service based on telecommunication communication network has developed rapidly, and has become an important new growth point for telecommunication enterprises. At the national policy level, the state also encourages telecommunications enterprises to provide video services. In 2015, the General Office of the State Council issued the Notice of the General

* 马远、严德庆，中国移动通信集团江苏有限公司。
何宏燕，中国移动通信集团浙江有限公司。

Office of the State Council on the Issue of the Promotion Scheme for the Integration of Three Networks (No. 65 issued by the State Office). According to the document, "Radio and TV program production, Internet audio-visual program signal transmission, broadcasting current political news audio-visual program business, public Internet audio-visual program business besides radio and television station form, IPTV transmission, mobile TV distribution business" are open to telecommunication enterprises.

Because the telecommunication enterprises have a good command of the network, they have unique advantages in developing video business. But the telecommunication enterprises carry out video business is also facing legal problems. First, because video business involves multi-party supervision, industry policy barriers still exist; second, the rapid development of technology, the lag of the law is obvious, the legal nature and operational requirements of some businesses are still unclear; third, there are many modes of video business, their legal relations and regulatory requirements are different, and new business forms are still emerging. This topic will deeply analyze the actual development of video business in telecommunications enterprises, sort out the relevant legal risks, and put forward proposals of risk-preventing and compliance.

Keywords

Telecommunication enterprises; Video business; Industry supervision

引 言

近年来,随着网络和终端性能的提升,基于通信网的视频业务发展迅猛,已经成为电信企业重要的新增长点。在国家政策层面,国家也鼓励基础电信企业(以下简称电信企业)开展视频业务。国务院办公厅于 2015 年印发了《国务院办公厅关于印发三网融合推广方案的通知》(国办发〔2015〕65 号)。根据该文件,"广播电视节目生产制作、互联网视听节目信号传输、转播时政类新闻视听节目业务、除广播电台电视台形态以外的公共互联网视听节目业务、交互式网络电视(IPTV)传输、手机电视分发业务"等业务向电信企业开放。

相对于传统的电视,基于通信网络的视频业务具有使用更方便、内容更丰富、互动性更强、与通信社交功能相融合等特点。基于通信网的视频业务正在占领更多的市场,对传统的无线和有线电视形态的业务的替代更加明显。

由于电信企业掌握着通信网络,在开展网络视频业务方面具有独特的优势。但电信企业开展网络视频业务在法律层面也面临新的问题。一是由于视频业务涉及多方监管,行业政策壁垒目前仍然存在;二是技术高速发展,法律的滞后性较为明显,部分业务的法律性质、运营要求仍不明确;三是开展视频业务的模式较多,其法律关系和监管要求也有所不同,并且新的业务形态还在产生。

本课题将重点针对电信企业开展网络视频业务面临的广电行业监管法律环境进行深入分析,梳理出相关的法律风险,并结合业务开展提出风险防控及合规建议。

一、电信企业网络视频业务开展情况

(一)监管部门对视频服务的分类

按照广电监管部门的监管分类,通过信息网络传播的视频业务可分为专网及定向传播视听节目服务(以下简称专网视频业务)和互联网视听节目服务(以下简称互联网视频业务)两种模式,分别适用《专网及定向传播视听节目服务管理规定》和《互联网视听节目服务管理规定》。

就两者的区分,国家新闻出版广电监管部门新闻发言人在《专网及定向传播视听节目服务管理规定》发布记者会上解释如下:《专网及定向传播视听节目服务管理规定》以"专网、公众、定向、终端"为基本要素,以向公众提供的专网及定向视听节目业务为管理对象,主要包括交互式网络电视(IPTV)、专网手机电视、互联网电视等。除此以外的通过互联网(含移动互联网)公网向公众提供的视听节目业务,均属于《互联网视听节目服务管理规定》的适用范围,管理对象主要包括视音频网站、视音频客户端软件等。

因此,专网视频业务和互联网视频业务主要可以从三个方面进行界定:一是终端的定向,即信号是否只能传输到特定终端(如互联网电视的信号只能传输到特定的智能电视或机顶盒上);二是范围的定向,即信号传输的范围是否有范围限制,这个范围可能是地理空间的范围(如 IPTV),也可能是指某一电信企业运营的通信网范围(如手机电视);三是视频业务的节目源,是否必须接入播控平台。

1. 专网视频业务

专网视频业务,根据《专网及定向传播视听节目服务管理规定》第 2 条的规定,主要包括交互式网络电视(IPTV)、专网手机电视、互联网电视三种形式。

(1)交互式网络电视(IPTV)。IPTV 是指电信企业基于其通信网,构建用于传输视频内容的 IPTV 专网系统。IPTV 专网既可以是单独建设的专用网络,也可以是基于互联网构建的虚拟网络。电信企业开展 IPTV,大多采取基于互联网构建的虚拟网络的方式。而 IPTV 专网的范围,则由电信企业自主确定是以全国、分省或地市层面构建,但在实际工作中,大多数是以省级行政区域为单位构建 IPTV 专网。

IPTV 模式下,电信企业的角色更加接近于传统的有线电视运营企业。电信企业需要取得 IPTV 传输分发许可,并且作为 IPTV 业务的运营主体,直接与用户签订 IPTV 入网业务协议。

(2)专网手机电视。广电监管部门和电信管理部门目前都没有对专网手机电视给出官方的定义。根据当前的实际情况,专网手机电视应当包括 CMMB 网手机电视和移动通信网手机电视两种类项。因前者与电信运营企业关系不太紧密，故本文不作论述。

就移动通信网手机电视，广电监管部门颁发给某电信企业的《信息网络传播视听节目许可证》中有关手机电视分发业务的内容是这么表述的：

“业务内容：为手机电视集成播控平台与手机终端之间提供信号传输和相应技术保障。

传输网络：利用第二代和第三代数字蜂窝移动通信网络（含移动互联网）架设手机电视信号专用传输网络。”

因此，对移动通信网手机电视的理解应从以下三个方面进行：一是专网手机电视的节目源是手机电视集成播控平台；二是专网手机电视的传输通道是利用数字蜂窝移动通信网络（含移动互联网）架设手机电视信号专用传输网络，是相对独立的单一用途虚拟网络，与互联网是不能直接互通的；三是节目的接收终端只限于手机终端。

（3）互联网电视。互联网电视是指直接通过互联网，将电视信号从播控平台传输到电视终端。其节目源是互联网电视集成播控平台；传输通道就是互联网，但是通过技术手段实现传输的定向，并不是任何终端、任何用户都可以访问该内容，且接收终端只能是特定的智能电机或电视盒。

2. 互联网视频业务

互联网视频业务，是指企业依据《互联网视听节目服务管理规定》，向用户提供制作、编辑、集成并通过互联网向公众提供视音频节目，以及为他人提供上载传播视听节目服务的活动。《互联网视听节目服务分类目录（试行）》又将互联网视频服务根据节目内容分为四类，并对四类服务的界定做了进一步的说明。（由于《互联网视听节目服务管理规定》使用的是“视听节目服务”，故本节在互联网视频服务分类中也使用“视听节目服务”一词）

（1）第一类互联网视听节目服务（广播电台、电视台形态的互联网视听节目服务）。根据《互联网视听节目服务分类目录（试行）》，主要有五种形式，分别是：时政类视听新闻节目首发服务；时政和社会类视听节目的主持、访谈、评论服务；自办新闻、综合视听节目频道服务；自办专业视听节目频道服务；重大政治、军事、经济、社会、文化、体育等活动、事件的实况视音频直播服务。《互联网视听节目服务管理规定》第8条规定，从事第一类互联网视听节目服务只限于广播电台、电视台及持相应许可的互联网新闻机构；而申请以自办频道方式播放视听节目的主体更是限定于地（市）级以上广播电台、电视台或其他中央新闻单位。

（2）第二类互联网视听节目服务，主要包括时政类视听新闻节目转载服务；文艺、娱乐、科技、财经、体育、教育等专业类视听节目的主持、访谈、报道、评论服务；文艺、娱乐、科技、财经、体育、教育等专业类视听节目的制作（不含采访）、播出服务；网络剧（片）的制作、播出服务，本类服务是指：生产制作、定制、编排网络剧（片）的服务；电影、电视剧、动画片类视听节目的汇集、播出服务；文艺、娱乐、科技、财经、体育、教育等专业类视听节目的汇集、播出服务；一般社会团体文化活动、体育赛事等组织活动的实况视音频直播服务等。第二类互联网视听节目服务是较为常见的形态，很多知名互联网公司都开展此类服务。本类服务除一般社会团体文化活动、体育赛事等组织活动的实况视音频直播服务外，其节目形态只能是点播或短时轮播。

（3）第三类互联网视听节目服务，主要包括聚合网上视听节目的服务；转发网民上传视听节目的服务等。此类服务具有的特点是，服务提供方自身不提供节目内容。其内容一是来自于互联网，二是来自于网民个人上传。

（4）第四类互联网视听节目服务（互联网视听节目转播类服务），主要包括转播广播电视节目频道的服务；转播互联网视听节目频道的服务；转播网上实况直播的视听节目的服务等。此类服务，更加接近于传统的旧式有线电视服务企业，企业只提供电台、电视台等节目的转播传输，并不提供节目内容，也不提供点播等服务。

（二）电信企业经营网络视频业务的特点

电信企业经营视频业务，在业务类型、运营组织、业务创新等方面又有其特点。一是在业务类型方面，电信企业开展视频业务，按照监管分类来看，既有专网及定向传播视听节目模式，IPTV、手机电视和互联网电视三大类型均有涉及；也有互联网视听节目业务，计算机和手机等移动终端的视听节目业务均有。二是在业务逻辑分工方面，业务涉及了内容、传输和终端等全部环节。

1. 业务类型特点

（1）专网视频业务方面。根据《专网及定向传播视听节目服务管理规定》，在专网视频业务中，电信企业在业务分工中所承担的角色应当主要是“传输分发业务单位”，即将接入的 IPTV、互联网电视和手机电视集成播控平台提供的节目信号传输给用户终端。但实际上，运营商通过合作运营的方式，其业务已经拓展到内容提供、播控平台、传输分发和终端制造等各个环节。

（2）互联网视频业务，电信企业在业务分工中所承担的角色既可能是“互联网视听节目业务单位”，又可能是“网络运营单位”。作为“互联网视听节目业务单位”，业务形态包括 PC 终端和移动终端的网站、客户端软件等形式。作为“网络运营单位”，电信企业主要承担的传输业务，则属于电信业务范围，本文不再作进一步分析。

需要特别提出的是，电信企业的手机视频业务，实际上是整合了手机电视和互联网视听节目两种模式。即电信企业向用户提供的视频业务界面中，既包括从手机电视集成播控平台接入的内容，也包括其自身或其他互联网视听节目业务单位提供的内容。因此，电信企业提供的手机视频业务，较其他互联网运营企业提供的产品，有差异化的竞争优势。如手机电视的电视台直播内容，在目前只有电信企业是“有照经营”。

2. 运营组织架构特点

电信企业开展视频业务，都探索设立专业化独立子公司（以下简称视频专业公司）运营。中国电信于 2011 年 3 月成立了天翼视讯传媒有限公司；中国移动于 2014 年 12 月成立咪咕视讯科技有限公司；中国联通于 2011 年 5 月将视频业务划归其宽带在线有限公司运营。此外，电信企业的省级公司也承担着部分视频业务的运营。一般来说，IPTV 和互联网电视的运营主体仍以省级公司为主；手机电视则由视频专业公司统一运营；互联网视频业务则是视频专业公司和省级公司均有开展。

3. 业务发展特点

（1）依托通信业务加速市场拓展。IPTV、互联网电视当前已经具有相当的市场规模。一是利用固定宽带业务的大发展实现高速扩张，在部分区域的市场占有率，电信企业 IPTV 的市场占有率已经接近或超过有线电视。二是基础电信企业为推广手机电视及视频业务，推出了定向数据流量优惠。

（2）取得资质有所进展，但不能完全满足业务发展需要。三大电信企业均已取得《网络传播视听节目》许可证，但许可的范围不能满足业务发展需要。在 IPTV 业务方面，三家运营企业相继取得了运营许可，但仍存在超许可范围运营的情况；在互联网电视方面，电信企业没有取得互联网电视集成播控许可，只能采取与持有互联网电视集成播控许可单位进行合作的模式。在互联网视听节目方面，电信企业均取得了相关互联网视频服务许可，但三家电信企业的《网络传播视听节目许可证》只包括 PC 终端。

另外，电信企业取得的许可在业务范围方面，相对于大多数互联网企业，仍有其优势。一是业务种类方面，三大电信企业持有的《信息网络传播视频业务许可证》中，都包括第二类互联网视听节目业务的第五、第六、第七项，其中第七项即一般社会团体文化活动、体育赛事等组织活动的实况视音频直播业务；部分电信企业的许可中，还包括了第四类互联网视听节目业务，即转播电台电视台频道、互联网视听节目频道和其他网络直播的内容。

（3）用户签约模式不尽相同。在与客户签约的法律关系方面，IPTV 的客户协议大多由电信企业与客户签署。而互联网电视在不同地区有不同做法，既有电信企业与客户直接签署协议的方式，也有电信企业、互联网电视播控平台运营企业和客户签订三方协议的方式。此外，IPTV 和互联网电视由于涉及机顶盒设备购买（租赁）及安装，一般采取签约加预约安装的模式。手机电视则基本上是电信企业与客户直接签署客户协议，且广泛采用网络签约，并即时生效。

（4）手机电视、互联网视听节目和互联网电视的融合创新，常见的有以下几类。一是各电信企业推出的手机视频业务，均同时包括了手机电视和其他互联网视听节目内容。即在同一网站或 APP 中，既提供了来自于手机电视集成播控平台的节目内容，也提供自有的或其他内容合作方的互联网视听节目内容。二是手机屏幕和电视屏幕的互动功能，最常见的是将电视观看的内容和手机观看的内容进行相互投屏。三是利用大数据分析，制作推送 EPG（电子节目单），即分析用户观看喜好，有针对性地推送相关内容。

二、视频业务监管风险分析

网络视频业务的监管模式以分业监管为主，但部分环节受到双重监管。一般来说，广电监管部门的监管侧重于视频内容、传播方式及传播范围；而电信管理部门的监管，则侧重于网络设施建设、网络运营以及与电信业务相关的视频服务。但两个部门的监管仍是有所重合的。一是在网络建设方面，根据《电信条例》第 45 条，电信企业的网络建设受电信管理部门的监管；但如果网络同时用于 IPTV 等视听节目的传输，根据《专网及定向传播视听节目服务管理规定》（国家新闻出版广电总局令第 6 号，2016 年）第 13、14、15 条和《互联网视听节目服务管理规定》（国家广播电影电视总局、中华人民共和国信息产业部令第 56 号，2007 年）第 28 条等规定，还需要符合广电系统技术要求，又受到广电监管部门监管。二是在内容方面，如通过互联网网站提供电视剧点播业务，按照《电信业务分类目录（2015 年版）》（工信部 2015 年发布），属于编号为 B25 的第二类增值电信业务；而按照《互联网视听节目服务业务分类目录（试行）》（国家新闻出版广电监管部门通告〔2017〕1 号），又属于第二类互联网视听节目业务，故受到双重监管。在实际工作中，网络视频业务运营以广电监管部门的监管为主，本文也重点从广电监管部门的监管角度进行阐述。

广电监管部门颁发的许可统称为《信息网络传播视听节目许可证》。在许可证的内容上，又分别依据《专网及定向传播视听节目服务管理规定》和《互联网视听节目服务管理规定》分为两大类。

在专网视频业务方面，广电监管部门的监管思路是通过分环节颁发许可，实现全过程监管，即将业务分为内容提供、集成播控和传输分发三个环节。目前还没有公布专门的专网业务分类目录，但在《专网及定向传播视听节目服务管理规定》中，根据业务各环节的逻辑关系，分别于第 18 条、第 20 条和第 23 条，将经营单位分为内容提供业务单位、集成播控业务单位和传输分发业务单位三大类，并在实务中颁发相应的许可。

在互联网视频业务方面，广电监管部门是主要按照视频的内容进行分类，并兼顾接收终端的不同，颁发相应许可证。即首先按照《互联网视听节目服务业务分类目录（试行）》确定业务分类，再按照接收终端是计算机还是移动设备，分别颁发许可。

具体的许可体系见图 1：

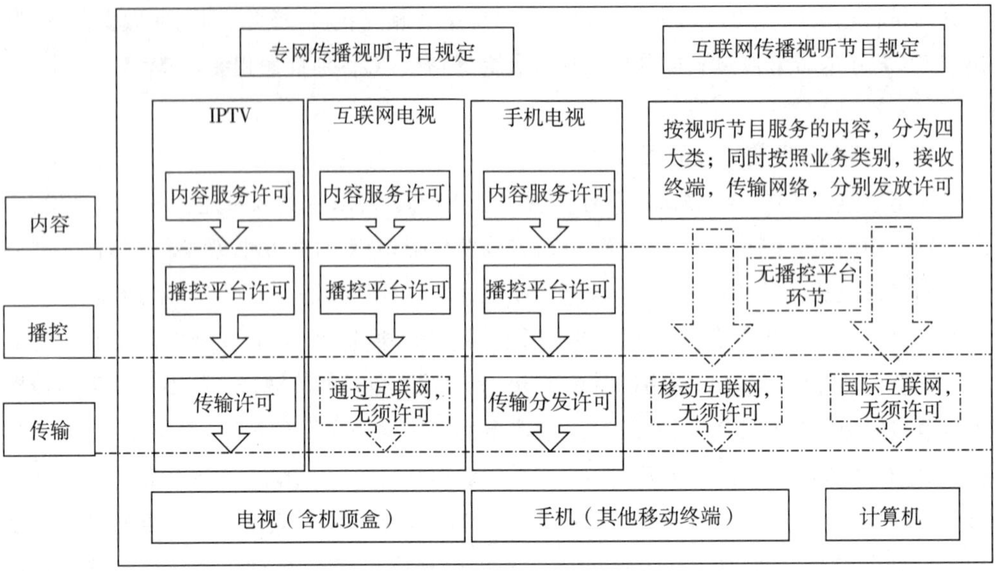

图1　信息网络传播视听节目许可证

（一）专网视频业务监管风险

专网及定向传播视听节目业务的监管模式是建立在传统的有线电视业务模式基础之上的，把整个业务分为三个环节的分别监管。一是电视节目内容提供；二是有线电视播控平台运营；三是有线电视信号传输。但这一监管模式，实际上已经不能完全适应互联网的技术特点。主要在于传统有线电视模式中，电视台必须通过接入有线电视播控平台，才能接入有线电视传输网，播控平台在技术上是不可或缺的。但在互联网的技术条件下，节目内容提供方是可以直接传输到用户的，在技术上并不需要通过播控平台。因此播控平台完全就是监管规则上的设计。但播控平台的引入，提高了互联网电视的市场准入门槛，降低了互联网电视相对于传统电视的竞争力。而对于互联网电视内容中有关时政、直播等的限制，又进一步降低了互联网电视的竞争力。这些限制有利于保护传统有线电视业务，但却降低了时政、直播类电视节目所承担的正向宣传任务的效率。

1. IPTV 业务监管风险

（1）超许可范围经营风险。目前三家电信企业都存在超许可范围经营的情况，即其实际经营 IPTV 的区域大于许可的范围。广电监管部门 2010 年、2017 年已经开展过两次大规模的集中整治违规 IPTV 业务的活动，要求部分电信企业对 IPTV 传输业务中存在的问题进行整改，并明确了整改日期。故 IPTV 业务目前的风险较为突出。

（2）接入播控平台风险。按照广电监管机关的监管思路，IPTV 传输网络只能接入 IPTV 播控平台，IPTV 的播控平台也须接入 IPTV 内容平台。IPTV 集成播控平台采取了全国平台和地方分平台两级架构。全国 IPTV 集成播控平台许可持证机构只有一家，即中央电视台，在地方分平台方面，则是各省级电视台持有本地 IPTV 集成播控分平台许可证。

IPTV 传输网络接入中央电视台或省级电视台 IPTV 播控平台之外的任何单位，都是不符合规定的。但实际中，存在电信企业自建 IPTV 播控平台，而直接接入上海广播电视台 IPTV 内容平台的情况。

（3）以互联网电视名义变相开展 IPTV 业务，或开展“IPTV + OTT”模式业务。以互联网电视名义变相开展 IPTV 业务，主要是为了规避《国务院办公厅关于印发三网融合试点方案的通知》（国发办〔2010〕35 号）“在每个试点地区（城市），IPTV 传输业务原则上由一家电信企业经营”。由于互联网电视没有这方面的限制，部分电信企业就以互联网电视名义变相开展 IPTV 业务，但实际接入的平台是互联网电视播控平台。

所谓“IPTV + OTT”模式，就是指在同一个机顶盒时，同时提供 IPTV、互联网电视和其他互联网视听节目业务的内容，这样做的目的主要是丰富节目的内容。而电信企业开展 IPTV 业务，一般在传输上是和互联网接入共用物理接入网。因此，在技术上很容易将 IPTV、互联网电视和其他互联网视听节目业务的内容进行整合。但广电监管部门在《关于做好互联网电视整改工作的通知》（新广电办发〔2016〕80 号）中，明确规定：不得利用互联网电视平台和互联网电视许可变相开展 IPTV 业务，不得擅自开展“IPTV + OTT”业务。

2. 互联网电视监管风险

电信企业互联网电视面临的监管法律风险主要有：无许可经营风险、业务平台不符合监管要求风险、互联网电视的节目内容超许可范围风险和终端不符合监管要求风险。

（1）无许可经营风险。互联网电视许可主要有两大类：一是互联网电视内容服务许可；二是互联网电视集成播控平台许可。一般情况下，电信企业只是向互联网电视集成播控平台提供公共互联网接入，并不需要专门的许可。但如电信企业直接开展互联网电视业务或与其他无证单位合作开展互联网电视业务，则存在无许可经营风险。

（2）业务平台不符合监管要求风险。在《持有互联网电视牌照机构运营管理要求》（广办发网字〔2011〕181 号）第一点和第三点中分别规定：“互联网电视集成平台由节目集成和播出系统、EPG 管理系统、客户端管理系统、计费系统、DRM 数字版权保护系统等主要功能系统完整组成，互联网电视集成机构对所建集成平台应当独家拥有资产控制权和运营权、管理权”“互联网电视集成机构应当建立互联网电视独立的用户管理，计费认证体系，不得与传输网络运营商合作进行互联网电视业务的用户管理、计费认证工作”。并且还在《互联网电视集成业务管理规范》（2010）、《关于做好互联网电视整改工作的通知》（新广电办发〔2016〕81 号）等文件中，对此做了进一步的规定。

电信企业开展互联网电视业务，部分单位采用了电信企业建设统一的业务平台，业务平台再与互联网电视集成播控平台对接的方式。业务平台一般包括内容源接入、应用接入、用户认证和计费管理等功能，这些功能实际不完全符合互联网电视集成机构对所建集成平台应当独家拥有资产控制权和运营权、管理权有关“互联网电视集成机构对所建集成平台应当独家拥有资产控制权和运营权、管理权”的规定。

(3)节目内容超过许可范围风险。这个风险主要体现在广播电视节目直播类业务方面。为了丰富节目内容,电信企业提供的互联网电视业务中,基本上都包括了电视节目实时转播。但根据《持有互联网电视牌照机构运营管理要求》(广办发网字〔2011〕181号)中规定:"目前阶段,互联网电视内容业务以向用户提供视频点播和图文信息业务为主,暂不开展广播电视节目直播类服务。"

(4)终端不符合监管要求。部分地区的电信企业制定技术标准并定制机顶盒,允许电信企业从后台切换机顶盒接入的播控平台。用户入网时,电信企业按其选择的互联网电视播控平台提供相应的机顶盒。如日后因为电信企业要更改合作方,或者用户主动选择,电信企业可以直接从后台切换该机顶盒连接的互联网电视播控平台。而这种做法不完全符合《持有互联网电视牌照机构运营管理要求》(广办发网字〔2011〕181号)规定的"一网络、一编号、一平台"的管理要求。

广电监管部门在2015年还针对机顶盒进行了专项治理,要求相关持有互联网电视牌照方定制的机顶盒企业,不得通过应用商店或其他手段推送聚合应用软件、视频网站客户端、电台应用软件。

3. 手机电视监管风险

三家电信企业均取得了手机电视传输分发许可。在实际经营中,仍存在网络传输范围无范围限制、节目内容超许可范围等风险。

(1)网络传输范围无范围限制。根据《专网及定向传播视听节目服务管理规定》第2条的规定,手机电视传输分发应"通过局域网络及利用互联网架设虚拟专网或者以互联网等信息网络为定向传输通道"。故手机电视传输网络不能是没有限制的公共互联网,而需要对访问范围有所限制。而部分电信企业提供的手机电视网站和手机电视APP,是没有访问范围限制的,通过公共互联网都可以访问。

(2)节目内容超许可范围。手机电视业务节目内容应来自手机电视集成播控平台。但电信企业提供的手机电视网站或APP中,经常既提供了来自于手机电视集成播控平台的节目内容,也提供自有的或其他内容合作方的互联网视听节目内容。监管政策对于这种模式并没有禁止性规定,但如没明确标识,并分别适用不同的传输范围规定,则存在一定风险。

(3)播控平台接入模式不符合监管要求。根据《关于手机电视集成播控平台建设和运营管理有关问题的通知》(广发〔2010〕74号)规定:"现阶段在同一个移动通信网中手机电视集成播控平台最多不超过三个,最终形成一个移动通信网只对接一个手机电视集成播控平台的格局。"实际上,存在一家电信企业接入手机电视集成播控平台超过三家的情况。此外,对于同一电信企业在集团与省公司两个层面,多点接入同一手机电视集成播控平台,目前监管要求尚不明确。

(二)互联网视频业务监管风险

广电监管部门对互联网视频业务的监管,没有延续分环节监管的思路,而是将监管重点集中在内容方面,并按照节目内容分类颁发许可。获得许可的单位中,除了中央和地方的广播电视机构或新闻单位外,还包括大量的互联网企业。根据广电监管部门2016年6月公布的持证单位名单,共有588家单位获得了许可。互联网视频业务主要风险包括两个方面:一是视频节目内容超过了许可范围;二是接收终端超过了许可的范围。

1. 节目内容超过许可范围风险。三家电信企业都获得了互联网视听节目业务许可,但内容有所差异。三家电信企业都有第二类互联网视听节目中的第5、6、7项;部分电信企业还具有第三类互联网视听节目中的第1项,第四类互联网视听节目中的第1、2、3项。但实际上,电信企业提供的互联网视听节目业务超过了上述范围。

2. 接收终端超过了许可的范围。三家电信企业持有的互联网视听节目业务许可,还有接收终端的限制,即限于计算机,而不包括手机终端。但实际上,电信企业均提供了手机互联网视频服务。

此外,由于技术和制造工艺的进步,不同类型的终端也出现了界限模糊的情况,而广电监管部门尚未对监管政策进行相应的解释或修改。如果以后有相关的规定,可能对已经开展的类似业务产生影响。

(三)各业务类型共有监管风险

1. 许可主体和经营主体不一致风险

电信企业持有的《信息网络传播视听节目许可证》,其许可对象为各电信企业集团公司。实际上,电信企业省级公司、专业运营子公司也在运营相关业务。如专业运营公司和省级公司是独立法人,则存在许可主体和实际运营主体不一致的情况。广电监管部门对这种情况尚未作出明确解释。

2. 内容违规风险

(1)专网视频服务中,主要风险是影响传输信号的完整性。《专网及定向传播视听节目服务管理规定》第23条规定:传输分发服务单位在提供传输分发服务前,应当查验集成播控服务单位的《信息网络传播视听节目许可证》。不得擅自插播、截留、变更集成播控平台发出的节目信号和电子节目指南(EPG)、用户端、计费、版权等控制信号。

(2)互联网视频业务内容违规风险。《互联网视听节目服务管理规定》列明了十种违法内容,并要求网络运营单位接入的视听节目应当符合法律、行政法规、部门规章的规定。已播出的视听节目应至少完整保留60日。

3. 业务创新相关监管风险

电信企业开展视频业务,也进行了一些创新探索,较为常见的有智能EPG、多屏互动等,如操作不当,则存在一些风险。

(1)智能EPG业务风险。智能EPG,又称智能电子节目指南,即利用大数据,分析用户喜好,定向推送节目信息。在IPTV业务和手机电视业务中,根据《国务院办公厅关于印发三网融合推广方案的通知》(国办发〔2015〕65号)和《国家新闻出版广电总局关于当前阶段 IPTV 集成播控平台建设管理有关问题的通知》(新广电发〔2015〕97 号)中,明确了“IPTV 传输企业可向 IPTV 集成播控平台提供节目和 EPG 条目,经 IPTV 集成播控平台审查后统一纳入集成播控平台的节目源和 EPG”,但部分电信企业没有通过播控平台向用记户提供 EPG 信息。

而在互联网电视中,《持有互联网电视牌照机构运营管理要求》(广办发网字〔2011〕181 号)第 1 条规定:“互联网电视集成平台由节目集成和播出系统、EPG 管理系统、客户端管理系统、计费系统、DRM 数字版权保护系统等主要功能系统完整组成,互联网电视集成机构对所建集成平台应当独家拥有资产控制权和运营权、管理权。”故电信企业不能直接开展智能 EPG 服务。

(2)多屏互动风险。一是 IPTV、手机电视和互联网电视,属于专网视频业务,对终端有严格的限制;而互联网视频服务接收终端也有计算机和移动终端的区分,故直接跨屏提供内容存在一定风险。二是互联网电视机顶盒还有互联网连接方式的限制,根据《持有互联网电视牌照机构运营管理要求》(广办发网字〔2011〕181 号)“互联网电视集成机构所选择合作的互联网电视终端产品,只能唯一连接互联网电视集成平台,终端产品不得有其他访问互联网的通道,不得与网络运营企业的相关管理系统、数据库进行连接”。而手机是可以连接互联网的,如果手机能和机顶盒连接,则意味着机顶盒又新建立一条连接互联网的通道。

三、视频业务监管风险防控建议

(一)专网视频业务监管风险防控建议

1. IPTV 业务风险防控建议

IPTV 业务,需根据业务开展地区是否属于国务院确定的“IPTV 试点地区”或当地是否已经有电信企业获得了 IPTV 传输许可,而采取不同的措施。

(1)结合当地实际,开展业务前慎重决策。如果当地属于“三网融合试点地区”或已经有其他电信企业获得了 IPTV 传输许可,根据《国务院办公厅关于印发三网融合试点方案的通知》(国发办〔2015〕65 号)“每个试点地区(城市),IPTV 传输业务原则上由一家电信企业经营”的规定,原则上不应当再以 IPTV 名义开展业务,可以通过开展互联网电视业务等方式拓展视频业务。如果当地不属于“三网融合试点地区”,且没有其他电信企业获得了 IPTV 传输许可,可以利用监管政策空间加快市场拓展,尽量形成较大市场规模,并以市场形态反过来影响监管部门决策。如部分电信企业开展的 IPTV 业务,由于已经形成了巨大的客户群体,客观上对于广电监管部门的监管决策造成了有利于电信企业的影响。

(2)努力争取接入当地持证 IPTV 播控平台。根据《广电总局关于三网融合试点地区 IPTV 集成控制平台建设有关问题的通知》(广局〔2010〕344 号),IPTV 播控平台采取了全国——地方两级一体的模式，此外在实践中，各省级电视台成为本地唯一的持证 IPTV 集成播控平台建设运营方。此外，由于目前的监管政策要求“每个试点地区（城市），IPTV 传输业务原则上由一家电信企业经营”，因此在当地还没有发放 IPTV 传输许可的情况下，接入当地省级 IPTV 集成播控平台，可以形成既成事实，有利用以后取得 IPTV 传输许可。

（3）规范 IPTV 业务和其他 OTT 视频业务之间的关系。IPTV 和其他的 OTT 视频业务需要相对隔离。IPTV 属于专网业务，传输范围有定向的要求，故要注意两点：一是在传输方式上，通过互联网架设虚拟网或者是互联网定向传输是可行的，但如采取的是互联网定向传输方式，要确保不能通过互联网未经认证直接访问 IPTV 内容；二是不宜将 IPTV 和其他的 OTT 视频业务同屏显示，如确有需要增加的节目内容，可通过规范合作模式，约定集成平台运营单位有义务按电信企业需求增加相关内容。

2. 互联网电视业务风险防控

（1）规范互联网电视合作合同。互联网电视与 IPTV 不同，播控平台并不需要与电信企业合作，也可独立开展业务。用户只要购买了机顶盒，接上互联网即可使用。广电监管部门还要求播控平台运营单位对互联网电视播控平台的独家拥有所有权、运营权，并不得与电信企业合作开展合作业务计费、业务认证等。

因此，电信企业开展互联网电视业务，在法律上只能是通过代理的模式的开展。而广电监管部门对于播控平台企业委托电信企业发展业务事实上也采取了默许的态度。因此，需要在合作协议中明确以下几点：

一是需明确委托内容，即写明播控平台运营单位委托电信企业发展客户、代收费等需要明确的事项。二是明确播控平台运营单位义务，特别要注意根据电信企业提供的用户名单提供或终止业务。这样做的目的在于，隔离播控平台运营单位与用户直接签订用户协议，为电信企业根据合作情况，更换用户接入的播控平台预留法律空间。三是需明确播控平台运营单位需向电信企业提供的数据范围，以满足计费、收费和客户服务的需要。四是在条款中应当避免出现“互联网电视集成播控平台（或计费、认证等）系统所有权归×××电信企业所有”或“用户管理，计费认证体由×××电信企业负责”等内容。

（2）规范互联网电视用户签约模式。电信企业互联网电视业务用户协议中，既有采取三方协议的模式，也有采取两方协议的模式。三方协议是指播控平台运营单位、电信企业、用户三方；两方协议是指电信企业与用户两方。综合对比，两方协议的风险相对更小。一是因为互联网电视在法律关系上是代理，故两方协议的模式也是符合法律规定的；二是广电监管部门的监管重点是接入平台的合法性，对于最终用户的签约模式并无要求；三是两方协议更有利于后台更换接入的互联网电视集成播控平台。

（3）规范业务平台建设运营。由于广电监管部门在《持有互联网电视牌照机构运营管理要求》（广办发网字〔2011〕181 号）等文件中，要求互联网电视集成机构应当建立互联网电视独立的用户管理，计费认证体系，不得与传输网络运营商合作进行互联网电视业务的用户管理、计费认证工作。但对电信企业建设自有互联网电视业务接入平台，并通过平台实现与互联网电视集成播控平台的对接的业务合作模式并无禁止性规定。因此，电信企业从自有平台侧前置开展用户计费等工作在目前仍是可行的，但需要在用户开办业务时，告知其相关的数据获取及使用规则。

（4）规范广播电视节目直播内容提供方式。在各类视听节目中，广播电视节目直播仍然是拥有较大客户群体的内容之一，但广电监管部门尚未允许在互联网电视中提供广播电视节目直播内容。部分互联网电视采取的栏目录播的方式，即不是按时间轴延迟进行播放，而是按节目进行先录再播。

3. 手机电视业务风险防控

三家电信企业持有的手机电视分发许可的经营范围都是全国，故相对于 IPTV 传输许可，手机电视分发许可的应用范围更为广泛。手机电视分发许可的内容有关表述如下：“业务内容：为手机电视集成播控平台与手机终端之间提供信号传输和相应技术保障。因此，对于手机电视分发业务的运营；传输网络：利用第二代和第三代数字蜂窝移动通信网络（含移动互联网）架设手机电视专用传输网络。”因此，电信企业发布手机电视 APP、设置手机电视网站，如果该 APP 和手机电视网站都是接入的手机电视集成播控平台，并不再需要其他许可。但手机电视的网络、内容需要符合相关监管要求。

（1）合理设定手机电视访问范围。根据许可证表述，对于手机电视分发的合规性要求主要有三点：一是只能接入持证的手机电视集成播控平台；二是要架设所谓的手机电视专用传输网络；三是终端是手机。其中，第二点的要求尚无详细规定。从目前的执法检查来看，将手机电视的传播范围限于本电信企业用户即可，至于限制的方式则并不作要求。

（2）确保播控平台合作方的主体合规。手机电视业务选择的播控平台合作方应持有相应许可或持证单位的有效授权。从广电监管部门的监管实践来看，一般只要求传输分发网络接入了持证的手机集成播控平台即可，并不对接入行为依据的基础合同有签约主体的要求。即电信企业可以不直接与互联网电视播控平台持证单位签订合同，合作方有播控平台持证单位的授权也可。而在开展手机电视业务的实际中，手机电视集成播控平台持证单位大多是通过其控股的子公司等开展业务合作。故电信企业在与合作方签订合同前，应审核合作方授权的有效性，以确保有权接入相应的播控平台。

（3）规范业务内容合作的模式。可以通过两种做法主动引进节目内容：一是在和手机电视集成播控平台运营单位（包括其委托的单位）的合作协议中明确，对方有义务按照电信企业要求，在平台中加入电信企业指定的内容。二是可以和其他的互联网视听节目业务持证单位合作，在视频 APP 中或手机视频网站中设置某互联网视听节目业务单位专区的形式实现。即在同一个手机视频 APP 或手机视频网站中，既包括手机电视集成播控平台的内容，也包括其他的网络视频内容。如在手机电视的 APP 或网站中设置“优酷××移动专区”，并接入优酷的内容平台，也是可行的。

（二）互联网视频业务监管风险防控建议

1. 充分利用互联网视听节目服务许可

由于电信企业都持有互联网视听节目服务许可，电信企业开展互联网视频业务，既可以自有业务的模式开展，也可以合作模式开展。以自有模式开展业务时，可以充分利用"互联网视听节目"许可，通过统一使用电信企业集团公司持有许可证载明的网站名称、播出名称和网站域名等规避风险。各省级公司开展视频业务时，可以通过在集团统一视频网站下设地方专区，并使用许可证登记域名的二级域名进行运营。但需要注意的是，如果是省级公司开展上述业务，由于缺乏相应的合法审核和版权审核能力，建议通过合作方式引入内容提供方。

如果需要开展的业务不在电信企业持有许可证记载的范围内，则建议和持有相关许可的合作方合作，以 SP 模式开展。

2. 利用终端技术发展领先于监管政策制定形成政策空间

（1）变通开展移动终端互联网视频业务。电信企业均持有互联网视听节目业务许可，可以架设的针对计算机的视频网站，但没有针对移动终端的许可。由于手机等移动终端性能的提升，手机等移动终端也可以正常访问上述视频网站。通过优化针对传统计算机的视频网站，使之同时适合手机使用，目前并无禁止性规定。故电信企业也可以通过持有的针对计算机的互联网视听节目业务许可，事实上向移动终端提供服务。

（2）变通开展互联网电视业务。基于终端设备融合的业务创新。随着个人电脑的小型化，所谓的 HTPC（Home Theater Personal Computer，家族影院计算机）也被逐步接受。尽管 HTPC 的外观、功能与传统的电视机顶盒很接近，但通过 HTPC 的视频业务却属于互联网视听节目业务，在不具备相关专网及定向传输视听节目业务的许可且管制较严的情况下，以 HTPC 为载体开展视频业务，也可以作为现实的考虑。但在运营中需要注意，不宜使用电视、网络电视、互联网电视机顶盒等包含有电视的名称开展业务宣传。

（三）视频业务共有监管风险防控

1. 内容违规风险防控

内容的合法性是视频业务的监管关键。为保证视频业务内容的合法性，需要注意以下几点：

（1）确保接入的内容平台合法。特别是创新开展新型业务时，需要保证内容来自合法的平台。如开展的新型业务，在当时尚没有相关的规定时，应尽量要求合作方具有类似或相近业务的行政许可。在选择合作方时，应当优先选择具有国有背景的新闻宣传或广播电视单位。

（2）加强内容合规性管理。根据业务模式不同，其内容合规责任主体是不同的。如果是自有业务模式，则电信企业需对内容的合规性承担全部责任，务必加强内容的审核，需建立内容审核后方能上线的制度。如果是采取合作模式，则需要明确双方业务分工，需要在相关的合同中明确,内容提供方对于内容合法性的保证责任。

(3)建立违规内容处置的快速反应机制。向公众提供的视频业务中,如出现违规内容,则违规内容可观看时间的长短是确定责任的重要依据。因此,需要形成相应的机制,确保在主动或被动发现违规内容时,能够及时采取相关措施。

2. 业务创新相关风险防控

(1)多屏互动风险。由于电信企业基本上都同时开展了电视、计算机和手机等多种网络视频业务,为了提升业务质量,不少电信企业都推出了多屏互动业务,特别是手机和电视屏的互动。由于目前国家对不同屏幕传播视听节目实行的是分类许可,多屏互动是否合法和实现方式有很大关系。

第一种情况是用户自己将手机和电视的进行简单物理连接(包括有线或无线连接),即将手机屏幕内容通过简单物理手段发送到电视屏幕观看,这是用户个人行为,与其他第三人没有关系,广电监管部门无法监管。此外,国家目前对于生产销售将手机屏幕投射到电视屏幕的产品设备并没有禁止的规定,生产销售手机屏幕投放器、手机—电视无线连接器等并不违反相关法律规定。

第二种情况是通过机顶盒,将手机视频 APP 内容通过机顶盒投放到电视观看,则存在一定法律问题。根据广电监管部门《持有互联网电视牌照机构运营管理要求》(广办发网字〔2011〕181 号)第 4 条规定,机顶盒是封闭的系统,“只能唯一连接互联网电视播控平台,不能有其他访问互联网的通道”。因此,简单地将手机视频 APP 内容传送到机顶盒,等于让互联网电视机顶盒可以连接到手机电视播控平台或手机视频平台,是违反广电监管部门现行规定的。

第三种情况是在手机 APP 内容和机顶盒内置互联网电视集成播控平台内容保持一致的情况下,实现多屏互动,在法律上是可行的。即用户在手机上点播电视节目,或者在电视或手机上连续观看同一节目,由于节目内容分别在机顶盒内置的播控平台和手机 APP 上播放,只是机顶盒和手机 APP 之间进行了一些数据互传,更加便于用户观看,并没有违反广电监管部门在播控上的要求,是符合监管要求的。

(2)智能 EPG 风险防控。智能 EPG 业务本质上是推送电视节目单业务的一种,是专网视频业务中的 IPTV、互联网电视和手机电视业务所涉及的风险;且智能 EPG 是基于大数据分析的业务,需要使用播控平台的用户数据。

在 IPTV 和手机电视业务中,由于监管政策是允许通信业务制作 EPG 条目的,并且,IPTV 和手机电视业务可以采取双认证、双计费的模式,电信企业可能直接使用相关用户数据制作 EPG 条目。

因此,在 IPTV 和手机电视业务中开展智能 EPG 业务,可以在电信企业的业务平台和播控平台间建立 EPG 传输通道,由电信企业提供 EPG 条目,播控平台发布即可。相应地,合作合同中需明确约定 EPG 条的制作、审核、发布责任。

在互联网电视业务中则相对复杂,根据《持有互联网电视牌照机构运营管理要求》(广办发网字〔2011〕181号)第1条规定:“互联网电视集成平台由节目集成和播出系统、EPG管理系统、客户端管理系统、计费系统、DRM数字版权保护系统等主要功能系统完整组成,互联网电视集成机构对所建集成平台应当独家拥有资产控制权和运营权、管理权。”因此,电信企业不能直接从播控平台获得开展智能EPG所必需的用户信息。在这种情况下,一是不宜在平台间建立EPG传输通道,如有需要可通过其他方式进行传输相关内容。二是在合作协议中,需要约定相关的用户数据使用规则,明确电信企业可将相关数据用于智能EPG数据分析。三是在用户协议中,需加入相关数据采集和使用规则的内容。

3. 监管政策变化导致的法律风险防控

对于因监管政策发生变化后,给网络视频业务造成的不利影响,导致的法律风险可分为三类。一是因业务终止或内容调整,造成电信企业对于用户的违约风险;二是因相关视频业务合作合同受到影响,合作双方的违约风险;三是广电监管部门进行处罚的风险。

就电信企业对于用户的违约风险,可以通过规范用户协议,在免责条款中增加将因国家政策调整或政府要求等原因,造成业务无法继续的情况。就合作双方的违约风险,首先要明确因国家政策调整或政府要求等原因,致合同无法履行,双方无须承担违约责任;其次要明确,合作方有义务根据新的规定或广电监管部门的要求,对业务进行调整,从而符合法律规定;并要求合作方有义务协助处理因此造成的电信企业与用户的纠纷。就广电监管部门的处罚风险,主要出现在政策调整后,业务不能及时调整或终止。这种情况需要规范业务开展模式,在没有许可的情况下,尽量选择合作方式,对外以合作方名义开展业务,并明确合作各方的分工,将不具备许可的业务分工范围明确为合作方。

电信运营商公益诉讼法律问题研究

孙 怡 王晓东 郑佳钧*

摘要

随着公益制度日趋完善，加上媒体的热情报道，公益诉讼制度引发了公众的关注。公益诉讼制度的设计满足了消费者在自身权益无法得到保障时，通过法律赋予的享有公益诉权的机关和组织代为维护公共利益，以保障消费者权益，平衡社会利益。

虽然实践中涉及公益诉讼的案例不多，但近些年来，通信需求日益增长，人们对通信服务标准要求也越来越高，电信服务纠纷也愈演愈烈。因此，电信运营商加强对公益诉讼的探索和研究，有利于企业规避类似的纠纷发生，也有助于企业积极、正面地履行维护社会公共利益的企业职责。

关键词

公益诉讼 公共利益 电信运营商

Abstract

With the improvement of the public welfare system and the enthusiastic media coverage, it has aroused public concern. The design of public interest litigation system satisfies the need for consumers to protect their own rights and interests when they cannot be guaranteed, protects consumers' rights and interests and balances social interests through the organs and organizations that enjoy public interest litigation rights granted by law to safeguard public interests.

Although there are few cases involving public interest litigation in practice, in recent years, the demand for communication has been increasing, people's requirements for communication service standards have become higher and higher, and telecommunication service disputes have become worse and worse. Therefore, Telecom operators strengthen the exploration and research of public interest litigation is conducive to enterprises to avoid similar

* 孙怡、王晓东、郑佳钧，中国移动通信集团上海有限公司。

disputes, and help enterprises to actively and positively fulfill their corporate responsibilities to safeguard social and public interests.

Keywords

Public Interest Litigation; Public Interest; Telecom Operators

一、公益诉讼概述

我国有关公益诉讼的规定是在2012年第十一届全国人大常委会第二十八次会议上确定的,本次会议通过的《中华人民共和国民事诉讼法》(以下简称《民事诉讼法》)第55条规定:"对污染环境、侵害众多消费者合法权益等损害社会公共利益的行为,法律规定的机关和有关组织可以向人民法院提起诉讼。"寥寥数句首次确立了我国的公益诉讼制度。其后,《最高人民法院关于适用〈中华人民共和国民事诉讼法〉的解释》(以下简称《民诉法解释》)通过8个条文进一步明确了公益诉讼制度的相关内容和程序,使得这一崭新的制度更为充实。据此,我国正式确立了公益诉讼制度在法律体系中的重要地位,为公益诉讼提供了强而有力的制度保障,终结了我国长久以来公益诉讼无法可依的局面。

公益诉讼制度的确立带来两方面的重要意义:其一,公益诉讼得到立法上的认可,将在广大民众心目中深化其对公共利益、公共权利的认识与理解。① 尤其是某些涉及国计民生的重要领域,社会民众的公益观念、权利观念将对公共利益的保护起到重要作用。公益诉讼也是社会自我调节功能的体现,其将复杂的问题直接转化为法律问题,通过法律平台将社会问题加以公平地解决、处理,不仅能够维护公共利益,也是建立和谐社会的重要途径。其不仅能够修复受到损害的公共利益,也通过司法手段,有力地维护了社会秩序,保证了公平正义的实现。

其二,公益诉讼能够为相关行为主体起到必要的警示作用。《民事诉讼法》第55条所规定的起诉前提是行为"污染环境、侵害众多消费者合法权益等损害社会公共利益",而做出上述行为的主体可以是企业、社会团体甚至私人。倘若上述主体的行为损害了公共利益,则其就有可能成为公益诉讼的被告,受到原告的起诉。

二、域内外公益诉讼制度的比较研究

(一)域外关于公益诉讼的相关立法

1.美国

美国是现代公益诉讼制度的创始国,也是公益诉讼制度最为完善的国家。早在1863年,美国就制定了《反欺骗政府法》,该法规定:任何个人或公司在发现有人欺骗美国政府索取钱财后,有权以美国联邦政府的名义控告违法的一方,并在胜诉后分得一部分罚金。

---

① 参见颜运秋、余彦:《公益诉讼司法解释的建议及理由——对我国〈民事诉讼法〉第55条的理解》,载《法学杂志》2013年第7期。

该法的颁布具有开创性的意义,它意味着个人原告有权启动公诉,而且在胜诉之后,可以分得一部分罚金。这是现代公益诉讼制度的肇端。在这以后,美国的《谢尔曼法》和《克莱顿法》又规定了世界上最早的反垄断公益诉讼条款。

此外,美国的环境法中关于公益诉讼已经形成了一套完备的制度,公民提起诉讼有法可依。美国的公益诉讼强调公民在法律实施中的重要作用,强调并保障个人在公益诉讼中的执法权,这不仅仅是为了救济受害者,更在于体现法实现过程中的民主精神,这与其宪政民主精神是一致的,也与古罗马公益诉讼理论是一致的。

2. 英国

英国的"检举人诉讼"也属于公益诉讼。英国行政法规定,法务长官(检察长)代表国王,有权阻止一切违法行为,代表公共利益可以主动请求对行政行为实施司法审查,还可以在私人没有起诉资格时帮助私人申请司法审查。私人可以请求法务长官(检察长)让其去督促那些为维护公众利益的诉讼,在这样的诉讼中,法务长官(检察长)是原告,公民列为检举人,所以叫作"检举人诉讼"。"检举人诉讼"是基于单个原告阻止公共性不正当行为的一种重要武器,在实践中应用较多。

除"检举人诉讼"之外,英国的公益诉讼还有多种形式:如英国的《污染控制法》规定:"对于公害,任何人都可以提起诉讼。"某些组织经检察长同意可以提起环境公共卫生群体诉讼。此外,英国法也赋予某些机构如英国的平等委员会及某些特别公职人员如公平交易局局长特别诉权,以维护社会公共利益。

3. 德国

德国是典型的大陆法系国家,在德国,团体诉讼是处理多数人利益受侵犯时一种特别的救济方式。实质是将具有共同利益的众多法律主体提起诉讼的权利"信托"给具有公益性质的社会团体,由该社会团体提起符合其章程、设立目的的诉讼。判决是针对该团体及其被告作出的,有利判决的效力间接地惠及于团体的成员,产生"事实上的既判力"。德国的团体诉讼并不是群体性诉讼,但它是解决群体性纠纷的一种方式,目的仍然是为了维护社会公共利益,解决群体性纠纷,它显然是典型的公益诉讼形式。

4. 日本

日本是英美法系和大陆法系的交融点,在日本,公益诉讼被称为民众诉讼,它是指国民请求纠正国家或者公共团体不符合法律规定的行为,并以选举人的资格或自己在法律上的利益无关的其他资格提起的诉讼。民众诉讼的目的不是为了保护个人利益,而是为了保护客观上的法律秩序,监督行政法规的正确运用,使公民处于公共行政监督者的地位。日本现行法上所承认的民众诉讼,有与公职选举有关的诉讼、与直接请求有关的诉讼、居民诉讼、基于《宪法》第95条的居民投票诉讼、有关最高法院法官的国民审查的诉讼等,其中最常见的是前三种诉讼。日本民众诉讼的原告比较多,可以是纳税人,也可以是利益受到普遍影响的选举人或者其他公众之一。

（二）域外公益诉讼共性分析

域外公益诉讼虽然称谓各不相同，具体制度也差别较大，但其制度的精神内核是一致的，通过比较研究，我们可以找到这些国家公益诉讼制度的共同性。

1. 诉讼目的公益性

传统的民事诉讼或行政诉讼皆是当事人基于私益而进行的诉讼，而公益诉讼已经超越了私益诉讼的范围，立足于对公共利益的保护，法院的审判结果不仅仅单纯地解决当事人之间的纠纷，更为重要的是保护公共利益免受侵害，并且通过个案来实现对国家利益和社会公共利益的保护，具有实现公共利益的社会意义。

2. 广泛的涉诉主体

无论是英美法系还是大陆法系，在公益诉讼的原告资格问题上，各国的立法机关和司法机关均扩大了传统意义上的“损害”范围，甚至将审美等精神利益也包括在内。而各国学术界更是抢先一步提出了“违法即损害”的观点，认为行为的违法而非原告与案件之间的利害关系是决定原告是否具有原告资格的关键性因素。这正是构建我国公益诉讼制度的重要方向所在。

3. 对企业的监督制约作用

公益诉讼针对的是污染环境、侵害众多消费者合法权益等损害社会公共利益的行为，其诉讼结果具有普遍适用性、而不仅仅针对一个消费者适用。就企业而言，公益诉讼可能造成的后果主要有两点：(1)广泛的关注性，企业很容易因受舆论影响而承担负面效果，甚至形成危机；(2)后果的严重性，公益诉讼一旦败诉，企业将承担群体性的后果，其金额远比单个案件高得多。此类公益诉讼围绕企业的主业与根本；产品或服务如被认定为违法，随之而来的可能还有行政处罚、刑事责任以及市场的丧失，使企业经营与未来发展受到重大影响。

（三）我国公益诉讼现状

1. 目前我国发生的几起公益诉讼纠纷

早在2014年12月30日，浙江消费者权益保护委员会向上海铁路运输法院提起消费维权民事公益诉讼，请求法院判令上海铁路局立即停止其“强制实名制购票乘车后遗失车票的消费者另行购票”的行为。这是修订《消费者权益保护法》实施后，由消费者权益保护委员会（以下简称消保委）组织提起的全国首例消费维权公益诉讼。遗憾的是，这个案件在提起诉讼后，上海铁路运输法院作出不予受理的裁定书，理由是浙江省消保委未能提供符合《民事诉讼法》第55条规定的相应起诉证明材料。

直到2015年7月，上海市消保委就手机预装应用软件引发的侵权责任纠纷，分别将天津三星通信技术有限公司、广东欧珀移动通信有限公司起诉至上海市第一中级人民法院并获得受理。因系全国首次进入司法程序的消费民事公益诉讼而成为当年备受关注的“破冰”之诉。

上海市消保委认为,这两家厂商所售手机的外包装和说明书均未对其预装软件的名称、类型、功能以及所占内存等事项以明示的方式告知消费者,侵害了消费者的知情权。两家厂商不告知每个预装应用软件的功能,并将所有应用软件捆绑销售又不告知卸载途径,侵害了消费者的选择权。为保护消费者的权益不受侵害,上海市消保委根据《民事诉讼法》第55条、《消费者权益保护法》第47条和《上海市消费者权益保护条例》第51条的规定,分别向上海市一中院提起诉讼,请求法院判令被告在其所销售智能手机外包装或说明书中明示手机内预装软件的名称、类型、功能以及所占内存,同时请求法院判令被告为其所销售智能手机内所有预装软件提供可直接卸载的途径。

这两起案件系上海消保委依职责提起的消费民事公益诉讼,旨在制止并纠正手机制造商未明确告知消费者手机预装应用软件的基本信息、未向消费者提供自主卸载预装应用软件的不当行为,保护消费者在购买、使用手机过程中的知情权、选择权不受侵害。最终,因为三星公司、欧珀公司采取了积极的整改行为,上海消保委申请撤回起诉。法院经审查认为,其申请符合法律规定,亦不违背社会公共利益,故予以准许。

虽然这两起案件最终是以裁定准予撤诉的方式结束的,但这却在整个手机行业引起了"蝴蝶效应",甚至连美国苹果公司也做出了相应的整改。这意味着它对业内更多的手机厂商起到了积极的引导作用,督促相关企业对保障消费者的合法权益予以足够的重视。

2. 我国公益诉讼相关规定

(1)公益诉讼的起诉主体

如上文所述,允许"有关组织"对侵害社会公共利益的行为提起诉讼是新《民事诉讼法》公益诉讼制度的一大特点,突破了我国传统的原告起诉资格范围,是一次历史性的重大举措。

仔细研究新《民事诉讼法》第55条的语法结构,可以看出"法律规定的机关和有关组织"的规定可能存在两种理解方式:一是提起公益诉讼的机关须是法律规定的,而有关组织则不然,其是否具有起诉主体资格留待起诉时由司法机关予以确定;二是无论机关还是有关组织都须经法律规定后才具有公益诉讼的起诉资格。按照前种理解方式完全是可以的,第二种将可以提起诉讼的机关和有关组织都以"法律规定"作为其前提条件的理解方式从中文语法上看也没有问题,但值得注意的是,这种法条的理解方法似乎更符合立法者的立法意图。

但是,没有确认公民个人的公益诉讼资格,是新《民事诉讼法》条款修订的一大遗憾。自20世纪末公益诉讼在中国兴起以来,公民一直都是公益诉讼活动的主力军。然而,法院一直都以个人不具备起诉资格而不受理或驳回公民个人提起的公益诉讼案件。

通过此次民诉法的修改可以看出,立法者虽然响应了中国社会对公益诉讼的强烈期望,但对于开放对推动公益诉讼发展至关重要的公民公益诉讼起诉资格却仍未做好思想准备。

（2）公益诉讼的受案范围

根据对《民事诉讼法》第55条的理解，公益诉讼的受案范围是“污染环境、侵害众多消费者合法权益等损害社会公共利益的行为”，条文中的“污染环境”“侵害众多消费者合法权益”是“损害社会公共利益”的两种具体行为，从逻辑的角度来说，“损害社会公共利益的行为”即为我国公益诉讼的受案范围。

我们认为，公益诉讼的可诉范围应当包含以下方面：

其一，现代型纷争。这种类型主要包括侵害消费者权益诉讼、环境公益诉讼、产品质量诉讼、医疗损害诉讼、社会福利诉讼等。这些案件往往关系到社会公共利益，而且涉及人数众多。

其二，国有资产流失案件。具体包括未经法定程序低价变卖；转制过程中的流失；未经法定程序破产；利用无效合同造成国有资产流失等。

其三，涉及公共利益的人身关系案件，这类案件主要包括确认婚姻无效案件、亲子案件、隐私权案件、禁治产案件等。

其四，行政越权之诉。行政越权之诉是法国最具特色的一种公益诉讼制度，是指当事人的利益由于行政机关的决定受到侵害，请求行政法院审查该项行政决定的合法性，并撤销违法的行政决定的救济手段。它要求申诉人利益受到行政行为的侵害时才可以提起。

其五，其他涉及公共利益，应予纳入公益诉讼的纠纷。

（3）公益诉讼的受理条件

根据《民诉法解释》第284条的规定①，我们大致可以总结如下：在受理条件方面，须符合一定受理条件方可被管辖法院受理，该受理条件限制相对较为宽松，也体现出目前我国鼓励享有公益诉权的主体启动该类诉讼。同时《最高人民法院关于审理消费民事公益诉讼案件适用法律若干问题的解释》第2条②也就消费者公益诉讼的受案范围做了明确规定。

---

① 《民诉法解释》第284条规定：“环境保护法、消费者权益保护法等法律规定的机关和有关组织对污染环境、侵害众多消费者合法权益等损害社会公共利益的行为，根据民事诉讼法第五十五条规定提起公益诉讼，符合下列条件的，人民法院应当受理：（一）有明确的被告；（二）有具体的诉讼请求；（三）有社会公共利益受到损害的初步证据；（四）属于人民法院受理民事诉讼的范围和受诉人民法院管辖。”

② 《最高人民法院关于审理消费民事公益诉讼案件适用法律若干问题的解释》第2条规定：“经营者提供的商品或者服务具有下列情形之一的，适用消费者权益保护法第四十七条规定：（一）提供的商品或者服务存在缺陷，侵害众多不特定消费者合法权益的；（二）提供的商品或者服务可能危及消费者人身、财产安全，未作出真实的说明和明确的警示，未标明正确使用商品或者接受服务的方法以及防止危害发生方法的；对提供的商品或者服务质量、性能、用途、有效期限等信息作虚假或引人误解宣传的；（三）宾馆、商场、餐馆、银行、机场、车站、港口、影剧院、景区、娱乐场所等经营场所存在危及消费者人身、财产安全危险的；（四）以格式条款、通知、声明、店堂告示等方式，作出排除或者限制消费者权利、减轻或者免除经营者责任、加重消费者责任等对消费者不公平、不合理规定的；（五）其他侵害众多不特定消费者合法权益或者具有危及消费者人身、财产安全危险等损害社会公共利益的行为。”

(4)公益诉讼的管辖法院

在管辖法院①方面:除另有规定,公益诉讼一般由侵权行为地或被告所在地中级人民法院管辖。从管辖级别上看,公益诉讼管辖级别确定在中级人民法院,主要是由于公益诉讼多是社会影响重大,具有广泛危害性、案件复杂的案件,与我们民事诉讼法中级人民法院管辖案件的定性相一致;就公平角度而言,由于被告一方相较于消费者往往处于优势地位,案件交由中级人民法院管辖,会更加促进公益诉讼的公平和正义;另外,再就借鉴的角度而言,针对环境公益诉讼案件的环保法庭往往设立在中级人民法院,消费者公益诉讼案件作为公益诉讼案件的一类,它的处理也可借鉴归于中级人民法院进行管辖。

虽然消费者公益诉讼涉及被侵害主体有不确定性,但根据最高人民法院关于审理消费者民事公益诉讼的解释,中国消费者协会以及在省、自治区、直辖市设立的消费者协会有权提起公益诉讼。且现实中提供公益诉讼的主体多为省级消费者协会,作为保障消费者权益的社会团体,其主要职能是保障其所在区域范围内的消费者合法权益,同时为避免地域保护,各地方省级消费者协会通常不会贸然去区域外被告住所地法院起诉。因此,享有公益诉权的主体通常会选择侵权行为作为管辖法院提起诉讼。

(5)公益诉讼的案件审理

一方面,在主体②方面,享有公益诉权的其他机关和有关组织,可以申请加入诉讼,同时公益诉讼的审理并不影响无公益诉权的受害人以自己的名义再次起诉被告。该种规定设计目的既考虑到公益诉讼的特殊性,又保障了个体受害人的诉讼权利。被告不仅要承担享有公益诉权所代表的不特定个体要求被告承担的非实质性责任,此外还要承担在个体受害者诉讼时诉请的实质性损失。

另一方面,法院在受理该类案件后,应在十日内书面告知相关行政部门,即在消费者公益诉讼过程中不仅有司法权力的审判监督外,还受管理消费市场的行政监督。

根据民事诉讼法司法解释的规定,不仅对原被告之间的实体性内容做了明确规定,且最重要的是对原告的程序性权利做了明确限定。第一,公益诉讼的和解或者调解在程序上要求和解或调解协议应进行不少于三十日的公告;在实体方面,要求公益诉讼的和解或调解协议不可违反社会公共利益。第二,在程序上限制了原告的诉权,在公益诉讼中,原告在法庭辩论终结后不可申请撤诉,同时如原被告达成的和解或调解协议违反社会公共利益,法庭可以不予出具调解书,并有权继续对案件进行审理,并依法作出裁判。该程序

---

① 《民诉法解释》第 285 条规定:公益诉讼案件由侵权行为地或者被告住所地中级人民法院管辖,但法律、司法解释另有规定的除外。因污染海洋环境提起的公益诉讼,由污染发生地、损害结果地或者采取预防污染措施地海事法院管辖。对同一侵权行为分别向两个以上人民法院提起公益诉讼的,由最先立案的人民法院管辖,必要时由它们的共同上级人民法院指定管辖。

② 《民诉法解释》第 287 条规定:人民法院受理公益诉讼案件后,依法可以提起诉讼的其他机关和有关组织,可以在开庭前向人民法院申请参加诉讼。人民法院准许参加诉讼的,列为共同原告。第 288 条规定:人民法院受理公益诉讼案件,不影响同一侵权行为的受害人根据民事诉讼法第 119 条规定提起诉讼。

性规定均体现了公益诉讼的特殊性,公益诉讼调整的是社会公共利益关系,已不单单是启动诉讼的原告可以把控的,当涉及诸多不特定主体的利益时,国家机关有权介入,以保证社会公共利益。第三,就裁判结果而言,根据《最高人民法院关于审理消费民事公益诉讼案件适用法律若干问题的解释》第 14 条的规定,消费民事公益诉讼案件裁判生效后,人民法院应当在十日内书面告知相关行政主管部门,并可发出司法建议,该司法建议由行政机关获知后监督被告企业整改。整个公益诉讼从案件受理、审理到裁判结果的执行浑然天成,该项制度在我国已经日渐成熟。

因此,就公益诉讼制度的设计目的而言,公益诉讼的整个过程中不仅要接受司法机关的审判监督,还要接受市场监管部门的行政监督,其诉讼的结果更要接受社会大众的监督,这都为企业未来发展长鸣警钟。

三、电信运营商面临的公益诉讼风险

电信运营商拥有相当规模的消费者基数,涉及的利益主体众多,通信企业与消费者的矛盾也在日益累积。当众多个体消费利益无法得到保障时,我们不排除负有保障公共利益的相关组织,会拿起法律的武器,以公共利益为名将运营商诉至公堂,以平衡消费关系,化解消费矛盾。这是我们未来不得不面对的考验。

电信运营商在提供服务的过程中,其作为提供服务的一方常使用格式条款的形式给消费行为附加条件或者时限,从而限制消费者的权利,极易侵犯消费者的知情权、选择权、公平交易权等。且随着互联网的发展,还有可能涉及侵犯用户的隐私权问题。据此,我们结合通信运营业务特点,就电信服务过程中,易引发公益诉讼的法律风险点进行分析。

(一)知情权

针对电信运营商手机网络服务的投诉中有关知情权的投诉占据了相当大的比例,实践中出现的电信运营商侵害手机网民知情权的行为种类繁多,例如,未经用户许可擅自开通或者变更手机上网业务,上网套餐资费不明确甚至故意隐瞒有关信息,手机上网套餐已超流量以及所超流量的收费标准等关键性信息未进行告知或告知明显滞后,等等。

知情权是消费者权利链条上的第一环,是消费者选择权、公平交易权、安全权等其他权利得以实现的先决性权利。《消费者权益保护法》第 8 条第 1 款规定,消费者享有知悉其购买、使用的商品或者接受的服务的真实情况的权利,这就是消费者的知情权。毫无疑问,消费者有权询问、了解所购买、使用的商品或接受的服务的真实情况,经营者有义务真实地向消费者说明所提供服务或商品的有关情况。

不少消费者反映电信运营商搞“模糊促销”,电信运营商在推销资费套餐时,往往反复强调套餐如何优惠、如何低价,而对于各种限制条件却竭力回避。一些明明可以事先告知的信息,譬如异地通话、短信息不纳入优惠计费的范围等,要等消费者收到账单之后才发现,让消费者有“受骗上当”的感觉。假如电信运营商不主动提供资费套餐全面、准确的信息,或者模糊解释,导致消费者产生误解,其实是对消费者知情权的漠视与侵害,也暗藏着法律风险。

(二)选择权

消费者对于选购的服务应拥有选择权,电信运营商若在为消费者提供服务上设置障碍,属于侵犯消费者合法权益。

曾有报道某电信运营商营业厅办理宽带业务时只能办理宽带捆绑套餐业务,不能单独办理宽带业务。一旦办理宽带捆绑套餐后,在合同期内,如中途手机卡不再交费使用,会直接影响宽带业务和网络电视业务的正常使用。

企业在经营过程中,推出各种优惠活动来满足不同消费者需求本是件好事,但有些活动把消费者不需要的业务通过活动进行捆绑,涉嫌强制交易,侵犯了消费者的选择权。

《消费者权益保护法》规定,消费者享有自主选择商品或者服务的权利,有权拒绝经营者的强制交易行为,同时还规定,经营者向消费者提供商品或者服务,不得设定不公平、不合理的交易条件,不得强制交易。

因此,任何服务消费者是否接受,应由消费者作出明确的表示,不能由企业自行推定,更不能强制捆绑,代替消费者做出选择。

(三)侵犯用户公平交易权

由于历史原因,以及对于保障人民基本生活需求与社会秩序稳定之政策考量,我国的公用事业均处于国有化模式之下。市场化改革之后,我国电信业虽在一定程度上引入竞争,但基本上还是处于国有垄断模式。与民营资本已十分活跃的增值业务领域相比,更为关键的基础业务领域仍呈现三足鼎立之势。在此,背景下企业应注意避免经营活动违反《反垄断法》,避免与其他经营者达成垄断协议或滥用市场支配地位,排除、限制竞争。

近年来,电信运营商也面临几起反垄断案件,用户以运营商滥用其支配市场的地位,限定用户自主选择电信业务经营者提供服务的权利。此类呼声此起彼伏,对电信运营商日常经营造成很大负面效应。

(四)隐私权

随着电信业务的快速发展和公众法律意识的不断提高,电信业务在满足用户各种需求的同时,也带来了比以往更多的、更复杂的侵犯用户隐私权的问题。我国法律不承认隐私权为一项独立人格权,当公民个人隐私权受到侵害时,受害人不能以侵害隐私权作为独立的诉因寻求法律保护与救济,而只能将这种损害附从于其他诉因(如名誉损害、非法入侵等)寻求保护与救济。这是隐私权的一种间接保护方法。隐私权涉及所有业务,可分为三类:内容承载类业务、定位类业务和其他业务。

内容承载类业务,在这里指的是传递内容或传输数据的移动增值业务,主要包括短信、彩信、手机邮件、手机广告、手机报、手机阅读、移动 IM、手机邮箱、手机社区、手机博客、手机电视。内容承载类业务传递的是文本、图像或邮件等内容。这些内容可以包含用户基本信息、用户通信信息、用户通信活动、其他隐私信息等涉及个人隐私的内容，传递这些内容，特别是传递给不合适的对象，会涉及侵犯个人隐私的问题。所以运营商或SP向用户发送广告信息，必须事先经得用户同意。有的业务（定向广告）如是建立在对用户的通信消费信息乃至个人基础信息、手机信息、地理信息进行分析的基础上的。对用户的个人信息进行分析时，有必要让用户具有知情权并可选择，并对其个人信息进行保护不致让他人得知。

定位类业务，是指通过无线终端（如手机、PDA等）和无线网络的配合，确定移动用户的实际位置信息（经纬度坐标数据），从而提供用户所需的与位置和方向相关的增值服务。运营商或SP可以根据用户的手机位置（活动轨迹）信息，结合掌握的用户基本信息、通信信息进行数据挖掘，确定用户的消费特点、需求特点，以对多个用户进行细分，获得的结果可以自己利用，也可以提供给第三方。数据挖掘的使用，需要国家出台新的法规加以规范。现在运营商或SP需要注意的是，防止对数据挖掘结果的滥用，如对利用的方法和范围加以限定，对利用数据的第三方加以甄选和规范。

现《网络安全法》已正式实施，网络产品、服务具有收集用户信息功能的，其提供者应当向用户明示并取得用户同意；网络运营者不得泄露、篡改、毁损其收集的个人信息；任何个人和组织不得窃取或者以其他非法方式获取个人信息，不得非法出售或者非法向他人提供个人信息。一旦发现未经用户同意，擅自使用用户信息，极易引发大规模用户投诉，甚至面临刑事责任。

四、电信运营商应对公益诉讼的法律建议

（一）事前构建企业防范制度

1. 规范电信服务合同文本

目前为提高通信服务效率，三大运营商均是以格式条款的形式与用户订立电信服务合同，根据2004年出台的《规范电信服务协议有关问题的通知》，肯定了电信业务经营者与用户签订的各类服务协议，但通知中也指出服务协议中存在一些不容忽视的问题，由此可能引发一系列服务纠纷和侵权事件的发生。根据2016年颁布的《最高人民法院关于审理消费民事公益诉讼案件适用法律若干问题的解释》第2条第4项①特别提到了“格式条款”的问题，明确如格式条款作出排除或者限制消费者权利、减轻或者免除经营者责任、加重消费者责任等对消费者不公平、不合理规定的，中国消费者协会以及在省、自治区、直辖

① 《最高人民法院关于审理消费民事公益诉讼案件适用法律若干问题的解释》第2条第4项规定：（四）以格式条款、通知、声明、店堂告示等方式，作出排除或者限制消费者权利、减轻或者免除经营者责任、加重消费者责任等对消费者不公平、不合理规定的。

市设立的消费者协会,可以根据《消费者权益保护法》第 47 条的规定①向人民法院提起诉讼,亦为电信运营商敲响了警钟。因此,电信运营商在制定各类服务协议的过程中,应充分保障用户基本权利,抑制"霸王条款",保证服务交易的公平性。

2. 提高技术手段

针对目前大量出现的手机流量"偷跑"现象,我们认为这是一个由纯粹技术问题而产生的法律问题。

若该技术问题是目前科学技术无法解决的问题,则运营商应当及时向社会公众做出声明。由于该问题较为严重地侵害了消费者的利益,运营商应采取召回、补偿等措施;若该技术问题是目前科学技术已能够有效掌握,则运营商应当及时采取技术措施解决该问题,避免产生不必要的法律问题,损害企业声誉。

同时,对于前来进行投诉的用户,在可能的情况下,电信运营商应及时与其沟通,做好投诉汇总,将偷跑的流量以各种形式补偿给投诉用户,保证电信企业的社会声誉。

3. 完善代理商管理制度

针对违法代理商问题,电信运营商应当明确企业内部代理商业务管理部门,建立社会业务委托代理商的资格评定制度和招投标制度,培育市场竞争机制;加强代理商代办合同的签订和管理,制定代理代办业务的服务质量标准和代理代办业务酬金结算标准;建立业务委托代理管理控制体系,包括服务和质量标准、控制程序、监督考核机制、形象管理、信息保密、业务培训、人员要求以及设置相应的委托代理管理岗位。

同时,运营商应当重视对不同业务代理商的指导、培训和监督,培养代理商的市场观念和独立发展业务的积极性,确保代理商的经营行为符合信息产业部的相关规定。

4. 预设应对方案

结合近年来发生在消费者领域发生的多起公益诉讼案件,被诉企业在诉讼中向消费者协会提供整改方案,由消费者协会审议通过,并被诉企业执行后,案件以消费者协会撤诉结案。在实践中,企业更是应当采用多种人性化措施和有进步性的技术解决方案,结合多媒体工具以满足消费者的知情权和选择权。今后通信企业应多关注类似问题,从其他企业整改措施中汲取经验,预设应对方案。随着裁判文书的公开,建议通信企业应构建企业同类案例评析库,收集涉及此类问题的相关判例、法律法规以及最新文献,不断更新应对方案,充实企业风险管理措施。

(二)事中采取有效的控制

根据目前唯一的两起与电信运营商有关的公益诉讼案件(上海市消费者权益保护委员会诉广东欧珀移动通信有限公司侵权责任纠纷案和上海市消费者权益保护委员会诉天津三星通信技术有限公司侵权责任纠纷案)都是以被告拿出了相应的整改办法继而原告

---

① 《消费者权益保护法》第 47 条规定:对侵害众多消费者合法权益的行为,中国消费者协会以及在省、自治区、直辖市设立的消费者协会,可以向人民法院提起诉讼。

撤诉而告终。上述两名被告在没有承担实质意义上的法律责任的情况下,就结束了这起公益诉讼纠纷。但诉讼中被告企业采取的各项措施为通信企业在今后遇到类似的公益诉讼纠纷提供了借鉴。

1. 积极的应对态度

欧珀公司接到上海消保委的诉请后展开了有针对性的、积极的应对,不仅在开庭前针对消保委诉请内容制定了缜密的整改方案,而且在诉讼前也已经完全执行了该方案。诉讼中欧珀公司化被动为主动,占据了诉讼的有利地位,庭审中更是为消保委现场演示其整改成果,将诉讼局面扭转。上海市消保委在确认欧珀公司采取的整改方案后主动撤诉,诉讼的主要目的已经实现,且该过程不仅尊重了上海市消保委维护广大消费者合法权益的主体地位,更是通过这次机会改善了企业内部经营管理,在一定程度上挽回了企业名誉。因此,公司在面临此类诉讼的过程中应借鉴欧珀公司的诉讼策略,对其经营过程中的不足进行积极整改。

2. 合理的应对方案

根据以往的公益诉讼案例,有关组织或者机构以企业侵犯消费者知情权和选择权为由进行诉讼的居多,诉讼中多数原告要求侵权企业提供整改方案,在企业提出了有效、合理的整改方案后,原告主动撤诉。有关组织或者机构多数带有公益性质,主要目的并非为了侵权企业付出实质性金钱代价,其提起公益诉讼的目的在于敦促侵权企业整改。当电信运营商面临该类诉讼时,首先,聘请专业的律师团队,出具诉讼方案,积极应对诉讼,尽可能将社会影响降到最低;其次,应有关组织或机构要求,制定整改方案,整改方案应综合考虑运营商实际运营,不仅要着手解决已经存在的问题,还应提供运营商在未来经营和管理方面的各项整改措施,并结合新技术,人性化处理问题;最后,强化企业内部管理,提高员工法律意识,以最大限度地在服务前线降低纠纷和投诉。

3. 有效的舆情监控

企业应当做好舆情监控、及时解决问题,与消费者、消费组织和主管部门等保持良好的沟通。一旦不幸发生公益诉讼,企业则应寻求专业法律人士的帮助,以在法律制度上占据高地。在事态尚未扩大之前,通信企业相关部门应做好媒体沟通工作,防止事件影响的进一步扩大,尽可能减少因该事件而产生的负面效果。

4. 不利处境争取和解或调解

根据民事诉讼法司法解释第 289 条规定,我国允许公益诉讼双方达成和解或在法院的主持下达成调解。

考虑到公益诉讼对企业的影响,特别是在诉讼中发现裁判结果对企业极其不利的情况下,积极与公益诉讼权人达成和解或调解可以将事件社会影响降低。否则,一旦形成裁判,对企业的影响巨大。特别是在竞争如此激烈的今天,企业的声誉和信誉一旦受损其行业经营地位将会被动摇,对企业未来的发展是毁灭性的。企业面临公益民事诉讼时,除了承担民事责任外,还有可能面临行政处罚。

考虑到后果的严重性,在可能的情况下,企业还是应当力争和解或调解结案。从以往的消费者公益诉讼案例看,享有公益诉讼权的大多数主体不会要求企业承担具体的民事责任,在满足其诉请的情况下,会主动选择撤诉。因此,当企业面临诉讼中的不利地位时,应力争和解或调解。根据民事诉讼法规定,公益诉讼权利人与被告形成的和解或调解协议需经进行公告,且公告期限不得少于三十日。该公示制度的设计一方面意在敦促企业尽快执行和解或调解协议,另一方面是向社会大众公布事件结果,接受社会的监督。因此,企业与公益诉讼权利人达成的和解或调解协议不得损害公共利益,应尽最大努力保障消费者权利。

(三)事后积极参与立法设计

根据最高人民法院关于消费者公益诉讼案件审理的司法解释第 14 条①的规定,公益诉讼审理结束后,法院会出具司法建议。该司法建议书对于运营商未来的发展和经营具有指导性意义。同时建议电信运营商多关注法院出具给其他被告的司法建议书,这对运营商不断完善公益诉讼应对措施均具有借鉴意义。

在消费者权益公益诉讼中,由于侵害人数不特定,难以进行统计,目前法律未规定要求被告承担实质性的赔偿责任。理论界将上述立法设计作为一项制度缺陷,但不排除后期随着我国公益诉讼立法制度的不断完善,立法者要求被告承担实质性损害赔偿,甚至从惩戒和遏制的角度出发,可能会考虑引入惩罚性赔偿制度。目前我国公益诉讼制度仍存在缺陷,在相关立法尚未完善的情况下,电信运营商应积极参与公益诉讼立法工作,与当地立法机关、通信行业主管机关保持沟通,在公益诉讼制度设计中为通信企业争取有利的制度设置。

五、结语

公益诉讼制度的日趋完善化,使越来越多的人更关注公共利益、更注重通过司法途径维护权益,公益诉讼在维护社会利益平衡、解决社会纠纷上发挥着日趋重要的作用。

本文立足当前公益诉讼的立法以及司法现状,对公益诉讼中相关的法律问题进行研究,同时融合通信行业实际,进一步探索电信企业关于公益诉讼风险的应对及防范,希望通过本文我们能够更加客观、真实地加深对公益诉讼实质与内涵的理解,帮助企业积极、正面地履行维护社会公共利益的职责。

---

① 《最高人民法院关于审理消费民事公益诉讼案件适用法律若干问题的解释》第 14 条规定,消费民事公益诉讼案件裁判生效后,人民法院应当在十日内书面告知相关行政主管部门,并可发出司法建议。

前沿领域探索

众包管理平台业务模式的法律风险分析

何宏燕　毛奕斌　袁　媛*

摘要

随着技术的快速发展和激烈的竞争环境，企业的创新活动经历了由封闭到开放、由独立到合作创新等一系列变化。特别是伴随着互联网的普及和发展，"众包"（crowdsourcing），即发包方将其需求发布在特定的平台上、不特定的接包方从平台上接包并向发包方提供服务并通过平台结算的交易模式，不仅应用在企业的研发、设计活动中，还用于解决库存、销售目标、产能之类问题的决策过程之中。

本报告在深入研究"众包"的定义、应用场景、法律关系的基础上，通过实证调研、司法判例分析等手段进行研究综述，探究"众包"模式的关键法律风险点并提出对应建议，以期为我公司合法合规利用"众包"模式提供借鉴和参考。

关键词

众包　平台

Abstract

With the rapid development of technology and fierce competition, the company's innovation activities have undergone a series of changes from closed to open, from independent to cooperative. Especially with the popularity and development of the Internet, "crowdsourcing", which means a transaction model that the issuer publishes its needs on a specific platform, and the unspecified service provider picks up the package and provides services to the issuer, while both contractors have their fees paid on the platform. This model

* 何宏燕、毛奕斌、袁媛，中国移动通信集团浙江有限公司。

is not only applied in the R&D and design activities of enterprises, but also used in the decision – making process of solving problems such as inventory, sales targets and production capacity.

Based on an in-depth study of the definition, application scenarios and legal relationships of "crowdsourcing", this report conducts research and review through empirical research and judicial precedent analysis, explores the key legal risk points of the "crowdsourcing" model and proposes corresponding recommendations, in order to provide reference and reference for the legal and compliance of our company to use the "crowdsourcing" model.

Keywords

Crowdsourcing; platform

一、众包模式概述

自维基百科、Linux 操作系统等公众利用互联网平台自由参与并取得成功的案例肇始,"众包"已成为诸多企业创新经营发展的操作模式。而从其渊源及应用场景开始研究,更有助于发现众包模式的主要法律风险。

(一)众包模式的定义

2006 年,美国 *wired* 杂志记者 Howe 首次提出"众包"一词,他认为"众包"是一场商业变革,即企业通过互联网络将工作分包给大众,任何参与者(业余爱好者)都能够借助网络平台来提供创意、解决问题并获取相应酬金,其实施的关键前提是网络平台的搭建和潜在参与者的网络连接。

Howe 在维基百科上为其定义如下:"众包是指一个公司或机构把过去由员工执行的工作任务,以自由自愿的形式外包给非特定的(通常是大型的)大众网络的做法。"①

该概念传入我国又有诸多学者在不同角度进行了阐释。倪楠将众包表述为"组织把特定的工作任务,通过制定的网站公示给外部受众,并向按要求完成组织任务的毛遂自荐者约定报酬的大众承包模式"②。陆丹则从契约经济学的角度出发,将众包理解为"利用组织外人士的智慧、力量和资源,来完成组织特定任务、无具体发包对象的大众委托契约"。③

综上所述,"众包"利用互联网络传播的高效性以及大众资源的丰富性,能够为企业解决研发和生产经营中的问题提供一种新途径,为企业降低和控制研发、创新和人力资源运营成本的控制提供了更多的可能性。

(二)众包模式法律关系分析

"众包"模式中,法律关系主体包括发包方、接包方与众包平台,三者之间构成不同的

---

① Jeff Howe, "The rise of crowdsourcing", *Wired* 6, 2006.

② 倪楠:《"众包"——企业 HR 管理借助外力的新模式》,载《新资本》2009 年第 4 期。

③ 陆丹:《互联网时代下众包风险的识别与规避》,载《物流工程与管理》2013 年第 4 期。

法律关系，而发包方与接包方之间的权利义务依据众包任务及众包平台交易规则而定。

1. 众包模式所涉法律主体

众包的定义及该模式的表现形式已然显示出了清晰的三方：发出众包任务的企业或组织、进行众包活动的网络平台以及接受任务的外部人员。在不同文章和具体实践中它们分别有着以下名称：发包方、中介、接包方；需方、网站、供方；雇主、平台、威客等。在此，本报告统一以众包平台、发包方和接包方的表达方式定义众包的三方主体。

(1)发包方

发包方是直接从大众输入的成果中受益的组织，他们是众包活动的发起者、需求的发布者，众包任务为其主要“附属品”。

发包方在众包模式中的主要权利包括：①根据自身需求发布众包任务并确定酬金标准及计算方式；②对接包方进行审核/选择；③与众包平台及接包方签订合作协议；④对众包任务完成情况进行评价等。主要义务包括：①提供真实身份及任务信息；②按照约定的方式及计算标准进行结算等。

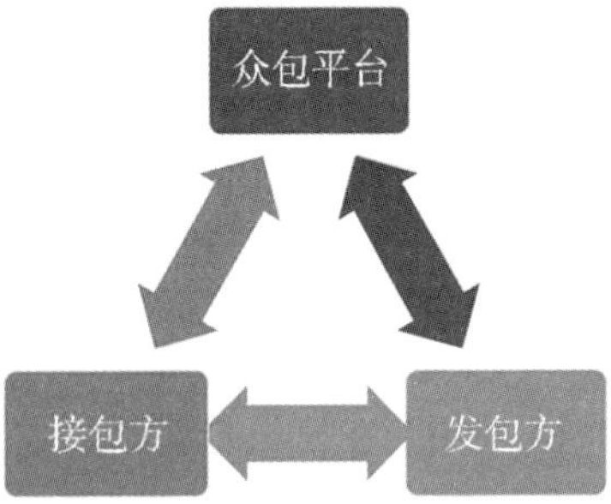

图1　众包模式的法律主体

(2)接包方

接包方是由个体或者组织组成的问题解决群体，他们对众包任务负责，并试图提交解决方案或者完成特定工作任务。

接包方在众包模式中的主要权利包括：①根据自身情况参与众包任务；②与众包平台及接包方签订合作协议；③按照约定的方式取得报酬等。主要义务包括：①提供真实身份/资质能力信息；②按照约定完成众包任务；③根据任务需求组织工具材料等。

(3)众包平台

众包平台，即众包平台运营方，是通过提供网络信息将发包方和接包方联系在一起的中间媒介。一般而言，众包平台为所搭载地址/域名的ICP备案主体。

众包平台的主要权利包括获取平台服务费用等；主要义务包括：①制定平台交易管理规则；②对接包方与发包方进行准入审核；③与接包方和发包方签署在线协议；④为交易双方提供交易服务等。

众包法律关系中，接包方、众包平台和发包方三方主要以网络通信为沟通方式，接包方、发包方在众包网络平台相互寻求订立合同的机会。因此，在合同相对性原则的规范下，众包模式所涉法律关系应分为发包方与接包方的法律关系、发包方与众包平台的法律关系，以及接包方与众包平台的法律关系三个维度进行探讨。

2. 发包方与接包方的法律关系

发包方与接包方以发包方在众包平台上提出的任务为客体，构成一种仅以发包方、接包方双方为主体的法律关系。以发包任务作为这种法律关系客体的特殊性在于,不同的发包方依据其自身需求在众包平台提出不同的具体任务,这种具体任务之间的差异性,往往直接导致即使是同一个发包方也会与不同的接包方达成交易,而且发包方与接包方所要承担的权利义务也常迥然不同。

(1)发包方与接包方形成广泛意义的服务合同关系

虽然发包方与接包方之间的具体交易法律关系无法穷尽并固化,但均属于法律上的服务合同关系。若出现合同争议或合同约定不明时,依法应根据《合同法》总则、分则中与之最相类似规定(委托合同、承揽合同等),以及民法总则、民法分则的相关规定比照处理。

(2)发包方与个人接包方存在构成劳动关系的风险

然而,在微任务模式下的众包业务,由发包方重复发包至个人接包方进行服务,在该服务构成个人接包方重要生活来源、工作强度相当于一般劳动岗位、发包方对接包方的具体工作进行指挥控制的情况下,发包方与个人接包方之间存在构成劳动关系的风险。

3. 发包方与众包平台的法律关系

发包方与众包平台的法律关系存在两种不同的理解:

(1)发包方与众包平台形成委托代理合同关系

陆丹在《互联网时代下众包风险的识别与规避》中指出,发包方、接包方、众包平台三方构成"委托代理关系"。发包方既可以直接与接包方形成委托代理关系,也可以与众包平台形成委托代理关系后,众包平台再与接包方形成委托代理关系。①

但从一般理解,这里的委托关系是指发包方委托提供中介服务的众包平台发布发包的消息、收集承包的消息,从而最终形成发包方与众包方的服务合同关系,并最终由众包平台完成费用的结算。

(2)发包方与众包平台形成居间合同关系

而另一种解读认为,众包平台实际上应为居间人,发包方与众包平台之间的法律关系实则应定义为居间合同关系,各方的权利义务可以比照居间合同对三方当事人的规定而确定。

例如,《猪八戒网服务规则》第11条规定了网络平台在促成合同成立之后,享有取得赏金提成作为"平台服务费"的权利,这符合《合同法》第426条居间人享有报酬请求权的规定。

综上所述,两种合同关系的理解可能基于不同的具体应用领域,均存在其合理性。如果加以细分,如果发包方仅利用众包平台既有的成熟模式和既有的接包方技能、交易记录等信息获得接包方,则发包方与平台方一般为居间合同关系;如果发包方有特定的要求,则发包方可能与平台构成委托合同关系。

① 参见陆丹:《互联网时代下众包风险的识别与规避》,载《物流工程与管理》2013年第4期。

但由于相关法律规定的缺位，及发包方与众包平台就法律关系认定出现纠纷的司法案例尚未被检索到，发包方与众包平台间的法律关系性质无法得出确切、单一的结论。

4. 接包方与众包平台的法律关系

接包方作为众包中的服务提供方，其利益的实现主要在于提供服务，通过竞争完成众包任务，从而获得发包方支付的对价。但在我国的特定商业及法律环境下，非自然人接包方与自然人接包方的法律关系界定呈现出不同特征。

(1)非自然人接包方与众包平台构成委托代理或者居间法律关系

非自然人接包方包括法人和非法人组织，他们通过众包平台与发包方订立合同，一般认为与发包方构成众包事务方面的服务合同关系、与众包平台构成中介服务的服务合同关系。如果非自然人接包方与平台有合作关系，则他们与众包平台还可能构成居间合同关系。

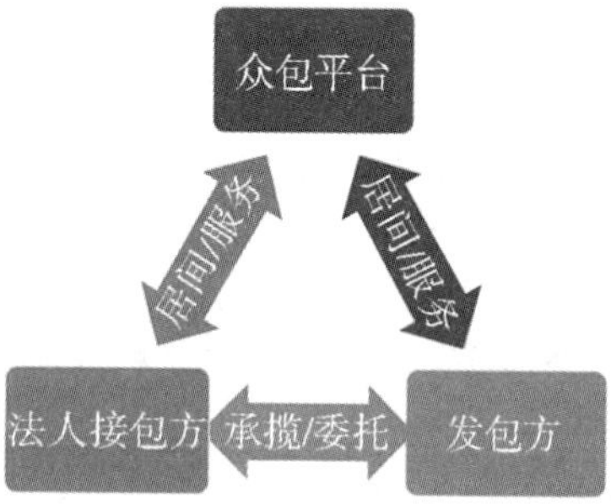

图2 众包模式法律关系图——法人接包方

(2)自然人接包方与众包平台可能构成劳动合同关系

本质上，企业采用众包解决问题的优势在于接包方资源的丰富性。而在以众包平台名义执行众包任务，众包平台对接包方的具体工作进行指挥控制，且在承接某一众包任务上具备一定的服务任务频次高、服务时间相当于全职工作的情况下，自然人接包方与众包平台的法律关系则存在与劳动关系竞合的可能性。

截至2018年5月“威科先行·法律信息库”裁判文书数据库收录的2016～2017年包含“众包 平台”关键词的17份判决书统计显示，15起众包平台纠纷涉及个人接包方与众包平台的法律关系认定或者法律责任承担，其中的5起被法院认定为成立劳动关系或者个人接包方为履行众包平台职务行为。

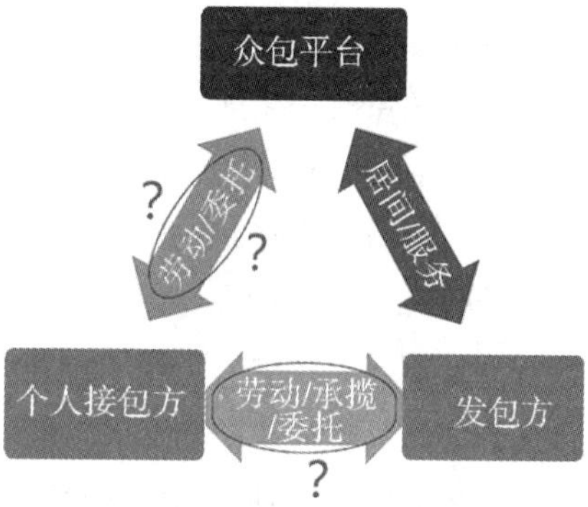

图3 众包模式法律关系图——个人接包方

综上所述，在定性情形较为复杂的个人接包方法律关系中，个人接包方可能与众包平台构成委托关系、劳务关系以及劳动关系，而与发包方可能构成承揽关系、委托关系、劳务关系以及劳动关系。

上述不同法律关系的形成结果取决于众包平台运营主体的商务定位：单纯从事信息居间服务的众包平台，与个人接包方构成劳务或劳动关系的可能性较小；而定位部分从事众包服务的众包平台，即在业务模式上将众包任务执行作为自身经营的组成部分，与个人接包方构成劳务或劳动关系的可能性大大提高。

5. 劳动/劳务/承揽法律关系的具体区别

对于接包方与发包方之间可能形成的承揽合同关系，以及个人接包方与众包平台、发包方间可能形成的劳务关系、劳动关系，三者从法律性质方面的具体区别如表1所示：

表1　劳动/劳务/承揽关系的区别

区别	劳动关系	劳务关系	承揽关系
适用法律	劳动法、劳动合同法等	民法、合同法等	民法、合同法等
主体资格	用人单位＋自然人	法人/自然人/其他主体＋自然人	双方均可为法人/自然人/其他主体
法律地位	隶属关系	平等关系	平等关系
法定待遇	报酬＋社保/福利	报酬	报酬
合同内容	部分法定	双方约定	双方约定
受雇方损害赔偿	发生工伤用人单位承担责任（工伤保险基金承担的除外）	过错方承担赔偿责任	受雇方承担责任，雇佣方过错除外
对外侵权法律责任	雇佣方承担责任	雇佣方承担责任	受雇方承担责任，雇佣方过错除外

从发包方和众包平台对个人接包方所承担法律责任的角度来看，劳动关系所承担的法定义务内容、损害赔偿承担成本最高；劳务关系次之，仅对过错的受雇方损害赔偿以及对外侵权承担责任。

而承揽关系的法律责任成本最低，仅需对接包方支付约定的报酬。除自身原因造成侵权外，承揽关系中的发包人不承担受雇方及第三方的损害赔偿责任。

（三）众包与业务外包的区别

所谓外包（Outsourcing），是指企业通过整合、利用其外部最优秀的专业化资源，从而达到降低成本、提高效率、充分发挥自身核心竞争力和增强企业应对外界环境能力的一种管理模式。浙江移动在业务外包方面同样有着丰富的实践操作经验，如电子渠道的业务营运外包等，增强公司运营能力的同时，也降低了公司的人力资源成本。

众包和外包均使得企业的创新及业务操作不再局限于内部，而开始向外寻求创新能力。在Web 3.0时代，每个人都能以个体为单位，参与全球合作与竞争。这似乎意味着把外包发挥到极致就成了众包，但二者之间却有着许多不同之处，本报告研究比较内容如表2所示。

表2　众包与业务外包的区别

	众包	业务外包
起始时间	21 世纪	19 世纪 80 年代
实施条件	局限于互联网	不限于互联网
文化基础	参与式文化	合作式文化
发包对象范围	不特定的大众	专业机构
发包对象数量	无限	有限
付费前提	达成目标/完成任务	确立合作关系

可见,二者最大的不同之处在于:业务外包信赖的是专业化的机构和人士,强调的是高度专业化,它是社会专业化作用下规模经济的产物;而众包恰恰相反,它倡导的是社会多样化、差异化所激发的创新潜力,是范围经济的产物。

而从法律角度分析,众包与业务外包的主要区别在于:

1. 接包方主体资格

众包的接包方可以是法人、非法人组织,也可以是个人,且实践中以个人形式居多;业务外包以法人居多且承包单位应当具有从事所承包业务的经营资格。

2. 合同履行周期

众包以完成单次任务为主,合同履行周期一般仅限当次任务完成,以条件成就为合同终止期限;而业务外包以相对独立业务的日常运营作为外包标的,合同履行周期一般为较长的固定期限,以期限达到为止。

3. 费用支付

众包以达成发包方满意的工作成果为结算标的,并非对所有接包方支付费用;业务外包以工作成果为结算标的,并按业务进展分期限、分阶段,由发包单位向承包单位支付承包费。

4. 工作条件

众包接包方利用自有物质或技术条件等开展工作;业务外包员工利用承包单位或发包单位的物质或技术条件、经营场地开展工作。

5. 劳动关系

众包模式下,在理论意义上自然人接包人与发包人、与众包平台都不构成劳动关系;但在外包模式下,提供具体服务的个人与承包方存在劳动关系或劳务关系等,并不直接与发包方、发包平台构成任何合同关系。

综上所述,众包与业务外包的本质区别在于对外发包的对象及任务性质不同,而决定的不同法律构成要素。而企业在进行众包或者外包的应用决策时,则应根据任务标的的性质选择。

(四)众包模式的实践应用

尽管众包模式起源于商业,但是其应用却超越了商业,目前已经被广泛应用于其他领域。

1. 众包模式的应用类型

根据[美]大卫 · 艾伦 · 格里尔在《众包》(人民邮电出版社 2015 年版)中的分类,众包主要分为五种模式。每一种众包模式都有自身的运作规则,且都有与之匹配的工作。

(1)众赛(Crowdcontests)

众赛是指通过比赛的方式找到完成某项工作的最佳人选,即任何人均可独立完成同一份工作,然后从众多参赛作品中选出最满意的,并奖励获胜者。

众赛模式通常适用于创新设计领域,如图像设计、包装设计或者视频拍摄,也同样适用于产品开发、数据分析和财务规划等领域。

众赛模式的缺点在于:一是不适合耗时较长的工作;二是缺乏与众包接包方的长期联系,如联系上一次工作的获胜方比较困难。

(2)宏任务(Macrotasking)

宏任务模式是指将一份工作分成几大部分,根据每一部分工作所需的技能选择可以胜任的群体,发包方仅负责管理工作和提供报酬。

宏任务工作通常需要花费几小时或者几天的时间,宏任务工作者可以是作家、编辑、网页设计师、程序员、图像设计师、校对员、会计、统计员,或者其他的专业技术人员。

宏任务模式的缺点在于所需技能较难识别,且与宏任务工作者的管理成本及难度较高。

(3)微任务(Microtasking)

微任务是指将工作不断细分以至可以让更多的群体快速完成工作,发包方向众多接包方分别支付报酬的模式。

微任务通常为短期工作,并且不需要高级的技能。微任务模式适合工作量巨大、任务相对独立的工作,如数据采集、物流配送、批量翻译、出行代驾等业务。

微任务的缺点在于工作者的可靠性较低,且工作者以执行微任务为主要生活来源的,易产生劳动关系相关风险。

(4)自组织众包(Self-organised Crowds)

自组织众包模式与众赛模式相似,发包方将未经分配的整项工作放到众包平台上,设定截止日期,验收成果后对最满意的成果给予报酬。自组织众包模式与众赛模式的不同在于任务难度较大,依靠单一接包方同样难以完成,需要接包方自行组织团队完成。

自组织众包一般应用于新产品或服务开发、解决方案设计、灾难援助、市场预测、科学研究等等业务。

自组织众包模式的缺点在于任务对于接包方的能力及自身资源要求较高,需要众包平台具备较好的接包方组织基础。

(5)众筹(Crowdfunding)

众筹的主要目的不是完成任务,而是筹集资金。众筹主要应用于:一是慈善型众筹;

二是交易型众筹,如股本众筹、现金预付众筹等。

众筹的缺点在于工作开展前期吸引群体的成本较高,但较传统资金筹集成功率更高。

综上所述,众包经过一定时间的探索运用,已经发展出形式多样的模式类型,适合企业结合自身业务特征,进行更多创新可能性的探索。

2. 众包模式的应用领域

众包起源于商业,因此在商业实践中形成了较多的众包应用。学者们基于对不同众包实践的分析,得到了不同的众包应用分类。

(1)研究设计领域的应用

研究设计领域的具体应用包括问题解决、内容创造、评估、创新、翻译、科学研究等。组织可以利用大众完成一系列研究设计的任务,包括评估(如 Amazon、Netflix)、内容创造(如 Threadless 汇集全球人员的 T-shirt 设计创意)以及问题解决(如 OpenIDEO、Inno Centive 专业解决企业问题)。

其中,创立于 2000 年的 Threadless 每周在其官网(Threadless. com)上举行设计竞赛,会员将自己设计的 T 恤图案上传展示,并让浏览者按 5 分制打分。Threadless 每周会挑选出 10 件左右得分最高的作品,结合预订单数量进行外包量产,并最终向预订顾客发出。[①]

根据 2015 年美国《Entrepreneur》杂志的报道:这一概念为 Threadless 带来每年 2000 万美元的收入,这对于只有 20 名员工的小公司来说可不是小数目。Threadless 每周都能收到 800 多个新的设计方案,每天有超过 1000 名新注册用户来进行设计和艺术方面的讨论[②],已成为众赛模式创新商业网发展的典范。

而国内在研究设计领域规模较大的众包平台有"猪八戒网"。截至 2018 年 5 月,其官网显示:猪八戒网(zbj. com)目前平台注册用户达 1900 万,其中雇主发包方涵盖中小微企业超过 700 万家,人才提供方服务商 1300 万家,为大企业和中小微企业提供知识产权、品牌设计、开发建站、营销推广、科技服务以及个人生活服务等,为海量的雇主提供"互联网 +"行业解决方案。

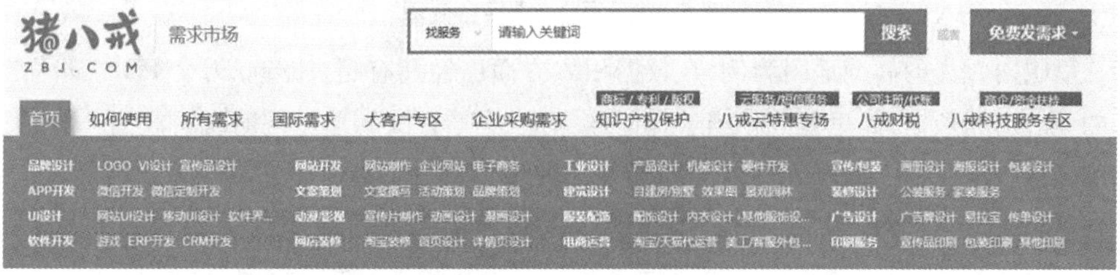

图 4　猪八戒网站截屏

① 参见刘雨:《Threadless:成就"T 恤之王"》,载《IT 经理世界》2011 年第 12 期。

② 参见雷勇:《基于网络社区的众包商业模式及其在中国的应用启示》,复旦大学管理学院 2011 年硕士学位论文。

(2)计算机领域的应用

近年来,许多计算机领域的学者热衷于使用众包来支持他们在数据采集、数据清洗、数据标注、质量评估等方面的一系列工作。

众包模式始于开源软件。Linux 操作系统的开发证明,众包模式能够汇聚单一组织无法完全涵盖的人才及资源。仅以 Linux Kernel 4.12 的开发为例,主要维护人员 GregKroah-Hartman 在其 Google + 账号中提供的数据显示,Linux Kernel 4.12 整个开发周期历时 63 天,拥有 2400 万余行代码(增长 4.47%),平均每天新增代码 1.9 万余行,总计有 1821 名开发者贡献了代码。① 此种开发规模及价值,是众包模式的规模效应最佳体现。

而国内计算机领域应用的众包平台有“开源众包”(zb.oschina.net)等。截至 2018 年 5 月,“开源众包”官网简介显示:开源众包—专业的软件众包平台,350 万 + 优质开发者为您提供网站、APP、微信/小程序、企业应用等软件开发服务,有效降低企业 IT 软件开发成本、解决技术资源不足等问题。而其主要服务对象及金额如图 5 所示:

(3)交通及物流领域的应用

目前,有少数学者将众包运用到了交通领域,提出了众包交通监测、众包行程规划、众包配送等一系列概念,为交通领域的发展注入了新的活力。

图 5 “开源众包”平台截图

以国内领先的高德地图为例,在数据积累方面已经拥有超过 6000 万个 POI、790 万千米的导航道路数据,此里程数相当于绕地球赤道 197 周;高德地图同时拥有超过 400 种道路属性信息,横跨 61 个城市、超 13000 平方千米的三维数据模型。而高德地图精准的实时交通大数据中有 78% 来自于 UGC 众包数据,22% 来自于出租车、物流车等行业浮动车辆。高德地图的实时交通动态事件数据中,更有 85% 来自于用户上报,其余来自于交管和政府。②

---

① 数据来源:https://www.oschina.net/news/86472/linux-kernel-4-12-was-a-very-big-release,最后访问日期:2018 年 5 月 27 日。

② 数据来源:http://www.sohu.com/a/122839951_115060,最后访问日期:2018 年 5 月 27 日。

物流领域的达达派送平台自成立以来，业务品类从外卖、小B端商家配送、C端专人直送不断扩展。根据第一物流全媒体的报道，仅以2017年"双十一"期间为例，11月11日12时，达达近400万名注册配送员的运力池参与京东商城配送，最快一单配送时间仅4分钟。截至11月11日15点，达达当日订单量已经突破600万单，总计配送距离达200万公里，这刷新了此前由其保持的同城快送业务最高纪录。相较于2016年"双11"期间，达达单日峰值仅300万单，众包运力250万，运力与业务均增长快速。[①]

（4）信息情报领域的应用

受到众包商业模式的启发，众包在图书情报领域的应用得到探究，主要包括众包在图书馆管理、文化遗产管理、档案管理等方面的应用。

维基百科自2001年1月15日正式成立，是一本人人都可自由贡献知识、没有广告插入而且完全免费的在线百科全书。截至2016年，维基百科囊括250种语言撰写的3800多万篇文章，每月的页面浏览量超过150亿次，其中英语版的超过80亿次；8万名志愿者定期编辑页面；每天诞生7000篇新文章。28%的用户是通过维基百科来了解这个世界，是世界上最大的单一人类知识储存库。[②] 这本全球各国人民参与编写，自由、开放的在线百科全书也是知识社会条件下用户参与、大众创新、开放创新、协同创新的生动诠释。

（5）家装维保领域的应用

家装维保领域的应用主要为解决家电家居建材的安装、维修、保养等售后服务线条长、品控难、无保障、价格乱的难题。

在美国Thumbtack是家喻户晓的本地服务交易平台。由客户提出服务需求，Thumbtack将邀请分配给附近的服务者，再由服务者出报价及服务，从而实现竞争上岗。平均客单价为500美元，Thumbtack收取服务者3～25美元作为中介费用。凭借20多万名服务者，每年300万次成功推介，Thumbtack全年提供了价值18亿美元的潜在业务。[③]

而国内提供类似家装维保服务的众包平台有"万师傅"平台（wanshifu. com），根据其官网的报价招标页面显示，"万师傅"平台提供各种家电、家具的安装、维修、保养、搬运等服务。

截至2017年6月7日，万师傅散布在全国的个人接包方已经达到21万，覆盖654个城市，2853个区/县。万师傅平台每月流水4000万～5000万元，客单价160元左右。平台采用竞价招标的服务模式，从中收取6%～9%的服务费。[④]

---

① 数据来源：http://www. cn156. com/article－86473－1. html，最后访问日期：2018年5月27日。

② 数据来源：http://news. 163. com/16/0125/11/BE6308TI00014AED. html，最后访问日期：2018年5月27日。

③ 数据来源：http://news. ifeng. com/a/20170524/51154560_0. shtml，最后访问日期：2018年5月27日。

④ 数据来源：https://www. iyiou. com/p/47460，最后访问日期：2018年5月27日。

图6 "万师傅"平台截屏

综上所述,众包模式在各个领域中均有合适的应用场景,能够为各类组织和个人带来利益最大化效应。合适的业务经过科学合理的设计采用众包模式,将为企业带来较为丰厚的回报。

3. 众包平台的主要运作模式

为充分了解众包运营现状,我们选取不同业务领域的外包平台,对各方主体及其运作模式进行对比分析。

表3 外包平台对比表

	蜂鸟配送平台	阿里众包	猪八戒网
众包平台运营方	上海拉扎斯信息科技有限公司	淘宝(中国)软件有限公司	重庆猪八戒网络有限公司
发包方	餐饮商户(企业、个体工商户等)	企业	政府机构、中大型企业、初创企业及个人
接包方	个人、上海拉扎斯信息科技有限公司	个人、淘宝(中国)软件有限公司	具备专业能力的个人、企业
业务领域	交通及物流领域	计算机领域	研究设计领域
服务模式	平台提供自营配送团队、第三方加盟团队以及社会化众包配送	个人接包方提供数据来源,平台为发包方提供需求发布、数据筛选、数据清洗、及数据交付服务	平台为发包方、接包方提供信息服务,接包方为发包方执行任务

从上述信息对比可知,目前国内众包平台的具体运作模式大体可分为两类:一类是众包平台本身参与任务执行的平台,如"饿了么"外卖平台旗下的蜂鸟配送平台、"淘宝网"旗下的阿里众包(https://newjob. taobao. com);另一类是仅提供信息传递服务的中间平台,如猪八戒网等开发者网站。

二、现有司法判例的法律分析

为充分了解众包法律风险，我们选取了截至2018年5月“威科先行·法律信息库”裁判文书数据库收录的2016~2017年包含“众包　平台”关键词的17份判决书。其中：

从业务领域上看，15起纠纷为物流配送领域、2起为研究设计领域；从诉讼类型上看，众包平台作为被诉方的案件有14起，众包平台作为主诉方的仅1起，接包方作为主诉方的仅2起；从纠纷原因上看，侵权事件（包括交通事故造成的第三方、接包方侵权责任）的15起，其余2起分别由违约行为和著作权属纠纷引发；从责任承担上看，最终由众包平台承担责任的5起，发包方承担责任的1起，个人接包方及第三方（劳务公司或保险公司）承担责任的11起。

虽然现有案例基本仅涉及众包平台与接包方的管理关系或责任划分，但是如果某一发包方在众包业务中频繁发包，且为平台内唯一的发包方，且对接包方有较强控制，其所面临的风险与案例中揭示的众包平台与接包方风险类似，可作为判定与个人接包方法律关系及责任后果的一般参考。

（一）众包平台与个人接包方成立劳动关系或者职务行为

截至2018年5月“威科先行·法律信息库”裁判文书数据库收录的2016~2017年包含“众包　平台”关键词的17份判决书统计显示，15起众包平台纠纷涉及个人接包方与众包平台的法律关系认定或者法律责任承担，而其中5起被法院认定为成立劳动关系或者个人接包方为履行众包平台职务行为。

表4　法院认定为劳动关系或职务行为判决列表

判决书文号	地区	众包平台	法院认定法律关系	纠纷原因
（2017）沪0112民初1965号	上海	蜂鸟配送平台	职务行为	交通事故
（2017）渝05行终351号	重庆	达达派送平台	劳动关系	工伤认定
（2017）浙01民终4425号	浙江	蜂鸟配送平台	劳动关系	交通事故
（2017）沪01民终10822号	上海	蜂鸟配送平台	职务行为	交通事故
（2017）渝01民终8178号	重庆	蜂鸟配送平台	劳动关系	交通事故

以（2017）沪01民终10822号一案的裁判理由为例，法院认定：“一审中陈某（被侵权人）提供的事发照片可见，事故发生时，赵某（众包骑手）驾驶的电动车上放置的篮筐印有拉扎斯公司所有的‘饿了么’品牌，赵某对外是以蜂鸟众包配送外卖平台之名义为客户提供送餐服务。根据本案查明的事实，赵某系在拉扎斯公司注册的蜂鸟APP众包骑手，在拉扎斯公司开发经营的蜂鸟众包配送外卖平台从事送餐服务，所接订单均由蜂鸟众包平台发出，其工作属于蜂鸟众包配送外卖平台的日常主要经营业务，且赵某的送餐服务相当程度上受平台管理制度的约束，故一审法院认定事发时赵某系履行职务行为，并判决拉扎斯

公司按照50%的责任比例承担赔偿责任并无不当,本院予以维持。"

原劳动和社会保障部《关于确立劳动关系有关事项的通知》(劳社部发〔2005〕12 号)第 1 条规定:"一、用人单位招用劳动者未订立书面劳动合同,但同时具备下列情形的,劳动关系成立。(一)用人单位和劳动者符合法律、法规规定的主体资格;(二)用人单位依法制定的各项劳动规章制度适用于劳动者,劳动者受用人单位的劳动管理,从事用人单位安排的有报酬的劳动;(三)劳动者提供的劳动是用人单位业务的组成部分。"

其中第(二)(三)项认定标准被直接运用于判决说理中,除(2017)沪01 民终 10822 号一案的裁判理由外,(2017)浙01 民终 4425 号做出类似论证:"他的工作属于'饿了么'平台的日常主要经营业务,且李某的送餐服务相当程度上受平台管理制度的约束,故一审认定李某从事的是拉扎斯公司分配的工作,属于拉扎斯公司的工作人员并无不当。"

综合各项分析,如下几类行为容易构成对个人接包方的劳动管理:

1. 劳动制度适用

对个人接包方适用劳动制度,包括以劳动制度为依据进行奖惩、制定劳动制度征求接包方意见等。

2. 考核管理适用

对个人接包方进行直接的人身管理,包括工作时间的规定、考勤及日常管理等。

3. 生产物资提供

平台为个人接包方执行众包任务提供所使用的交通工具、工作工具、工作器材、工作材料等。

这些案例中,法院认为由于个别众包平台主体同时参与任务执行,或者众包平台与微任务的个人接包方之间较强的管理、指导属性,存在与劳动关系竞合的可能性,从而作出了认定劳动关系或者职务行为的生效判决。

(二)众包平台与个人接包方并非劳动关系

截至 2018 年 5 月"威科先行 · 法律信息库"裁判文书数据库收录的 2016 ~ 2017 年包含"众包　平台"关键词的 17 份判决书统计显示,15 起众包平台纠纷涉及个人接包方与众包平台的法律关系认定或者法律责任承担,而其中 10 起被法院认定为并非劳动关系。

表 5　法院认定为非劳动关系判决列表

判决书文号	地区	众包平台	法院认定法律关系	纠纷原因
(2017)鲁01 民终 7029 号	山东	美团众包平台	与第三方劳务协议	交通事故
(2016)津0104 民初 11520 号	天津	达达派送平台	非劳动关系	交通事故
(2017)苏0213 民初 8149 号	江苏	达达派送平台	非劳动关系	劳动关系确认(交通事故引发)

续表

判决书文号	地区	众包平台	法院认定法律关系	纠纷原因
(2016)沪 0112 民初 31825 号	上海	上海邻趣网络科技有限公司	非劳动关系	劳动关系确认(工伤引发)
(2017)闽 0203 民初 14562 号	福建	蜂鸟配送平台	非劳动关系	交通事故
(2017)陕 01 民终 12521 号	陕西	美团众包平台	非劳动关系	交通事故
(2017)粤 0111 民初 3261 号	广东	达达派送平台	非劳动关系	交通事故
(2017)浙 0108 民初 1626 号	浙江	达达派送平台	非劳动关系	交通事故
(2017)浙 0108 民初 1046 号	浙江	达达派送平台	非劳动关系	交通事故
(2017)苏 0106 民初 1322 号	江苏	蜂鸟配送平台	非劳动关系	交通事故

以(2017)苏 0106 民初 1322 号一案的裁判理由为例,法院认定:“通过庭审查明,蜂鸟APP 的主要功能是为其注册用户提供商户的配送需求,其注册用户通过此平台了解商户配送需求并根据自身意愿选择是否接受商户的该需求、为商户提供配送服务,因此,蜂鸟APP 提供的是一项居间服务,向其注册用户报送信息,对其注册用户并无人身上的管理,对注册用户是否提供配送服务并无任何限制,因此,无法认定邹某某(众包骑手)与拉扎斯公司存在劳动或劳务关系,拉扎斯公司不应对邹某某的侵权行为承担替代责任。”

值得关注的是,美团众包平台所涉(2017)鲁 01 民终 7029 号一案中,因其用户注册流程为:当用户按照注册页面提示填写信息,阅读并同意本协议,阅读完全部注册程序后,视为已经阅读理解并同意协议的全部内容,并与劳务公司达成一致,成为接受劳务公司的劳务人员,由劳务公司承担众包员劳务期间发生的所有用工风险,并支付劳务报酬,众包员与众包平台之间不存在任何劳动关系或劳务关系,表明个人接包方通过众包平台的在线协议签订,与第三方的劳务公司建立劳务关系,从而使众包平台与个人接包方之间被认定为劳动关系的风险得以规避。

综上所述,尽管对于同一商家的运营模式,不同法院因存在不同的裁判观点,而对众包平台与个人接包方的法律关系认定产生后果迥异的生效判决。因而在全国范围内而言,众包平台与个人接包方的法律关系性质并无统一司法认定结论。

(三)浙江省现有裁判认定理由分析

由于立法进程滞后于商业模式的革新,全国范围内对于众包平台与个人接包方之间的法律关系并无统一司法认定结论,因此本报告从保障浙江移动众包平台试点合规性角度出发,谨对截至 2018 年 5 月“威科先行 · 法律信息库”裁判文书数据库收录的 2016 ~ 2017 年包含“众包平台”关键词的 3 份浙江省涉及个人接包方与众包平台的法律关系认定或者法律责任承担的判决书进行细化分析(另外 1 份为著作权属纠纷,不涉及接包方法律关系认定),以期明确判定成立劳动关系的界限。

表6　浙江省2016～2017年涉及众包平台判决列表

判决书文号	地区	众包平台	法院认定法律关系	纠纷原因
(2017)浙0108民初1046号	浙江	达达派送平台	非劳动关系	交通事故
(2017)浙0108民初1626号	浙江	达达派送平台	非劳动关系	交通事故
(2017)浙01民终4425号	浙江	蜂鸟配送平台	劳动关系	交通事故

该3起纠纷所涉众包平台分别为达达派送平台、蜂鸟配送平台，二者主要业务均为短途配送服务，如外卖配送等。

(2017)浙0108民初1626号一案中，法院认定达达派送平台与个人接包方不存在劳动关系的裁判理由为："被告达疆公司及其杭州分公司是达达配送平台的经营者，该平台为商家和送餐员报告订立合同的机会或者提供订立合同的媒介服务，该两被告对其注册用户并无人身上的管理，对注册用户是否提供配送服务并无任何限制，原告也无证据证明两被告从注册用户的配送服务中收取任何费用，因此，无法认为其与董某某(众包骑手)之间存在劳动或雇佣关系。"

(2017)浙01民终4425号一案中，法院认定蜂鸟配送平台与个人接包方成立劳动关系的裁判理由为："本案争议焦点系李某(众包骑手)是否为拉扎斯公司的工作人员，事故发生时李某是否在履职。根据交通事故认定书、肇事电瓶车的发票和上诉人一审的自认，事故发生时，李某驾驶的电动自行车系拉扎斯公司所有，是拉扎斯公司专门配给'饿了么'蜂鸟配送团队配送员的。……故一审认定李某从事的是拉扎斯公司分配的工作，属于拉扎斯公司的工作人员并无不当。"

案例显示，浙江法院对于蜂鸟派送平台及达达派送平台业务模式及对应责任后果存在不同的认定倾向。且在本报告所研究的所有5起被认定为劳动关系或者职务行为的案例中，"蜂鸟配送平台"占4起，远高于仅从事配送业务的"达达配送平台"，在于其业务模式设计上有所不同：

表7　蜂鸟平台与达达平台业务模式对比表

	蜂鸟配送平台	达达派送平台
众包平台	上海拉扎斯信息科技有限公司	达疆网络科技(上海)有限公司
发包方	餐饮商户(企业、个体工商户等)	商户(企业、个体工商户等)个人
接包方	个人上海拉扎斯信息科技有限公司	个人
服务内容	平台提供自营配送团队、第三方加盟团队以及社会化众包配送	接包方为发包方提供帮取件、代送件和代购买等多样化服务

从对比信息可以看出，蜂鸟配送平台与达达派送平台虽然都在短途物流配送领域采用众包模式运营，但其具体操作存在区别：

1. 众包平台是否参与任务执行

蜂鸟配送平台存在部分“自营配送团队”，即众包平台本身参与任务的执行，而达达派送平台的接包方全部为个人。

2. 平台服务内容是否单一

蜂鸟配送平台仅从事针对餐饮商户的餐饮配送，而达达派送平台提供帮取件、代送件和代购买等多样化服务。经营范围、业务分工模式的不同，可能对个人接包方法律关系的认定起到一定影响。

综上所述，虽然从调研的案例来看，对于个人接包方法律关系的认定尚无明确统一结论，但是根据过往裁判思路以及现行法律法规的明文规定说明，商务模式、主体定位、业务经营管理等对最终法律关系及责任界定起着非常关键的作用。

三、企业众包模式法律分析

一些企业拟借鉴互联网公司模式，通过自建众包平台，将原本交由相对固定第三方承担的外包业务，比如设备安装、客情维护等业务，采用众包方式，发包给经过认证的社会个人或机构，从而实现降低企业成本、提升服务效率的目标。

此类企业众包最大法律风险在于发包方或众包平台与个人接包方之间存在构成劳动关系的风险。

(一)发包方与平台运营方竞合引发劳动关系风险

在企业众包模式下，众包平台主要是为发包企业服务的，虽然名义上可能由第三方承建或运营，但平台实际运营方系企业自身，如企业为平台内唯一的发包方，就会造成发包方与平台运营方竞合。在此模式下，企业与个人接包方之间很有可能被直接认定为构成劳动关系，在此模式下即使通过协议设计等，亦无法避免该风险。

(二)对接包人的日常管理加大了劳动关系风险

在具体业务操作方面，企业如为接包的服务人员提供作业工具，并对其实施考勤/考核管理、技能培训及测试等，构成相对严格管理的工作模式，更加大了劳动关系的风险。

(三)在线协议管理风险

众包模式的起源基于网络信息手段的发展，因而其人员登记、法律关系建立、合同履行、报酬支付等均在网络信息平台上完成，面对为数众多的接包方，在线注册、真实身份认定、在线协议签署、协议变更和通知、协议保存等，均对众包平台与接包方的法律关系效力及内容产生重大影响。

(四)众包模式下结算管理风险

报酬结算是任何服务合同关系中最为关键的要素之一。在众包模式中，众包平台作为平台运营者，有义务设计合理的报酬结算体系、异常结算管理流程、违规处置流程，并取得发包方、接包方的确认。在试点模式下，结算模式更多为发包方设计执行，也使得发包方与个人接包方之间的劳动关系风险加大。

此外,如果接包方系法人或非法人单位则直接涉及税务问题,如果接包方系自然人则在金额达到一定程度后也会涉及税务问题。

四、众包模式优化建议

针对上述企业众包模式,我们对法律关系设计及具体实施措施提出整体性优化建议,以期实现法律风险的事先防控。

(一)明确发包方或平台方的角色定位

企业既作为众包法律关系中的发包方,又同时为众包平台运营主体。当众包平台与发包方构成同一主体竞合,在个人接包方以执行众包微任务为重要生活来源,工作强度相当于一般劳动岗位,发包方对接包方的具体工作进行指挥控制的情况下,很难排除构成劳动关系的法律风险。因此,需要企业对在此模式下的角色定位作出商业选择,即定位于开发平台运营方或是发包方。

打造开放的众包平台,允许其他发包方进入进行业务发包,从而一方面有利于实现业务容量的增长,另一方面减轻所有发包方因对个人接包方重复大量发包而引发的责任风险。

此外,将个人接包方主体限定在仅接受个体工商户的在线注册,从而发包方与个体工商户形成承揽关系,也可以避免劳动用工风险。

根据《中华人民共和国民法总则》(主席令第66号)第54条的规定:自然人从事工商业经营,经依法登记,为个体工商户。因此,个体工商户在法律性质上不同于自然人,无法与其他主体产生劳动关系,从而可从受雇方主体性质上规避劳动用工风险。

因此,在个体工商户参与众包的法律关系上,个体工商户与发包方的法律关系可定义为承揽合同关系,而众包平台与发包方、个体工商户均形成技术服务关系。

承揽合同关系在损害赔偿责任方面风险最低,但加诸接包方注册、维护个体工商户以及承担对外风险的成本,在接包方注册信息登记审核、费用金额设置以及结算机制等方面,需要其他专门设计以保障顺畅、合规运转。

在个体工商户接包模式下,由于与接包方法律关系已定义为承揽关系,且已隔离劳动用工的相关风险,发包方主体既可采用第三方主体外包,也可以由企业自行充当。其间的区别主要在于费用结算及票据审核的工作是否由企业自行承担。此外,工商部门及社会信用体系对个体户的管理,也会促使个体接包方工作更为规范。

(二)对于众包平台的管理建议

根据众包平台在众包模式中制定平台交易管理规则、对接包方与发包方进行准入审核、与接包方和发包方签署在线协议、为交易双方提供交易服务等主要义务,建议在众包平台的管理方面,应在如下几方面进行完善。

1. 接包方资料的在线收集

网络信息手段极大降低了众包平台和接包方之间沟通的时间、空间成本，但也随之带来了接包方真实身份无法直接当面验证的困境。我们谨针对微任务模式下个人接包方的协议签订及更新进行分析。选取的样本为：与试点业务类似的家装维保领域的万师傅平台、风险集中的众包物流领域的美团，以及达达派送平台。

在取样调研的手机 APP 上，3 个众包平台分别在线对个人接包方的下列信息进行收集：

表 8　各平台收集个人接包方信息类型对比表

众包平台	收集个人接包方信息					
	手机号码	身份证照片	手持身份证照片	紧急联系人手机号码	所在地址	服务类目
万师傅平台	√	√	√	√	√	√
达达派送平台	√	√	√			
美团众包平台	√	√	√			

由于法律法规并未对众包平台的个人接包方主体资质真实性审核进行明文规定，各主流平台均采用在线上传资料即可完成注册的流程。其中，万师傅平台由于提供服务项目的复杂性，还需要个人接包方选择填写服务类目，以便于客户需求类目自动对接。

图 7　万师傅平台信息填写页面

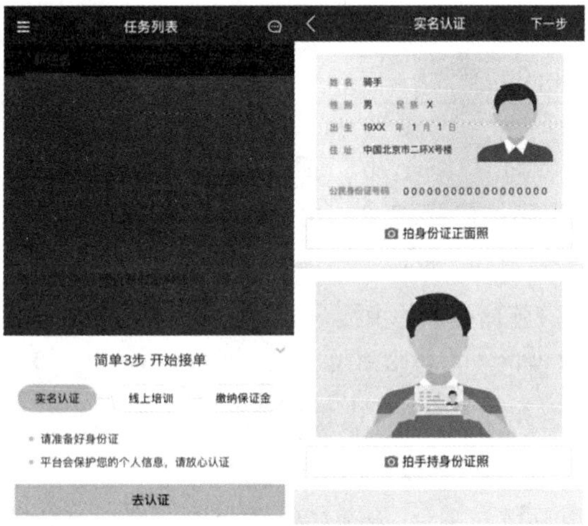

图 8　美团众包平台实名认证页面

综上所述，因电子签名的效力已经得到实践的验证，个人接包方主体锁定流程完全可以做到全面在线完成。仅手持身份证照片比对需要投入一定人工审核成本。而在真实性审核方面，可以在取得用户授权的前提下，利用经过实名认证的手机号码实名制资源进行后台二次比对验证，实现个人接包方的实名验证。

2. 接包方在线协议类型

众包模式涉及众包平台、发包方、接包方三方主体，而协议作为固化其不同法律关系的工具，一般需要接包方在线签署如下协议：平台注册协议、发包方与接包方协议、个人信息或隐私协议等。

《电信和互联网用户个人信息保护规定》（工业和信息化部令第 24 号）第 9 条规定："未经用户同意，电信业务经营者、互联网信息服务提供者不得收集、使用用户个人信息。电信业务经营者、互联网信息服务提供者收集、使用用户个人信息的，应当明确告知用户收集、使用信息的目的、方式和范围，查询、更正信息的渠道以及拒绝提供信息的后果等事项。"

因此，在个人信息或隐私协议中，应取得接包方对其信息使用的授权，并明确收集、使用信息的目的、方式和范围，查询、更正信息的渠道以及拒绝提供信息的后果等内容。

3. 在线协议签署方式

在取样调研的手机 APP 上，3 个众包平台分别在线对下列协议进行公示或签署方式如表 9 所示：

表 9　在线协议公示或签署方式对比表

众包平台	在线协议			
	众包平台服务协议	隐私政策	支付协议	劳务协议
万师傅平台	默认勾选	无	无	无
达达派送平台	注册默认	弹窗确认	无	无
美团众包平台	注册默认	弹窗确认	专栏公示	专栏公示

除前述个人接包方主体锁定流程外，个人接包方服务协议中技术变更、服务模式变更、服务主体变更、资费变更、法律变更等相关的条款更新，应当采取征得个人接包方同意的方式。

（1）弹窗提示并由接包方点击确认

弹窗形式以较为显著的方式提醒用户注意，并由用户点击"同意"形成电子协议签订信息，为有效性保障程度较高的电子协议签订方式。弹窗确认或者由用户勾选表示同意的签署方式，效力较默认协议更有保障。

达达派送平台、美团众包平台均在个人接包方注册之前，用弹窗形式展示《隐私政策》，用户点击同意后，方可进入注册程序。页面如图 9、图 10 所示：

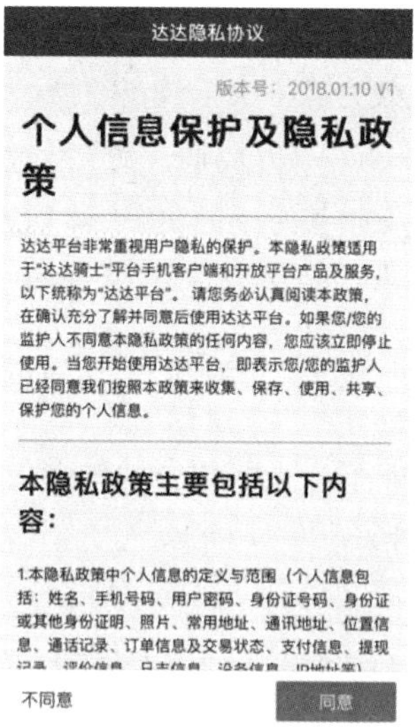

图9　达达派送平台隐私政策页面

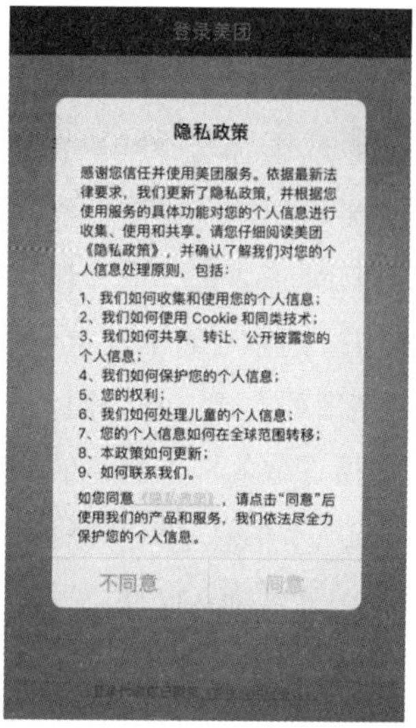

图10　美团众包平台协议签订页面

（2）设置专栏持续公示

平台方应履行网络平台的规则公示义务，在众包平台设置专门板块进行各项协议及规则的公示，并保留协议条款更新的记录、同步公示。对于发包方、接包方均需知悉的变更或其他事项，建议采用点击确认已经阅读才能进入正常界面的方式，提醒各方阅读。

对于劳务协议、众包平台服务协议、钱袋宝支付服务协议，美团众包平台APP需用户在注册以后，通过"设置"→"关于美团众包"中进行查看。这种提供阅读机会的方式，有利于众包参与方的阅读理解和执行，也在法律上履行了告知义务。具体形式如图11所示：

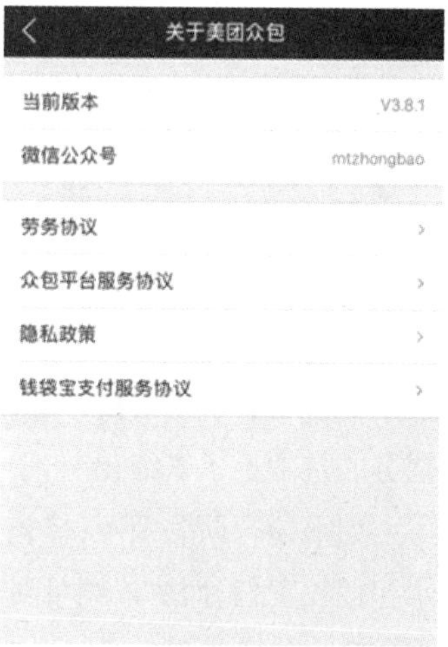

图11　"关于美团众包"界面

专栏公示方式既保证协议质量随技术和社会的发展不断进步，又能充分保障发包方和接包方的选择权、知情权，同时使得公司的众包业务合法合规开展。

4. 众包接包方对条款更新的确认方式

在平台协议条款更新方面，3个取样调研的众包平台手机APP均仅在《平台服务协议》内载明协议变更方式，且仅规定众包平台的非主动公示义务。

以截至2018年5月的美团众包平台《众包平台服务协议》为例，其第2.2条规定："众包平台有权根据国家法律法规的规定更新、维护交易秩序，调整服务规则，并不时地修改本协议或各类规则，修改后的协议或各类规则（以下简称变更事项）将以网站公示的方式通知您。如您不同意变更事项，您有权于变更事项确定的生效之日起停止使用众包平台服务,则变更事项对您不产生效力;如您在变更事项生效后仍继续使用众包平台服务的,即视为您同意已生效的变更事项,变更事项对您产生效力。"

依据《合同法》及相关司法解释,合同一经签订非经"双方协商一致"不得变更,但合同中可以约定发生变更时如何进行处理。由于技术及业务的不断更新,移动通信业务及其衍生业务持续处于变化之中,因此必须在主合同条款中约定因技术、法律等方面的变化如何处理,而且合同必须明确约定有效期,以便出现合同履行不能、合同无法变更的情况时,可按时效期满的方式终止合同。

而本报告所选取的样本协议的变更方式充分保障了个人接包方的知情权,并保留了其确认、同意的电子信息,难以保障最终协议的有效性。

5. 会员协议主要条款设计

所述弹窗提示并由接包方点击确认以及设置专栏持续公示的在线协议签订方式上的建议外,对于平台注册协议、发包方与接包方协议的设计有如下方面需要特别予以关注。

(1)合同主体及性质定义条款

对于众包平台主体全称及技术服务协议的性质,以及发包方主体全称及其劳务或承揽合同的性质,应在接包方在线注册时,予以分别确认,并在协议文本设计方面,采用加粗等方式予以特别提示。

同时,为保障接包方知情权并避免后续争议中的误解,上述协议除在专栏中予以持续公示外,还应在 APP 首页、抢单确认页、结算页面予以固化的持续提示,如"本平台由××××提供技术服务""您点击确认即表示同意与×××公司形成承揽合同关系"等。

(2)责任划分条款

责任划分条款的设计应以公司最终决定采用的合同性质为出发点,在法定权利义务划分的基础上予以细化。

如承揽合同关系下,接包方因提供服务发生侵权事件的,发包方在存在过错的情形下承担侵权责任,而协议则可对发包方的过错情形予以进一步细化约定,如需求信息存在错误导致侵权事件发生等。

(3)协议变更条款

协议变更条款直接决定后续的交易规则调整及其方式的有效性。因此,协议变更条款应对协议变更方式予以明确约定(弹窗确认等),并且对变更记录进行专栏的持续公示,保障接包方的知情权以及协议条款的有效性。

(4)限制接包方权益的格式条款突出显示

在线统一签署的协议符合我国《合同法》中格式合同的各项特征,因而对于其个别限制交易对方的条款应以加粗、特别颜色等字体处理方式进行突出强调显示,如接包方违规的主要情形列举、接包方违规的认定方式、接包方违规的处理后果、争议管辖约定等。

6. 平台规则、异常结算及违规处置

国内现行 APP 服务协议均明示众包平台有制定平台规则，并对众包接包方进行一定处理的权利，如《蜂鸟众包用户协议》（协议版本：2017 年 7 月 21 日）中规定："8. 所有违反协议约定或者蜂鸟众包平台规则的行为，平台都有权根据违规情节和性质进行相应的处理，直至封禁账号（拉黑）处理，违规情节和性质由平台依据相关法律或平台规则或双方事先约定最终确定。平台不可能事先列举所有违规事项和处理措施，对未事先列举的，由平台依据诚实信用原则或公序良俗原则予以确定。被封禁（拉黑）的账号内剩余的所有资产都将作为违约金或损害赔偿给到平台或由平台转赔偿真正的受损害方。"

该协议将异常结算的处理依据规定为协议约定、平台规则以及诚实信用原则或公序良俗原则，而最严重的处理后果为被拉黑且接包方账号内所有资产不予提现。该协议条款的模式设计关乎报酬结算中的异常情形、处理后果等关键管理因素。

（1）异常结算及违规处置的具体情形

众包平台一般运用技术手段，通过自己建立的一套算法模型，来判断接包方的违规行为。而出于商业机密、避免被人为规避等原因的考虑，这些算法模型的判断规则不会公之于众，属于企业的运营信息，不存在接包方的知情权问题。但需要在算法设计中充分考虑误差发生的概率以及处理方式之间的关联，避免存在制度设计上的冲突或漏洞。

因此，对于客户投诉、舞弊刷单等频发违规行为的认定规则，众包平台应以协议条款、弹窗确认等方式进行告知，在取得接包方在线确认的前提下，使其成为合同内容，才能保障其相关条款合法合规。同时，应在设计总的接包规则时充分考虑如何使这类规则变得合法有效。

根据《北京商报》的报道，某众包平台相关负责人介绍其规定为：被客户、餐厅投诉且确认投诉事实成立两次，系统会将其拉黑且冻结账户。[①] 该规则若未经平台内的显著方式告知，且未被接包方在线确认，难以作为合法有效的异常结算及违规处置依据。

（2）异常结算及违规处置的具体后果

《蜂鸟众包用户协议》（协议版本：2017 年 7 月 21 日）的"被封禁（拉黑）的账号内剩余的所有资产都将作为违约金或损害赔偿给到平台或由平台转赔偿真正的受损害方"规定，因其提现规则的共同限制，存在侵害接包方正当权益的嫌疑，即未涉及违规行为的报酬提现权被该条款否定。

鉴于针对该类不合理处置后果的媒体负面评价报道已形成风险事件[②]，公司在设计异常结算及违规处置的具体后果方面，应当：

①针对细化的违规情形，设计对应且确定的处置后果；

---

① 报道来源：http://www.sohu.com/a/69017415_115402，最后访问日期：2018 年 6 月 9 日。

② 报道来源：http://finance.sina.com.cn/chanjing/cyxw/2016-07-12/doc-ifxtwihq0139606.shtml，最后访问日期：2018 年 6 月 9 日。

②处置后果应以实际损失及违约责任中的高者为限，不得侵犯接包方的其他财产权益。

(3)接包方的结算确认等规则

结算确认环节为锁定合同双方间价款这一重要交易要素的关键环节，而异常结算因针对可能发生的争议予以事先设计，包括：

- 异常结算针对的具体事实；
- 异常结算的具体依据(法律法规规定、服务协议条款、平台规则条文等)；
- 接包方的主动点击确认；
- 接包方的申诉渠道及具体流程。

上述风险防控的前提在于结算规则的设计与明示，从而达到维护企业利益，同时保障接包方权益的平衡。

(三)对于发包方的管理建议

为保障接包方的最终服务质量，发包方可针对具体服务内容，对接包方予以一定形式的服务辅助。但是，在前述司法判例中，过多的管理及辅助服务均在不同程度上影响法院最终认定的法律关系及责任后果。

1. 避免劳动管理

我国现行法律法规体系未对劳动管理进行明确定义，但综合各项案例分析，在将平台设定为直接与接包人接触的一方时，平台对个人接包方的管理应从如下几方面规避成为事实劳动关系的风险：

(1)避免劳动制度适用

对个人接包方避免适用劳动制度，包括以劳动制度为依据进行奖惩、制定劳动制度征求接包方意见等。

(2)避免考核管理适用

对个人接包方避免进行直接的人身管理，包括工作时间的规定、考勤及日常管理等。

(3)避免直接的工作质量考核

公司应避免作为直接的评价主体，对接包方的工作质量进行考评并决定对应费用，可采用最终接受服务的客户评价作为费率计算依据，同时也可以将部分要求作为发包方发包时的工作标准。

2. 转换培训成本承担方式

在培训成本的承担方面，如需避免公司直接承担接包方的大额培训费用，可采用如下两种方式予以解决：

(1)提供在线课程及考试

基于试点业务对于拓展个人接包方的需求，众包平台应快速完成对个人接包方工作能力的培训及认定。因而较高效的方式是开发在线培训课程，利用在线内容的无限重复性提高培训效率,并采用在线考核的方式整体性降低培训及考核成本,并以接包方考试合格作为其主体认定的标准。

以达达派送平台、万师傅平台为例:

达达派送平台在进入接单程序前,APP 以图文的形式对注意事项进行提醒。线上提示说明的具体内容如图 12 所示:

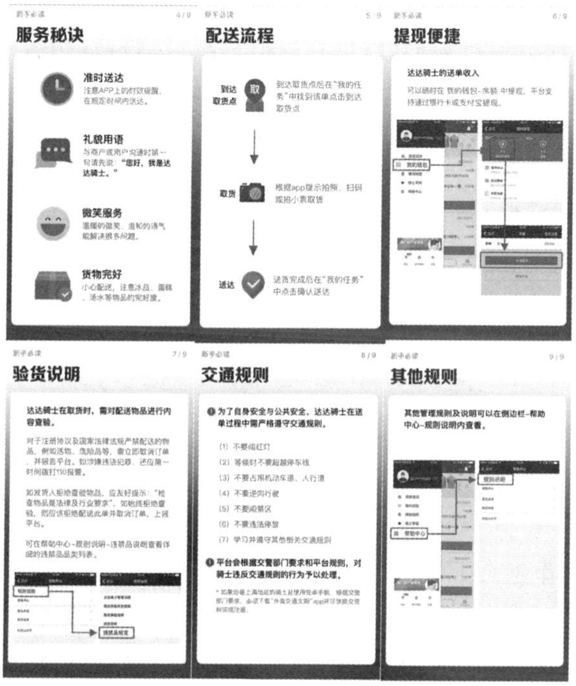

图 12　达达派送平台线上提示证明

达达个人接包方的接单过程中,对于部分有特殊要求的任务,平台将提示"需实地培训"。

万师傅平台在实名认证以后,提供线上视频培训课程,并要求个人接包方输入视频中随机口述的验证码。培训完成后,在线测试达标才能开始接单。具体如图 13 所示:

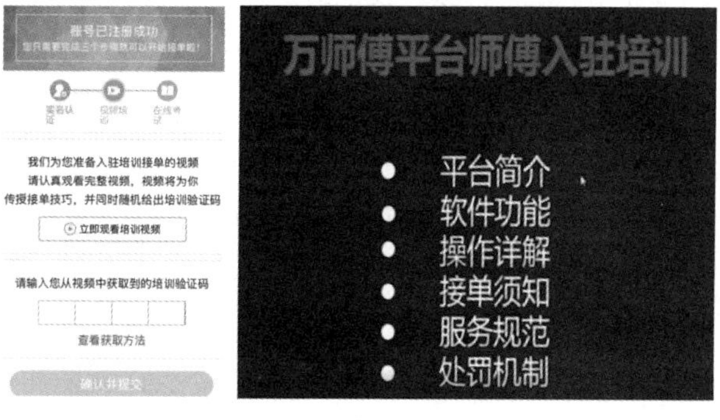

图 13　万师傅平台培训页面

(2)培训费用从接包方后续报酬中抵扣

针对操作难度较高的微任务,可对线下培训内容进行标准化设计,以提高线下培训效率。以线下培训成果作为个人接包方承接特定业务的前提,保障平台整体服务质量。

对于必须现场实际操作进行培训的项目,可由潜在接包方接受培训后,于其后期实际获得的报酬中进行抵扣。

以万师傅平台为例,除线上的全面培训及考试外,万师傅平台于 2015 年 5 月 14 日正式成立“师傅大学”,打造师傅专业技能提升及认证平台。根据《2016 年万师傅家居服务售后行业报告》的描述,截至 2016 年万师傅专门设立四大培训体系,包括服务技能、素质、态度、形象等,为家居服务行业输出专业靠谱的师傅。

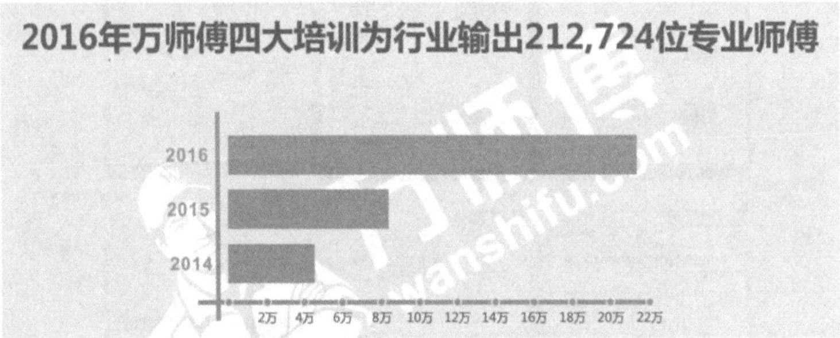

图 14　万师傅输出专业师傅数量

3. 避免直接提供作业工具

接包方提供服务所需的交通工具、作业工具等,均可由其采用购买、租赁的方式获得使用权。接包方前期资金存在困难的,可同样采取后期报酬抵扣的方式,完成工具资金的收取。

以达达派送平台的工作设施的管理为例:

(1)不为个人接包方提供交通工具

对于派送业务的主要工作工具——电动自行车等交通工具,达达平台不提供任何形式的指引、协助或服务,交通工具均为个人接包方所有或取得使用权。这符合众包通常理解的定义中的特征:工作设施及条件均属于接包方。

(2)仅对统一装备提供购买或租赁

对于达达统一服装、保温箱以及标志等,个人接包方有两种获取方式:包括在平台自行购买以及协议租赁。协议租赁方式提供四种组合选择,需支付不同数量保证金,再分别满足对应要求后,保证金可返还。界面如图 15 所示:

图15　达达平台获取统一装备模块界面

具体操作以入门装备为例，支付399元保证金可获得两件POLO衫、一件外套、一件冲锋衣以及一个大号保温箱的使用权，保证连续6个月接单即可获得50%的返还，12个月即可获得全部保证金返还。

因此，达达派送平台在工作设施方面的事先设计，使得其众包业务隔离了物资管理风险，更有效降低了被认定劳动关系的可能性。在业务特征吻合的情况下，众包平台应在允许的情况下采用工作设施隔离的经营模式。

4. 购买专业保险分担风险

与商业保险企业合作，开发适用于众包微任务的保险品种，并赋予个人接包方选择保险的权利，众包平台则开发在线购买及代扣缴费的功能，有助于风险分散及工作效率提高。

在本报告分析的涉及与接包方法律关系的15件案例中，5件有保险公司涉案，并与众包平台或个人接包方一并承担赔偿责任。

表10　保险公司一并承担赔偿责任判决列表

判决书文号	地区	众包平台	纠纷原因	保险购买方
(2016)津0104民初11520号	天津	达达派送平台	交通事故	众包平台
(2017)闽0203民初14562号	福建	蜂鸟配送平台	交通事故	众包平台
(2017)渝01民终8178号	重庆	蜂鸟配送平台	交通事故	个人接包方 (众包平台从应付报酬中代扣)
(2017)浙0108民初1046号	浙江	达达派送平台	交通事故	个人接包方(众包平台 从应付报酬中代扣)
(2017)苏0106民初1322号	江苏	蜂鸟配送平台	交通事故	个人接包方 (众包平台从应付报酬中代扣)

以达达派送平台的代扣模式为例:达达配送平台上有购买保险的链接,配送员当天手机接单时,平台提示配送员是否购买保险,如配送员点击同意,即同意购买保险,保险费从配送费中扣划。

向保险公司购买专用保险,并分担一定意外伤害及第三方损害的法律责任,是以较低成本防范风险的可借鉴方式。

5. 优化报酬结算管理

在接包方报酬体系设计、异常结算及违规处置的管理方面,发包方应当:

(1)设计合理的报酬体系

针对单一微任务的报酬设计,应当结合该任务的市场价值、接包方的服务质量、合规程度、响应时间等多维度综合评判结果予以确定;而有多项微任务并存时,则应注意其不同报酬价位的引流效应,做到与业务规模的整体平衡。

同时对于平台数据的应用、计件等报酬计算方式也应做出详细的规定。

(2)设计细化的异常及违规情形规定

针对众包任务的特征,以列举的方式制定异常结算及违规的具体情形,并针对业务运营情况予以不断改进。

(3)明示异常及违规情形规定

以醒目的方式告知接包方违规情形及认定标准,并根据需要将其加入培训及考试内容之中,让其充分了解相关规则。

(4)明确异常及违规处理流程

在系统发现接包方存在涉嫌违规、刷单等行为时,应当尽到告知义务,并且可以通过技术手段提前禁止其继续开展相关违规活动。

(5)规范报酬的统一表述

公司在整个众包报酬支付流程中,应当对于报酬的表述避免"工资"等具体措辞,以防范相关劳动关系认定风险。

(6)明确税务处理方式

对于接包方报酬所涉税务缴纳问题,应事先确定由外包的第三方发包方统一开具发票并缴税,或由众包平台统一代扣代缴,或明确提示接包方自行履行缴纳义务等方式,予以防范后续的税务风险。

综上所述,保障整个众包模式运转的合法合规性,并非某一单一措施的作用,而应将所有解决方案融为有机整体。有效的事先架构设计须既不遗漏某项措施的执行,又不因体系的复杂性降低处理效率,从而充分保障接包方的选择权,同时减少企业的法律责任风险。

基于 LTE - FDD 网络下的物联网发展与应用的相关法律问题研究

孙 怡 王晓东 王 奕*

摘要

随着 LTE-FDD 技术的不断成熟以及产业链的不断完善,物联网正在进入快速发展的阶段,但是作为当前最具有发展前景的新兴产业之一,在发展态势良好的同时,物联网可能存在的诸多法律问题不容忽视。本文以物联网发展与应用的相关法律问题为研究重点,从物联网网络安全问题、物联网知识产权保护以及物联网在运营过程中的其他问题等角度,探讨 LTE-FDD 网络下的物联网发展与应用的法律风险与法律责任,并进一步探索风险防范建议。

关键词

物联网 LTE-FDD 网络安全 知识产权

Abstract

With the continuous maturity of LTE-FDD technology and the continuous improvement of industrial chain, the Internet of Things(IOT) is entering a stage of rapid development, but as one of the most promising emerging industries, we cannot ignore many legal problems that may exist in IOT while developing well. This article focuses on the legal issues related to the development and application of IOT. It discusses the legal risks and liabilities of the development and application of IOT under LTE-FDD network from the perspectives of network security, intellectual property protection of IOT and other issues in the operation of IOT, and further explores suggestions of risk prevention.

Keywords

the internet of things(IOT); LTE-FDD; network security; intellectual property right

* 孙怡、王晓东、王奕,中国移动通信集团上海有限公司。

前　言

随着全球一体化、工业自动化和信息化的不断深入，物联网时代已经来临。LTE 网络的建成和正式商用让互联网更大程度地延伸，无线网络带宽的大幅提升使得根据各行业间的不同要求孵化出适合的行业终端和应用成为可能。LTE 通信网络将成为物联网的基础承载网络，移动终端也可实现与物联网终端的融合，从而为通信业务的发展带来新的机遇。

物联网快速发展，其智能化物联网服务在城市管理、制造业、物流、家居、交通、医疗、教育等领域广泛普及，不仅为信息通信业拓展新的增长空间，也将深刻改变人们的生产生活方式和经济社会的运行方式，将推动网络信息技术与社会各领域全面深入融合。但是，伴随着物联网等相关产业的迅速发展，相关的法律问题也不断浮出水面。比如物联网在发展过程中涉及的海量信息的传递和存储工作，其中的环节便很可能存在信息泄露的风险等，运营商或建设开发企业的法律风险防范应引起业内重视。

本文将通过对当前我国物联网发展现状的分析，探讨 LTE-FDD 网络下的物联网发展与应用的法律风险与法律责任，并进一步探索相应的风险防范建议。

一、物联网概述

（一）物联网的基本定义

目前，物联网还没有一个精确且公认的定义。但通过将物联网与其他相关网络进行比较分析后，尚且可以认为：物联网是一个基于互联网、传统电信网等信息承载体，让所有能够被独立寻址的普通物理对象实现互联互通的网络。物联网是互联网在物理世界的延伸，通过射频识别、红外感应装置、全球定位系统等信息传感设备与互联网相连接，使得物联网中的每一件物体均可寻址，每一件物体均可通信，每一件物体均可控制。

（二）物联网的特征

相对于已有的各种通信和服务网络，物联网在技术和应用层面具有以下几个特点：

其一，感知识别普适化。仔细观察就会发现，人们的衣食住行都能折射出感知识别技术的发展。无所不在的感知与识别将物理世界信息化，对传统上分离的物理和信息世界实现高度融合。

其二，异构设备互联化。各种异构设备（不同型号和类别的 RFID 标签、传感器、手机、电脑等）利用无线通信模块和标准通信协议，构建成自组织网络。在此基础上，运行不同协议的异构网络之间通过“网管”互联互通，实现网际间信息共享及融合。

其三，联网终端规模化。物联网时代的一个重要特征是“物品触网”，每一件物品均具有通信功能，成为网络终端。据预测，未来 10 年内，联网终端的规模有望突破百亿大关。

其四，管理调控智能化。物联网将大规模数据高效、可靠地组织起来，为上层行业应用提供智能的支撑平台。数据存储、组织以及检索成为行业应用的重要基础设施。与此同时,各种决策手段包括运筹学理论、机器学习、数据挖掘等将广泛应用于各行各业。

其五,应用服务链条化。链条化是物联网应用的重要特点。以工业生产为例,物联网技术覆盖从原材料引进、生产调度、仓储物流,到产品销售、售后服务等各个环节,成为提高企业整体信息化程度的有效途径。更进一步,物联网技术在一个行业的应用也将带动相关上下游产业的发展,最终服务整个产业链。

(三)物联网的发展进程

物联网概念最早出现于比尔·盖茨 1995 年出版的《未来之路》一书中。书中,比尔·盖茨已经提及物物互联,只是当时受限于无线网络、硬件及传感设备的发展,并未引起重视。1998 年,美国麻省理工学院创造性地提出了当时被称作 EPC 系统的物联网构想。1999 年,建立在物品编码、RFID 技术和互联网的基础上,美国 AUTO-ID 中心首先提出物联网概念。

2005 年的信息社会世界峰会上,国际电信联盟发布了《ITU 互联网报告 2005:物联网》,报告指出,无所不在的"物联网"通信时代即将来临,世界上所有的物体从轮胎到牙刷,从房屋到纸巾都可以通过互联网主动进行信息交换。

在全球经济危机的背景下,美国前任总统奥巴马更是把物联网及相关产业的发展视为美国实现经济复苏的关键,通过政府投资、政策支持和减税等方式推动美国物联网的建设。2009 年年初,奥巴马把"宽带网络等新兴技术"定位为振兴经济、确立美国全球竞争优势的关键战略,并在随后出台的《经济复苏和再投资法》中对上述战略建议具体加以落实。同年 10 月,欧盟执委会提出要加强欧盟政府对物联网的管理,消除物联网发展的障碍。日本、韩国也于同年颁布了新的物联网战略政策,以推进本国物联网发展。

我国政府也高度重视物联网的研究和发展。2009 年,国务院总理温家宝在无锡视察时发表重要讲话,提出"感知中国"的战略构想,表示中国要抓住机遇,大力发展物联网技术。习近平总书记、李克强总理多次专门对物联网作出重要指示,表示要让物联网更好地促进生产、走进生活、造福百姓。2013 年 2 月国务院专门出台《关于推进物联网有序健康发展的指导意见》,2014 年 2 月国务院召开全国物联网工作电视电话会议。自上而下对物联网发展的高度重视和政策扶持,使物联网发展驶入了"快车道",我国物联网产业发展迎来前所未有的机遇。工信部于近年出台的《物联网"十三五"发展规划》也表示:"十三五时期,我国经济发展进入新常态,创新是引领发展的第一动力,促进物联网、大数据等新技术、新业态广泛应用,培育壮大新动能成为国家战略。"我国政府高层的重要讲话、报告和相关政策措施表明:大力发展物联网产业将成为今后一项具有国家战略意义的重要决策。

(四)LTE-FDD 网络背景下物联网的发展趋势

1. LTE-FDD 网络概述

LTE 是基于正交频分多址(Orthogonal Frequency Division Multiple Access, OFDMA)

技术，由3GPP组织制定的全球通用标准，包括FDD和TDD两种模式分别用于成对频谱和非成对频谱。FDD（频分双工）是该技术支持的两种双工模式之一，应用FDD，即频分双工式的LTE即为LTE-FDD。由于无线技术的差异、使用频段的不同以及各个厂家的利益等因素，FDD-LTE的标准化与产业发展都领先于TDD-LTE。目前LTE-FDD已成为当前世界上采用的国家及地区最广泛的，终端种类最丰富的一种4G标准。

LTE-FDD网络具有以下优点：

（1）FDD上下行数据可同时传输，上行和下载可同时进行，操作更加快捷；

（2）网络覆盖更广，支持的终端款式更多；

（3）FDD为国际主流制式，技术更加成熟；

（4）功耗低，能够满足大量网络设备长时间的传输需求。

由于LTE-FDD网络传输双向性、覆盖广、功耗低等特点，能够满足物联网运行的功能需求，因此在LTE-FDD网络上搭载建设物联网络是未来物联网基础网络建设的首选。

2. LTE-FDD网络对物联网发展的影响

对于通信运营商而言，物联网络发展的重点是NB-IoT与eMTC等物联专网建设。就技术上而言，上述网络若基于LTE-FDD建设，成本较低且易于实现：对于已部署LTE-FDD的运营商，NB-IoT的部署可很大程度上利用现有设备与频谱，其部署相对简单；在eMTC布网方面，其无线网和核心网都可基于现有4G网络进行软件升级。而且目前全球使用LTE-FDD网络的运营商所占比例较大，所以全球大多数厂商开发eMTC都从FDD制式开始，因而FDD网络的建设对eMTC布网有更明显的优势。

总体来讲，FDD网络的建设能够大幅降低通信运营商未来建设NB-IoT网络的成本，同时加快eMTC布网的速度，丰富物联网络系统。

然而，LTE-FDD也将加剧物联网行业的竞争。我国三大通信运营商都正不遗余力地发展物联网业务，以图在未来物联网业务领域取得话语权和主导权。

二、物联网发展的法律问题

LTE-FDD网络技术的成熟将使得物联网，尤其是移动物联网的发展和大规模应用成为可能。然而，纵观整个人类的科技发展史可以发现，新兴技术的发展和应用在为人类生活带来便利，推动社会发展的同时，不可避免地会带来负面效应。LTE-FDD等物联网技术也难逃此规律，在物联网规模应用的同时，相关的法律问题也将层出不穷：如LTE-FDD物联网络基础设施建设时将遇到的建设施工、物业使用方面的法律风险；LTE-FDD网络及物联网信息系统运行时将遭遇的服务瑕疵法律风险等。

在如今的法治社会，若相关的法律风险不及时加以防范和控制，极易导致服务商承担相应的法律责任或后果。因此有必要对目前能够遇见的法律风险作出预测和论证，并讨论相关的风险防控建议。故本文特此列举未来物联网环境下必然会遇到的两类主要问题——物联网网络安全法律问题以及物联网知识产权法律问题，并加以讨论，提出可行性建议。

（一）物联网网络安全法律问题

习近平总书记在 2018 年全国网络安全和信息化工作会议上指出："没有网络安全就没有国家安全，就没有经济社会稳定运行，广大人民群众利益也难以得到保障。"习总书记将网络安全上升到国家安全的层面，把网络安全定性为关系国家安全、社会稳定、人民福祉的重要问题，大有"网安即国安""网门即国门"之义。物联网络作为未来主流的信息网络之一，其虽然尚未大规模应用，但已经有人认为物联网将带来比传统互联网络更为严重的网络安全问题。因此，对物联网网络安全相关问题的探讨是物联网发展与应用过程中的重要环节。

1. 物联网网络安全的目标

同样作为互联互通的信息网络，物联网与传统信息网络的构建十分相似，而其宏观的网络安全目标则可以从《网络安全法》中探知。我国《网络安全法》虽未对网络安全目标作明确定义，但其在第三章及第四章中，分别用两章篇幅规定了网络安全的目标，即网络运行安全与网络信息安全，具体到物联网即物联网络运行安全与物联网信息安全。

（1）物联网网络运行安全

物联网络运行安全主要指保证物联网免受干扰、破坏或未经授权的访问，保证物联网相关设备和系统在使用过程中的安全、持续、可靠、稳定。

相较于互联网而言，物联网涉及的网络元素更多，包括用于信息收集的采集设备，用于信息传输的基站、管线等基础通信设备，用于数据处理、存储的信息处理系统和服务器等物联网网络元素。所有网络元素的正常可靠运转是物联网运转的基础和前提，也是物联网产业蓬勃发展的应有之义。

（2）物联网信息安全

物联网信息安全即保证物联网用户信息的完整性、保密性、不被篡改性，不受偶然的或者恶意的原因而遭到破坏、更改、泄露。物联网信息安全涉及每一个物联网用户（包括个人与单位）的具体权益，包括但不限于用户隐私权、财产权、健康权，其关系到个人隐私、单位的正常运转、生产和社会的有序治理。

由于物联网的信息收集能力较之互联网更加优越，因此物联网很可能爆发出比互联网环境更加严重的信息安全问题。是故本文应对物联网的信息安全问题作重点讨论。

2. 物联网网络安全的威胁与风险

（1）物联网网络运行安全风险

由于通信运营商在未来将承担物联网的通信建设和主要服务提供，因此对于物联网网络元素要求和标准的提高，将对运营商带来更多的法律风险。

①物联网对网络运行的新要求

物联网对通信网络运行安全的新要求主要包括以下两方面内容：

其一，物联网网络应具备更高的高效性和稳定性。在物联网环境下，人与物联网设备、物联网设备之间进行实时交互，大量的数据在由通信设备组成的网络之间进行瞬间传输、处理、反馈，这就需要一个相当高效和稳定的基础网络通信系统为之提供整体服务。

其二，物联网网络应具备更高的安全性。物联网网络安全性应包括两个方面：第一，是物联网网络基础设施的物理安全性，即物联网服务过程中，应当保证数据采集设备、数据传输设备、数据处理设备的安全，防止其由于遭受物理破坏、盗窃、自然灾害等原因导致的物联网通信中断；第二，是物联网信息空间的安全性，应当尽可能避免因计算机病毒入侵、黑客攻击等针对网络信息空间的破坏而导致物联网系统瘫痪、崩溃的现象发生，进而避免物联网因此而产生的服务中断、混乱的现象。

②物联网网络运行安全的法律风险

其一，基础设施建设法律风险。在传统电信服务和互联网服务下，运营商已遇见诸多与通信基础设施建设相关的法律风险，如通信建设用地使用的行政许可纠纷、通信基站的物权和相邻权纠纷、通信设施承载物业的租赁合同纠纷，甚至还包括针对通信设施电磁辐射的健康权纠纷等，这些传统的法律风险在物联网环境下同样可能会发生并将影响运营商提供正常的物联网服务。

其二，服务瑕疵引发的风险。物联网服务瑕疵即物联网系统发生故障而出现的物联网服务错误、中断等，包括因通信设施故障引发的服务中断以及因信息系统故障导致的服务错误等。在物联网服务中，通信运营商仍将作为基础网络服务提供者，因此由于系统故障而发生的物联网服务错误，运营商需承担法律责任，且基于 LTE-FDD 搭建的物联网基础网络和相应的信息系统对通信运营商而言属于新兴事物，在其运行和维护方面都缺乏相应经验和技能，故由于该类故障而可能引发的风险更应当引起运营商的注意。

(2)物联网信息安全法律风险

由 LTE-FDD 搭载的物联网系统可以实现对用户数据采集、传输、处理、反馈的完全自动化，不仅极大地增加了用户信息数据的采集量，同时还能够保证其采集用户信息的真实性，这些信息能够描绘出更加完整的用户模型。因此，采集的用户信息具备更高的经济价值，为不法分子非法使用物联网用户信息带来了更强大的动力。无论从合规角度、业务发展角度还是社会责任角度来说，物联网网络用户信息安全问题是运营商在未来物联网环境下绝对不容忽视的问题。

①物联网信息的概念

讨论物联网信息安全风险问题，有必要先对相关概念予以明晰。物联网信息实际上是网络用户信息，网络用户信息主要分为个人信息以及单位信息。

就个人信息而言，其实质是能够将一人与他人加以区别的数据。这类信息数据并不仅限于身份证号码、护照号码这样明确的信息，但一定是一人不同于他人的典型特征信息，且利用典型特征信息可以对人进行识别。简言之，个人信息是具有识别力的，能够“对应到具体个人”的信息。

单位信息的概念与个人信息相仿，是指单位个体在使用网络过程中所产生的能够与其他单位、个人加以区别的信息。

②互联网环境下网络信息安全的威胁

在传统互联网环境下，个人信息主要包括用户上网所产生的信息，如用户在网络上的言论、网络账户的账号及密码、实名身份信息等。在使用互联网时，个人数据不可避免会在网络上传输，而在传输过程中个人信息就存在被盗用、传播的可能性，这也让每一个网络用户都成为潜在受害者。

目前，互联网环境中个人数据泄露所造成的影响已十分严重。互联网环境下个人信息泄露的主要途径包括：①信息持有人泄露内部信息；②黑客通过技术手段窃取个人信息。

③互联网与物联网环境信息安全威胁比较

在传统互联网环境下，网络用户的联网终端数量较少（仅包括计算机、智能手机等高智能设备），因此互联网下能够对用户信息进行收集的设备相对有限。然而在物联网环境中，用户可能会同时使用数个物联网设备，如个人使用的智能电器、智能家具、穿戴设备，以及在各种场所内安装的智能监测设备等。随着物联网终端设备数量的增加及其广泛的分布，可以被收集的用户信息也越发丰富，其信息采集的数量和多样性远超互联网环境。

此外，互联网环境下的信息收集模式主要依赖于用户的主动输入，这种信息收集方式一方面收集信息的效率较低，另一方面也难以保证用户输入数据的真实性。而物联网环境下，用户信息的收集倾向于自动采集，其信息采集过程无须用户主动输入，由自动化的信息采集设备替代。因此，物联网环境下信息收集的高效性及真实性是传统互联网设备所无法比拟的。

表 1　传统互联网环境与物联网环境下信息采集对比

特性	传统互联网环境	物联网环境
多样性	单一	丰富
真实性	验证困难	高
采集效率	低	高
人身属性	弱	强
获取方式	用户主动输入	自动采集
泄露的危害程度	高	非常高

由于物联网环境下信息采集具备数量大、种类多、效率高以及真实性强的特点，其收集的用户信息具有更高的人身属性，能够描绘出更加完善的用户模型，相应也具有更高的经济价值。一方面，服务商可以利用更完善的信息为用户提供更优质、便利的服务；另一方面，该等用户信息一旦泄露，其面临的后果将是灾难性的。

④物联网环境下信息泄露的危害

物联网环境下信息泄露的危害，应包括个人层面与单位层面。

A. 对个人权益的侵犯

其一，是对个人隐私权益的侵害。物联网环境下信息收集数量大、种类多，且个人使用的物联网设备大多收集与个人日常生活行为作息紧密相关的私密数据，倘若此类信息遭受泄露，将极大损害个人隐私甚至名誉，严重影响个人的正常生活。

其二，是对个人财产权的侵害，其包含两个部分：第一，个人信息遭受泄露并被他人转卖、兜售则是侵害了个人对其个人信息进行控制和处分的财产权；第二，物联网环境下其对个人行为、习惯、偏好等典型个人要素的信息收集更加充分和准确，因此不法分子很可能根据上述典型要素对个人实施精准的经济犯罪活动，其精准、详细的信息容易使被骗人员信以为真，导致被骗人员的财产风险大大增加。

其三，是对健康权的侵害。若不法分子对获取的物联网设备数据进行篡改或破坏，则极有可能对个人的健康甚至生命安全造成威胁。

B. 对单位权益的侵犯

对单位权益的侵犯包含以下两个方面：

其一，是对单位隐私权的侵害。与个人类似，单位同样具有其不愿公开的私密信息，而该等信息也受到法律的保护。对单位私密信息的泄露将破坏单位正常和安宁的经营活动，对单位的名誉产生影响，侵犯单位的隐私权。

其二，是对单位财产权的侵害。包括以下几方面：第一，与个人信息类似，单位的信息属于单位的财产，对单位信息的兜售、转卖是侵犯单位财产权的体现；第二，是对单位商业秘密的侵害。若物联网设备安装在单位中，其能够收集与单位生产经营有关的信息。此类信息很可能直接或间接构成单位的商业秘密，而若该等信息遭受泄露，无疑会削弱单位在市场竞争中的地位，进而对单位的财产权造成损害；第三，单位信息的泄露也有可能扰乱单位的正常生产秩序。如对安装在厂房内的物联网设备（如智能工业机器人）数据进行破坏，将导致生产单位的运营停滞，造成单位的财产、经营损失。

（二）知识产权法律问题

物联网环境下知识产权的种类多样性和来源多样性为运营商和其他物联网服务商带来了更高的知识产权法律风险。因此知识产权风险防控在物联网环境下同样会发生且同样不容忽视。

1. 物联网知识产权对企业发展物联网产业的重要性

(1)知识产权管理有利于促进企业物联网技术创新

首先,企业物联网知识产权管理有利于增强企业员工的创新意识和创新能力,继而为企业提供可靠的物联网技术。

其次,有利于提高企业对物联网技术的研发效率与效益。避免重复研发或侵犯他人知识产权,节省研发投入,提高研发工作的综合效益。

最后,有利于整合企业物联网技术研发的相关资源。对于通信运营商等具有研发能力的企业,可以进一步整合和发挥企业人、财、物、信息等资源优势,促进自主知识产权的产出;可以获取更大的经济效益,进一步激励企业的创新投入,形成投入、创新、产出的良性循环,促进企业的自主创新行为。

(2)物联网知识产权管理能够提升企业市场竞争地位

充分利用知识产权制度提高参与企业生产经营活动各要素的效能,实现资源的优化配置,为提高企业的市场竞争力服务,以追求经济社会效益的最大化。

缺乏有效的知识产权管理,就可能失去对技术的有效控制,技术可能被无偿仿制,创新成本无法得到有效弥补,市场的竞争优势难以确立。因此,提高企业的知识产权创造、运用、保护和管理能力,企业才能提升在物联网市场中的竞争地位。

(3)物联网知识产权管理能够支撑企业持续发展物联网业务

首先,有利于增强企业的知识产权预警能力。通过建立有效的知识产权管理机制,企业可以加强对其生产的产品及使用的技术进行知识产权现状的研究与分析,从而形成知识产权风险识别机制,以有效避免自己生产的产品、使用的技术、在研的项目等发生知识产权侵权行为。同时,企业可以建立自身技术、产品的知识产权市场监管机制,可以及时发现自己的产品、技术涉及的知识产权被侵权的情况,便于企业及时采取相应的应对措施制止侵权行为,有效维护自身的合法权益。

其次,物联网知识产权管理有利于增强知识产权应急能力。企业通过建立有效的知识产权应急管理机制,一旦发现自己采购的原辅材料、生产设备、生产的产品、使用的技术侵犯他人知识产权或被他人指控侵犯其知识产权,通过启动知识产权应急机制能够正确、积极地应对,可以有效降低因被控侵权而产生的经济损失。

最后,物联网知识产权管理有利于增强企业知识产权维护能力。通过设立知识产权相关管理机构、配备具有专业知识的知识产权管理人员,企业可以加强对研发、采购、生产、销售、进出口贸易等环节的知识产权管理体系和工作流程建设,确保企业的物联网知识产权处于受控状态,增强企业知识产权纠纷处理能力。

2. 物联网环境下企业将面临的知识产权风险

企业知识产权风险可以概括为企业在生产经营活动中可能遇到并且会给企业带来不利影响的知识产权事项。本节从企业内部和外部环境两个维度梳理企业可能面临的知识产权风险，并在下一部分中提出可行的知识产权风险防范建议。

（1）企业内部的物联网知识产权风险

①研发环节

对于通信运营商等高新技术企业而言，物联网新技术、新产品是企业在物联网产业中的核心竞争力，在研发环节企业面临的知识产权风险主要包括：研发前未经检索导致重复开发；研发人员缺乏知识产权保护意识，技术内容被公开导致成果无法获得专利保护；保密措施不当、管理不善或研发人员流失而导致技术和产品被他人模仿、抄袭；研发前未做知识产权风险排查，导致产品侵犯他人在先权利；与其他单位合作中，未能明确约定技术成果归属导致自树竞争对手或技术成果被竞争对手合法使用；与研发人员约定不明而导致知识产权权属纠纷。

②采购环节

在物联网发展和建设的过程中，运营商主要负责网络服务的提供，即采购技术产品并搭建网络服务通道和平台。采购环节涉及的知识产权风险主要是企业采购设备、仪器、材料等生产资料因侵犯或涉嫌侵犯他人知识产权而导致的侵权风险，以及因知识产权问题而导致的企业与供应商之间的索赔纠纷。由于权利人可以根据法律规定向供应链上任意厂商主张权利，企业因采购、使用涉嫌侵权的生产资料也可能成为知识产权诉讼的对象。由于知识产权案件周期长、调查烦琐等特点，一旦企业涉诉，就需要花费大量人力、物力应对诉讼案件，还可能遭遇被诉侵权的设备、材料等无法继续使用的困境，进而导致相关物联网服务中断并引发后续争议的可能。

③生产环节

无论是由企业自身具备的工厂独立完成产品制造，还是委托其他公司进行产品制造，生产环节的物联网知识产权风险都是不容忽视的。企业在自行生产物联网设备的过程中，如果未能做好保密工作，将存在泄密风险；企业委托其他公司代为生产物联网产品时，若未对提供的资料做好防范措施，有可能导致技术方案外泄风险。

④销售环节

销售部门是企业中最直接的效益实现者，但在实现企业效益的同时也不可避免地伴随着风险。如销售合同中对知识产权条款不重视或约定不明，将在纠纷发生后为己方无故增加义务。又如在销售推广过程中，盗用或冒用他人广告语或图片，最终招致著作权纠纷等风险。

（2）外部环境

①合作单位

物联网技术开发的难度较大且涉及面广，单纯依赖企业自身难度也非常大。通过产业链上下游企业、产学研联合开发的模式将会成为未来物联网技术研发的趋势，然而伴生的知识产权风险可能来自企业的供应商、客户或者其他合作方。这些风险主要包括：企业的商业秘密在与其他单位合作过程中被泄露；合作开发中技术成果归属不清，导致企业与合作单位之间出现知识产权权属纠纷等；因产品侵权或涉嫌侵权而导致企业与客户之间的索赔纠纷等。

②竞争对手

利用知识产权诉讼打击竞争对手已是企业间的竞争常态。如在智能手机领域中，以日亚为代表的五大厂商频繁发起的 LED 专利诉讼遍布美国、欧洲、日本、中国等地。除专利权诉讼外，竞争对手也经常利用商标布局为竞争对手设置障碍，如抢注竞争对手的商标、商号等。在未来物联网领域中，企业同样会遭遇行业内的竞争对手，由竞争对手发起的知识产权风险也将相应提高。因此对竞争对手的知识产权安全防范是企业发展物联网产业的重要手段。

③法律法规

知识产权相关法律、法规、规章和规范性文件的创设、修改或废止也会对企业带来知识产权法律风险。在未来，随着物联网行业的发展，由物联网而建立的社会关系逐渐形成，立法部门很可能会根据物联网行业修改或出台相关法律法规以调整新的社会关系，其中很可能包括知识产权方面的法律法规，而该等法规的出台会对企业生产经营中的知识产权风险管理带来影响。

（三）物联网应用过程中的其他法律风险

1. 区域间通信服务质量差异引发的法律风险

在物联网跨区域服务中，存在由于通信运营商不同区域内采用不同物联网络结构和不同物联网技术、制式，以及不同的物联网络覆盖广度和厚度，而产生的通信服务质量问题。本文认为，该问题对于通信运营商而言将引发以下法律风险：

（1）用户投诉或起诉

随着我国基础建设的日益完善，跨省市出行已成为人民群众的日常行为活动。通信运营商不同区域采用不同的物联网制式、技术以及网络覆盖度，势必将在不同省市之间造成区域性的物联网通信质量差异，而该等差异将最终导致物联网用户的网络使用差异。在物联网用户网络使用质量降低的情况下，极有可能引发物联网用户的投诉，部分投诉会形成物联网服务合同纠纷诉讼，甚至会酝酿成集体诉讼甚至公益诉讼，将对通信运营商造成不利的影响。

（2）影响物联网运行安全

若跨省市之间的物联网通信质量存在差异，极有可能会引发因通信质量问题而导致的物联网运行安全风险。以交通运输为例，搭载智能物联网设备的智能汽车在方便人们出行活动的同时，其安全性风险也不容忽视，若区域间的物联网通信服务质量存在差异，将导致因通信不灵敏、不畅通而引发的交通事故，造成财产和生命的损失。

（3）增加知识产权管理难度

由于物联网模式下，通信设备的数量较之互联网模式有了几何式的增长，因此若通信运营商在不同区域内采用不同网络制式的物联网设备，将造成物联网设备知识产权难以统一管理的局面，极有可能引发知识产权方面的法律风险。

2. 售后服务质量引发的法律风险

由于物与物之间广覆盖、低功耗、海量连接以及模组化产品提供等特点，物联网业务的售后服务与传统电信服务有着显著的不同。物联网的该种特性对物联网服务提供商现有渠道和服务网点、服务能力提出新的挑战，随之也将带来新的法律风险。

(1) 由于未尽售后服务义务引发的法律风险

在物联网模式下，不仅包括传统电信服务下的售后服务，还将产生新的售后服务种类，且物联网业务模式下网络设备数量的增加、网络运行安全性要求的提高，对物联网服务商的售后服务有了更高的要求。物联网通信运营商大多会将售后服务写入与用户签订的服务合同内，因此若运营商无法保证售后服务的质量，未享受或未完全享受售后服务的用户将以运营商未尽售后服务义务为由提起纠纷。

(2) 降低网络运行安全

无论在传统电信业务还是物联网业务模式下，售后服务都包括对用户的网络商品以及网络设施的维修、保养以及保障。可见，网络业务的售后服务保障即对网络运行安全的保障。由于物联网业务较之传统电信业务而言对网络运行安全提出了更高的要求，因此对物联网服务商的售后服务也提出了更高的要求。若物联网售后服务得不到保障，或运营商没有完全尽到售后服务义务，将导致物联网网络运行安全风险，进而造成财产和人身损失。

三、法律风险防范建议

(一) 网络安全风险的防范建议

前文已述，网络安全风险包括网络运行安全风险以及网络信息安全风险。为了使通信运营商在未来提供物联网服务过程中有效避免或防控该类风险，本文提出以下建议供企业参考。

1. 网络运行安全的防范建议

(1) 物联网通信设施的保护

保护物联网基础通信设施是保证物联网能够持续提供服务的前提，对于物联网通信设施的保护，防范因物联网基础设施故障而引发的服务瑕疵，通信运营商可以从以下几方面采取维护和保护措施：

①有效理解与利用物联网基础设施维修和保护的标准

在将来物联网大发展的环境下，我国必然将出台一系列与物联网有关的技术标准（包括基础设施维修和保护的标准）。在物联网设施维修与保护的过程中，以相关法律法规为准则，有效利用维护技术标准规范，可以使物联网设施的维修与保护有章可循。

②制订物联网设施维修和保护的计划

统筹物联网设施维修和保护工作，必须做好物联网设施维修和保护的计划，并分阶段、分步骤地实施该等计划，使相关工作有条不紊地进行。在制订计划的过程中，需要注意应从实际出发，以具体的维修和养护计划为依据，制订全面、详尽、具体的实施计划，对于重点物联网设施的维修和保护地区，应区别对待，分别开展维修和保护，以确保物联网设施的正常运行。

③设专人专职维修和保护物联网设施

设置专人专职进行物联网设施的维修和保护工作，发挥人的重要性，力求专业人办专业事，做到分工明确、职责明确，是物联网设施维修和保护的必经之路。具体说来，可以通过定岗定责的方法，根据不同岗位进行不同分工，使物联网设施维保人员各司其职。

④确立物联网设施紧急后备预案机制

物联网通信设施系统是一个十分复杂和庞大的工程，设立应急指挥部，加强应急管理知识宣教，定期进行应急演练，都能有效促进物联网设施紧急后备预案机制的确立，以便遭遇重大事故时启动，防患于未然。

（2）保护物联网信息系统空间安全

保护物联网信息系统安全，就是要保护物联网信息系统免受因内部或外部的破坏而导致的物联网服务瑕疵。企业可以从以下几个方面采取安全防护措施：

①建立完善的物联网信息空间安全管理体系

物联网信息空间安全管理体系包括完善的组织体系、信息系统安全规范、信息安全管理流程。组织体系包括制定和发布信息安全管理规范、信息安全管理组织工作等内容，可以有效保障各项信息系统安全措施能够得到有效落实，促进企业不断改进信息安全体系。信息系统安全规范的主要内容为对各种信息安全策略加以详细说明和介绍，最大限度地减少人为因素对企业信息系统安全造成的威胁。信息安全管理流程需要企业根据科学的信息资产评估和分析模型法建立系统安全模型，再以此为根据制定和实施科学的安全策略。

②提高信息系统安全技术

制定完善的信息系统安全管理体系后，还需依靠高水平的信息安全技术发挥管理体系的作用。由于当前对信息安全产生威胁的技术较多，防止信息安全漏洞的技术也较多。但是，企业必须做好验证、预防和抵制、检测和相应等技术领域，再选择有效的安全防御技术。

③提高员工对信息系统安全的重视程度

首先，企业应当转变观念，深入对信息安全的认识。其次，对企业员工而言，可以聘请专业计算机信息技术人才对企业员工进行安全教育培训，提高企业员工对信息安全的认识，避免出现破坏企业信息系统的行为。另外，企业要制定企业人员信息系统安全行为规范,明确信息系统安全管理责任人及其承担的责任,强化员工的安全意识。

2. 网络信息安全风险的防范建议

物联网服务提供商是与用户个人信息关系最密切的法律主体,对物联网服务提供商进行规制是用户个人信息保护的重中之重,需要在用户协议、信息收集、数据处理及数据外包四个层面全面进行。

(1)完善用户协议

物联网设备所收集的个人信息具备极高的人身属性,因此应当要求只有在获得用户"明示同意"信息收集并完成注册的情况下,物联网设备所收集的数据才能够被上传到物联网服务提供商的云服务器中。另外,对于用户协议的修改,同样应当获得用户的明示同意。

将用户协议成立的标准从"默示许可"上升为"明示同意",是个人信息保护中"正当原则"的体现,也是在物联网环境下对个人信息进行保护的必要加强措施,可以减少用户与物联网服务提供商双方因为用户协议约定不明而面临的法律风险。

在用户协议的内容上,物联网服务提供商还应当做到:①明确向用户告知收集信息的原理、信息的用途、使用方式和使用范围;②给予用户允许或不允许物联网服务提供商使用数据的选择权,并向用户说明不允许使用数据的可能后果;③允许用户本人下载、使用自己的个人信息;④允许用户注销账户,当用户选择注销时,物联网服务提供商应删除以往所收集的全部数据。

在个人信息使用的过程中,物联网服务提供商应当严格按照用户协议中的约定对数据进行使用。

(2)适量收集用户信息

判断物联网服务提供商是否符合适量收集的原则,可以结合企业营业执照中的经营范围、所取得的相关领域经营许可证以及具体服务本身所涉的领域综合进行判断。

在数据收集的过程中,对于可收集也可不收集的数据,物联网服务提供商应做到一律不进行收集,从严控制数据收集的范围,虽然这有可能对数据分析的结果产生影响,但可以从源头上确保用户的信息不被泄露。

(3)用户信息去隐私化处理

物联网设备所收集的用户信息的种类、复杂度远高于传统互联网环境下收集到的信息。因此在进行去隐私化处理时,除需要对用户姓名、出生日期、身份证件号码、住址等这些用户信息进行去隐私化处理以外,还需要对含有其他人身属性的信息去隐私化处理,如物理地址信息、生物信息(指纹信息、声纹信息、虹膜信息等)。

物联网的便利性实际上成为一把"双刃剑",对用户信息的去隐私化处理提出了更高的要求。物联网环境因为存在更多的可能暴露用户身份的信息,所以需要对收集的数据进行有效甄别,及时进行处理。

(4)数据挖掘的外包

在将数据挖掘工作外包时,物联网服务提供商应当要求数据挖掘机构签署保密协议,或在双方的委托协议中设置保密条款。约定数据挖掘机构对接触到的用户信息不得进行长期存储、交易或泄露。

对于物联网服务提供商,在委托数据挖掘机构利用数据时,只能将已经去隐私化的用户信息传输给数据挖掘企业进行处理,不得传输未经处理的原始数据。如果数据挖掘机构对用户的信息进行了非法处置,物联网服务提供商存在过错的,也应当承担连带责任。

(二)知识产权法律风险的防范建议

1. 加强企业内部协作

物联网知识产权风险贯穿企业物联网产业的生产经营各环节,因此对物联网知识产权风险防范也离不开知识产权风险管理部门与其他部门的密切合作。知识产权风险管理部门可以从意识提升、培训落地、流程规范、奖惩引导等方面开展与其他部门的协作。知识产权风控部门要对采购、销售、研发等组织部门人员进行系统的、有针对性的知识产权风险管控方面的培训,以提高相关人员的知识产权风险防范意识,同时积极参与到重要的项目中,协助各组织展开工作,以取得更优的谈判成果。

2. 强化外部资源利用

企业应密切关注与物联网有关的知识产权法律、法规等规范性文件的发布及动向,及时对相关文件进行收集整理。在立法修法方面,企业可以从自身角度积极向立法、政府部门表达意见,发表对企业有利的见解。要与政府各部门建立良好沟通渠道,如知识产权局及专利审查协作中心、各级法院(主要是知识产权法院)以及其他与知识产权相关的政府部门。

知识产权行业协会的力量也不容忽视。行业协会是沟通政府与企业之间的桥梁,政府部门制定的知识产权政策一般要通过行业协会贯彻到各企业,而企业也可以通过行业协会反馈企业对政府的期望。

3. 知识产权风险预备金

由于目前物联网的关键技术大部分都掌握在西方国家,从历史角度来看,若国内而企业一旦遭遇美国、欧洲等国家知识产权的诉讼,应对诉讼的律师费、和解费、侵权赔偿的费用将达到数百万美元至数千万美元,在电子消费品领域,超过几亿美元的案件也并不鲜见。为及时应对知识产权诉讼,降低财务风险,设立风险预备金是行之有效的方式。

(三)其他法律建议

1. 统一网络制式和技术

建议通信运营商采用统一的技术标准和制式,从根本上保证各区域物联网通信质量的统一。

在信号覆盖和强度方面,由于地理条件、生态环境等方面的原因,可能无法保证各区域内的物联网信号强度和质量达到统一标准。对此，建议运营商对不同地域的信号覆盖情况做不同处理，划分物联网服务提供区域，以保证用户财产、生命安全为首要原则，对无法提供可靠物联网通信的区域做标识并对用户予以充分说明。

2. 提高物联网售后服务质量

（1）建设物联网大服务体系

物联网服务商可将用户服务需求渗透至物联网产品服务设计、生产组织、渠道销售及售后服务等相关环节和过程进行物联网大服务体系建设。构建出以上下贯穿、前后贯穿、信息透明为核心思想的物联网大服务体系，始终秉承物联网用户感知为中心理念，将质量意识和服务意识渗透至整个生产、经营流程及销售环节。

（2）建立一体化服务机制

创立面向客户的物联网服务前后台一体化服务机制，保障前台服务部门与后台支撑部门实现流程执行上的无间断对接，从而形成服务接触点、支撑保障部门、客户间的压力的闭环传递模式。

（3）创新售后服务体制

创新物联网服务体系，其一，是要完善大服务的运营组织体系。在传统服务管理内容的基础上，加强服务的创新管理、服务知识管理等；其二，是要完善基于客户感知的新产品、新业务、新策略的前评估、试运行、后评价的服务协同机制；其三，要优化物联网用户服务流程。强化“服务链”的概念，通过加强后台支撑和内部服务，完善以客户为中心的涉及业务产品、网络建设、网络优化、支撑系统、服务提供的快速响应流程；其四，是建立有效的服务压力传递机制，加强网络、信息化等后台部门支撑力度，建立专业条线的问题响应和改善机制。

四、结语

本文从物联网的相关概念和特点出发，引出了未来物联网发展中的主要法律风险并给出相应的建议。由于在世界范围内物联网仍处于起步阶段，由物联网而产生的社会关系还未完全形成，故无法对物联网发展中的所有风险一一列举，仅能对目前可以预见到的风险进行评估。然而，本文所提出的网络安全风险、知识产权风险以及其他法律风险都将是未来物联网发展过程中必然遇见、不可避免的重要风险，我国法律也正积极出台相关法律法规对其进行调整（尤其是网络安全方面），因此对这些法律风险的防控是未来通信服务企业在发展物联网过程中的重中之重。

希望通过本文我们能够更加客观、真实地加深对物联网发展的理解，帮助企业积极、正面地应对物联网发展与应用的法律风险。

数字化时代物联网标准化产品营销推广中的法律问题探究

周　彬　徐　博*

摘要

数字化时代背景下物联网技术发展迅猛，物联网业务是通信运营企业拓展市场发展不可或缺的战略资源，对于“中国制造2025”“互联网+”等国家战略的推进、实现企业自身2020发展目标具有战略意义。

本文将通过分析物联网推广过程中遇到的法律问题，从法律角度提出防范建议，以期快速推动物联网发展，防范法律风险，提升企业效益。

关键词

物联网　物联卡　信息安全　法律风险

Abstract

The rapid development of Internet of Things in this digital age has made its business an essential strategic resource for telecom operators to expand the market, as well as for national strategies such as “Made in China 2025” and “Internet +” and the development goals of the enterprise in 2020 to be carried forward.

By analyzing the legal issues arising from the promoting progress of Internet of Things, this article has given precautions from a legal prospective in order to propel the development of Internet of Things, to reduce legal risks and to improve the economic efficiency of the enterprise.

Keywords

Internet of Things; SIM card for Internet of Things; information safety; legal risk

前　言

数字化时代下，物联网作为一个高速发展的新业务，其能够有效地促进产业结构的调

* 周彬、徐博，中国移动通信集团吉林有限公司。

整,发展市场潜力巨大。在产业发展方面:中国物联网研究发展中心预计,到2020年我国物联网产业规模将达到2万亿,未来5年复合增速22%。相比之下,2015年,我国电信业务收入完成1.13万亿元,同比增长仅0.8%,可以预期的是,未来物联网产业规模将达到目前电信产业规模的2倍以上,孕育的产业链机会巨大。在国家政策方面:我国"十三五"规划中明确提出"要积极推进云计算和物联网发展,推进物联网感知设施规划布局,发展物联网开环应用"。随着物联网应用示范项目的大力开展,"中国制造2025""互联网+"等国家战略的推进,以及云计算、大数据等技术和市场的驱动,将激发我国物联网市场的需求。

同时,物联网技术在通信行业领域前景广阔,电信企业作为网络通信运营商,最大的优势在于通道,而人与人的通信需求基本饱和,未来发展将面向全世界各类行业智能机器设备,全面进入数字化时代。而目前电信企业的通常业务都是基于"人"开展的,业务量绝不可能多于13亿,而物联网是完全脱离"人"这个主体,预计2020年的连接数量将超过500亿。

因此,无论从国家政策层面,落实中央企业社会责任层面、企业持续发展层面,物联网业务都是数字化时代背景下电信企业未来发展的重中之重。据此,本文将通过分析物联网推广的全流程,从法律角度提出防范建议,以期快速推动物联网发展,防范法律风险,提升企业效益。

一、物联网发展概述

(一)物联网的概念

所谓物联网,是指基于互联网、传统电信网络等信息载体,让所有能够被独立寻址的普通物理对象实现互联互通的网络。物联网的核心技术是射频识别技术。[①] 物联网是新兴信息技术的重要内容。其英文名称是"The Internet of things"。由于目前各国争相占领物联网的高地,对物联网的技术标准还未达成统一意见。因此,物联网在全球范围内也没有形成统一的定义。一般认为,物联网由感知层、网络层和应用层构成。[②]

感知层处于物联网的底层位置,主要包括各种类别的传感器、嵌入电子标签的敏感器件以及物与物之间的终端节点、传感网网关等,负责收集和整理广泛领域的海量信息;网络层处于物联网的中间位置,也被称为联网层,现阶段主要以有线网络、宽带技术、Wi-Fi等现有互联网技术为支撑,负责将感知层收集到的海量信息进行处理、传递、转换、储存等;应用层处于物联网的最上端,也是整个物联网技术的核心目的所在,通过设定网格型、分布式、扁平化的信息处理框架,在网络互联支持下对各种数据信息进行运营管理,以实现对感知信息的传递控制、关联分析、智能共享等,负责整个物联网技术的终端控制和应

① 参见刘云浩:《物联网导论》,科学出版社2010年版,第4页。

② 参见叶敏:《中国互联网治理:目标、方式与特征》,载《新视野》2011年第3期。

用支撑。

（二）物联网的特征

物联网是基于原有的互联网基础上发展而来的泛在网络，其重要的基础与技术核心仍然是互联网，通过各种有线的无线的网络与互联网相连，采集物品信息并将其实时准确地传递出去，由于需要传递海量的数据，同时必须保障传递数据的正确性和及时性，物联网需要适应各种异构网络和协议。有的学者将物联网的特征概括为：感知识别普通化、异构设备互联化、联网终端规模化、管理调控智能化、应用服务链条化、经济发展跨越化。①

由此可见，物联网关键在于"物"与"网"的联动。虽然建立在传统的互联网基础上，但是物联网有着自身鲜明的特征：

第一，全面感知，感知技术广泛应用。物联网上部署了大量的种类不同的传感器，每个传感器捕获的数据格式和内容各有不同。这些数据具有时效性，是传感器通过一定的周期频率实时采集得到，而且数据处于不断更新的状态。

第二，可靠传递，综合网络应用。物联网通过各种电信网络与互联网融合，将感知层实时取得的物品信息及时、准确地传递出去。

第三，智能处理，对物体实施智能控制。物联网将传感器和智能处理相结合，利用云计算和模糊识别等智能技术，扩充应用领域，通过对感知器获得的海量数据信息进行分析、加工、处理得到有意义的数据，适应不同用户的需求。

（三）物联网在移动通信业务中的应用领域

从技术范畴上来看，物联网是一个动态的全球网络，其核心技术——RFID 支撑感知层的运作，可以将嵌入电子标签的物品拟人化，使其具备物理的和虚拟的身份标识、物理属性，以其虚拟的特性和智能的接口实现与信息网络无缝整合。使物联网具有基于当前应用协议的自动组织能力。

从网络范畴层面上来看，物联网可以被看作在互联网基础上的延伸和扩展的网络，为互联网络向智能交通、远程医疗、信息传感等在边缘的拓展。就传统通信行业而言，可以与互联网运营商等现有网络对应，就其应用平台而言，可实现应用于新型应用的平台对接，此外还将其用户端延伸和扩展到了现有网络之外，实现物与物、物与人之间的信息交换和通信。

从目前开展的业务来看，物联网技术已经广泛地应用于移动通信业务当中。名目繁多的物联卡、车联产品、智能家居产品、穿戴产品等产品已然投入市场。

二、物联网移动业务涉及的主要法律问题分析

物联网是一个新兴的互联网应用领域，既包含了传统互联网使用过程中出现的法律

① 参见刘云浩：《物联网导论》，科学出版社 2010 年版，第 9、10 页。

问题，又在自身迅速扩张的过程中形成了许多新的、独特的问题，给法律的应用及应对留下了新的课题。

（一）信息安全和商业秘密有关的法律问题

1. 信息安全有关法律问题

信息安全是一门涉及各种安全理论、技术和管理的综合性学科。[①] 一般认为，广义的信息安全包括信息系统实体安全、信息系统运行安全、信息内容安全和信息本身的安全。信息系统实体安全是指放置信息的服务器、客户端等基本设备的物理安全；信息系统运行安全是指信息系统运行过程免受威胁与侵害；信息内容安全是指信息的内容符合政治、法律、道德上的要求；信息自身的安全是指在产生、存储、传输、处理和使用等一系列环节中，防止信息内容遭到泄露、非法处理及使用，以保障信息的保密性、可控性、准确性和可用性。狭义的信息安全仅指信息自身的安全。

移动物联网业务的发展依托于移动网络，对于信息产生、传输、存储、处理、信息系统运行的过程中的关键节点，存在诸多信息安全隐患，需要加强管理，防止信息安全事故出现。电信企业的通信网络建设不仅承担着商业运营职能，还有部分国防安全、科研保障、公共基础设施通信的保障职能。因此一旦以物联网为漏洞，攻击移动通信网络，国家信息安全将面临严峻的考验。

用户使用移动物联网终端，会根据个人使用习惯输入与设备相匹配的个人信息。所谓的个人信息是指与个人有关的所有信息，包括人之内心、身体、身份、地位及其他关于个人之一切事项之事实、判断、评价等所有信息在内。[②] 一般我们常见的个人信息包括：身份类个人信息，例如姓名、年龄、性别、身高、体重、身份证件号码、健康状况、电话号码、账户信息等。社会关系类个人信息，例如家庭情况、职业状况、社交情况等。行为习惯类个人信息，例如通话记录、上网记录、消费记录、地理位置等。主观倾向类个人信息，例如宗教信仰、政治立场、情感好恶等。

综上所述，可以将电信企业业务中的信息安全问题概括为两个方面：一方面是企业自身的信息安全风险管理与防范，具体包括移动终端的保密与保护、物联网终端保密与加密、移动数据传输保密等问题。如果不预先判断信息安全法律风险，企业可能面临因信息安全问题带来的损失。另一方面是移动物联网设备用户个人信息的信息安全保护问题。因为物联网终端最终的使用者是用户，用户在使用电信企业提供的产品终端时，企业有义务保障用户的个人信息不被泄露，避免因设备终端信息安全保护不健全而导致客户与企业的法律纠纷。

2. 商业秘密有关法律问题

根据我国《反不正当竞争法》的规定，商业秘密是指“不为公众所知悉、能为权利人带

---

① 参见郎庆斌、孙毅：《个人信息安全——研究与实践》，人民出版社2012年版。

② 参见范江真微：《政府信息公开与个人隐私之保护》，载《法令月刊》2001年第5期。

来经济利益、具有实用性并经权利人采取保密措施的技术信息和经营信息”。[①] 商业秘密首先是一种经营信息或者技术信息，即与权利人的生产经营有关的和涉及某些技术层面上的信息。商业秘密是被严格保密的，如果信息已经被公开那就无所谓什么秘密可言了。其次是商业秘密要求具有实用性，在生产经营中能够被权利人大量采用的。如果不具有此功能，是不能归属于商业秘密这一范畴的，商业秘密还能够在经济上给权利人带来利益，也就是权利人掌握的这些信息能够增加其财富，至少不会令其财富减少。最后，商业秘密在一定的时间和空间只允许以权利人为主的小范围的一部分人知悉，这里的“公众”应该理解为社会上的大众，显然不包括权利人本人，也不包括经过权利人授权合法使用该商业秘密的其他人。

从法律上讲，这些信息是能够满足法律规定的保护商业秘密相关条件的。商业秘密的范围在我国的法律中主要是限于以下的两种信息：技术信息和经营信息。技术信息可以是具有特定的完整的技术内容，其技术方案包括构成一系列的关于产品、工艺、材料及其改进的因素和部分技术要素。从作用来看，技术信息分类主要有以下几种：第一，可以生产、制造出新产品的技术信息；第二，可以让产量增加、品质改进或成本降低的技术信息；第三，可以改进运作管理设计、操作技术和其他改进的相关信息。本身具备秘密性质的经营管理方法以及与其密切相关的信息或情报，可以被称为经营信息，它是技术信息以外的可以给拥有者带来竞争优势的用于经营方面的各类信息。典型的例子，如有管理诀窍、客户名单、货源情报、产销策略、招投标中的标底以及标书的内容等。当然，与以上类型相类似的信息还有很多很多，不能一一囊括。

物联网终端的特点就在于物和互联网的链接，首先从物的形态、功能设计到功能的实现就凝结着知识成果。这些有知识产权的设备在运营的过程中会形成商业秘密。其中包括用户对设备的使用习惯、公司与用户的交互设计，都是商业秘密的体现。此外电信企业与物联网设备制造厂商之间也存在商业秘密保护的问题。电信企业委托物联网设备制造商生产某种物联网设备，或者电信企业采购物联网设备制造商生产的某种物联网设备，物联网设备制造商为了生产出合乎电信企业要求的、实用性强的设备，必然要深度研究用户的使用习惯以及电信企业的互联网运营状况，其中难免会涉及电信企业的商业秘密。如何保护电信企业在与物联网设备制造商、客户之间信息来往过程中的商业秘密值得关注。

（二）用户改变物联卡使用终端或用途带来的法律问题

物联卡通常是由电信企业统一规划运营的全网一类物联网专网产品，最为专用的网络通道，该产品提供了适用于汽车、监控、智能手环等各行业智能终端的专属增值功能，具有灵活多样的计费方式和安全便捷的管理平台，是物联网的重要发展产品之一。

物联卡一般具有两类计费方式，举例来说，一是流量共享资费，其优势是同一集团客

---

① 参见俞飞：《知识产权保护》，厦门大学出版社2007年版。

户下的每张物联卡开通一个标准流量套餐，放在一个流量池内相互共享，单卡流量超出不另收费，流量池总量超出按标准资费收取；二是流量池的优势，客户可以以集团为单位订购一个流量池，池内每月默认订购基础流量1G，由该集团客户名下所有物联卡共用，超出1G后自动续加1G，循环往复，月底按集团客户实际使用量×单价进行结算，该功能避免了物联网用户因流量使用预算不准导致的浪费。同时物联网卡具有较高的智能设置，即物联卡可以开通3/6/9个月的测试期功能，测试期内不收取套餐费，免费使用2M流量和5条短信，测试期结束后自动进入3/6/9个月的沉默期，沉默期间不使用不收费，直到首话单激活标准套餐，开始进入标准计费期。也正是拥有这样的特性，物联网卡可以成功地适应合同的需要，可以满足用户适用设备、体验服务的需求。此外，物联网卡有EC监督平台的支撑，免费为集团用户提供网页版的监管平台，可以实时对集团下的所有卡状态、消费情况、流量使用情况、位置信息、开关机状态等进行查询监控，也可有效避免卡品流出造成的盗用盗打现象。为用户的智能化管理、集约化管理提供了便利和可能。物联网卡相对比较独立，采用“专网专号”。物联卡使用的是CMMTM/CMIOT专用网络承载，工信部已为某些电信企业规划了过亿的物联卡号资源。功能及支撑均由重庆物联网基地做专属支撑，可以避免现网通道堵塞等故障问题。

1. 用户改变物联卡使用终端带来的法律问题

目前，物联卡主要运用于汽车、监控、智能手环等各行业智能终端的专属增值功能。物联网卡是真正将“物”联入“网”的关键。而物联卡终端为了实现连接入网的功能，往往针对物联卡的传输特点和管理特点做出了相应的产品设计。一旦改变物联卡使用终端，将会带来诸多问题。物联卡使用终端本身具备物本身的功能和属性，如果切断物联卡与电信企业之间的信号往来，则会使物联卡使用终端脱离监管。使用终端照常运转而计费和监管却脱节了，这将对社会安全留下隐患，为电信企业的计费留下漏洞。因此必须高度重视物联卡使用终端的管理。必须保证“专机专用”。

2. 用户改变物联卡用途或非法转租转售带来的法律问题

物联卡是一个相对独立、智能化程度高、使用范围广、方便集中管理的高质量物联网产品。也是许多物联网设备实现“物”与“网”相连接的核心部件。其独立的网络让物联网设备之间易于形成一个职能的网络，独立的网络也使得物联网设备的集中管理得以实现。但是也正是由于高度的独立性，物联网设备和物联卡容易脱离电信企业的监管。一旦客户改变物联网卡的使用用途，则会造成物联网卡网络脱离电信企业的监管，而由于物联卡自身具备一套独立的网络体系，脱离电信企业也并不影响物联网“物”与“网”之间的信息交换，从而形成了脱离电信企业监管的一套独立的体系。“法外之网”的存在，既干扰了正常的通信运营秩序，又直接影响着企业的业务收入。从另一个角度来看，物联网卡具有专属号段，物联网卡一旦被盗用为其他用途，或由购卡单位非法将物联卡面向个人市场进行转租转售，从而赚取中间差价，例如运用于电信诈骗、商业广告发布，则会干扰到正常的移动通信网络运营秩序,同时也将触犯国家法律。因此在运营过程中要加强物联网卡的管理,避免用户改变物联网卡的使用用途。

(三)物联网业务中的客观信息数据作为证据的效力问题

物联网业务中涉及诸多客观信息数据,包括但不限于车联网项目中汽车运行数据,物联卡解决抄表问题中的实际水、电、煤气用量,物联卡发送的信息和传输的数据等。要将这些客观信息数据作为证据使用则必须考虑证据能力和证明力。我们要达到的目标是,第一,让客观信息数据以合法的证据形式呈现出来,便于将客观的信息数据以合法的手段转换和抓取出来,而不破坏证据的客观性和真实性。第二,使客观信息数据的表现形式符合证据形式的要求。目前,我国《民事诉讼法》规定了八种证据形式,也即所有的证据均需要通过法定的证据形式体现出来,法定形式以外的证据将不能作为证据被认可。第三,如何抓取有用的数据,让数据所反映的事实更可信,也就是提高数据的证明力。

(四)物联网跨省业务合作中存在的风险问题

由于物联卡"一点出卡、服务全国",因此在业务发展及项目拓展过程中,存在难以预防的业务漏洞,导致发生法律纠纷,如集团客户资料真实性校验、业务协议严谨性、集团后付费风险等方面问题。

一是集团客户资料真实性校验:目前国家支持个人创业,创建公司的门槛极低,尤其是与运营商合作物联网业务的甲方,扮演的角色更是多种多样。有互联网企业、政府部门、设备厂商、销售单位、中间运营商,甚至有挂着产品代理运营或生产商头衔的贩卡商户。仅凭单位证件上的运营范围难以准确定位甲方身份,此类伪装者也成为未来业务发展过程中的极大隐患。二是欠费问题:物联卡作为集团信息化业务,付费模式以集团统付后付费为主,欠费免停,存在恶意欠费风险,尤其是跨地区项目,欠费难以追溯。三是协议问题:部分电信企业所属地区外的集团客户从商务需求确认后要求立即出卡,要求双方在走协议会签流程的同时交付物联卡,并开通业务。此类场景是发展刚需,但又存在着法律风险。

(五)特殊行业使用场景引发的故障纠纷问题

随着5G技术的逐渐成熟,NB-IOT、无人驾驶、无人机等高精尖技术也逐步登上世界舞台。本着法律先行的原则,作为通信运营商,面对主流的远程机器操控等容易直接影响人身及财产安全的应用场景,在法律方面应该做好预案。明确电信企业在网络及数据等方面可能出现的故障问题,提前在法律方面明确责任分工。

三、物联网移动业务中主要法律问题的防范建议

(一)信息安全和商业秘密的法律风险防范建议

1. 信息安全的法律风险防范建议

要解决客户个人信息保密的问题与电信企业整体网络的信息安全保护问题、防范信息安全法律风险,就要切实提升自身的信息安全意识。2017 年 6 月 1 日开始实施的《网络

安全法》全面规范了网络运行安全和关键信息基础设施的运行安全、网络安全方面的问题。电信企业要根据《网络安全法》的相关规定建立信息安全监测预警机制与应急处理预案。

根据《网络安全法》第21条的规定："国家实行网络安全等级保护制度。网络运营者应当按照网络安全等级保护制度的要求，履行下列安全保护义务，保障网络免受干扰、破坏或者未经授权的访问，防止网络数据泄露或者被窃取、篡改：（一）制定内部安全管理制度和操作规程，确定网络安全负责人，落实网络安全保护责任；（二）采取防范计算机病毒和网络攻击、网络入侵等危害网络安全行为的技术措施；（三）采取检测、记录网络运行状态、网络安全事件的技术措施，并按照规定留存相关的网络日志不少于六个月；（四）采取数据分类、重要数据备份和加密措施；（五）法律、行政法规规定的其他义务。"根据《网络安全法》第21条的规定，电信企业应当制定《物联网设备使用操作规程》，明确物联网设备制造商在与电信企业进行合作时应注意的问题以及遇到信息安全问题时应如何解决。对于物联网产品使用电信企业通信网络至少要留存6个月以上的网络日志。而且留存日志的形式要符合证据形式的要求，这个问题在后文中会重点讲述，这里不做赘述。防范信息安全风险的关键还在于预防信息的泄露。因此加密工作要设置清楚权限，分级管理信息保密问题，方便在以后具体使用信息的时候开放不同的使用权限。防止因互联网设备制造商与电信企业合作的过程而造成信息泄露，危害国家安全、社会安全和客户个人信息安全。

对于客户个人信息保护的问题。根据《网络信息安全法》第24条的规定，网络运营者不得为不提供真实身份信息的用户提供信息发布、即时通信等服务。此举的立法意图固然是为了保障通信运营秩序，防止电信诈骗的产生。但是作为通信网络运营商，电信企业采集用户个人信息的同时也有义务保障客户的个人信息不泄露。个人信息多包含个人隐私，一旦泄露，电信企业有可能因侵犯客户的隐私权而涉诉，承担民事责任。因此电信企业必须建立健全用户信息保护制度。制定相关的实施细则，明确可以调取、使用、搜集用户信息的权限。对于不需要开放高级权限的业务和操作，不能为其开放接触过量客户信息的机会。例如个人信息保护等级的区分，物联卡区分个人信息保护等级，物联网用户均为机器设备，目前各电信企业发展的物联网目标用户一般是集团客户。随着物联网业务的不断发展，用户范围不断扩大，未来会涉及个人身份证开户的物联网用户，但无论是集团证件开户还是个人证件开户，对于开户信息的保护等级都严格按照个人大市场的信息保护等级管理。对于需要详细客户个人信息的岗位、业务要建立采集个人信息登记和使用个人信息登记的制度。例如工号查询权限，都是在主要负责人工号上对可查询权限进行控制，不同角色可见的客户信息不同，如：各级管理人员仅能查询用户的业务订购情况、集团基本信息、责任人及经办人基本信息等，对于开户证件名称、证件号码等涉密信息，仅能查询部分位数或部分字迹。一旦出现客户信息泄露，可直接锁定信息泄露源，便于公司实现风险控制，优化内部管理。

2. 商业秘密的法律风险防范建议

知晓公司的商业秘密并不可怕,关键在于其即使知道商业秘密也要保守秘密。相比较于知识产权的公开保护,商业秘密保护的核心就在于保密。从而合理、有序、有偿地使用公司的商业秘密。

对于商业秘密的保护,可以从法律技术上分流商业秘密保护风险。适宜采用知识产权专利保护的,采用知识产权保护,不适宜采用知识产权保护的,采用商业秘密保护的方法处理。知识产权保护与商业秘密保护有着本质的不同:第一,知识产权保护是公开保护。需要电信企业公布所持专利技术的所有技术细节,而商业秘密保护是一种非公开的保护,非经允许,他人无法知晓公司的技术细节。第二,知识产权保护都有一定的时间限制,一般专利技术保护期为十年或二十年(发明专利为二十年,实用新型专利为十年),而商业秘密的保护期限为永久。如果商业秘密保密措施得力可以永久保密,技术本身的应用价值将长时间持续。但是这并非表明所有技术细节都需要通过商业秘密的方式加以保护。商业秘密的维系成本也很高,需要权利人恪尽许多义务,因此保管秘密需要耗费大量的成本。而专利保护虽然公开了技术细节,技术保护期限大为缩减,但保密成本较低。所以应当将现有的技术进行分类分层,对于核心技术、领先技术要采用商业秘密的形式保护。对于边缘技术、辅助技术、过时技术可以采取专利保护的办法。

从部门法规制的角度看,《反不正当竞争法》第 9 条规定了商业秘密保护的内容:“(一)以盗窃、贿赂、欺诈、胁迫、电子侵入或者其他不正当手段获取权利人的商业秘密;(二)披露、使用或者允许他人使用以前项手段获取权利人的商业秘密;(三)违反保密义务或者违反权利人有关保守商业秘密的要求,披露、使用或者允许他人使用其所掌握的商业秘密。经营者以外的其他自然人、法人和非法人组织实施前款所列违法行为的,视为侵犯商业秘密。第三人明知或者应知商业秘密权利人的员工、前员工或者其他单位、个人实施本条第一款所列违法行为,仍获取披露、使用或允许他人使用该商业秘密的,视为侵犯商业秘密。”从《反不正当竞争法》的规定可以看出,保护商业秘密的责任主体并非仅限于电信企业本身,与电信企业相关的单位和个人,都有义务保障公司的商业秘密。商业秘密的价值在于使用,使用的过程中必然要将商业秘密使用权限开放给对应的厂商或客户。因此商业秘密保护的重点一方面在于电信企业内部商业秘密的管理,另一方面也在于约束电信企业与客户和厂商之间的关系,明确各方责任,有限使用商业秘密。对于违反《反不正当竞争法》规定的行为,事先与客户和厂商签订保密协议,规定清楚违约后的惩罚后果。《劳动法》中允许规定保密期和竞业禁止条款,对于公司关键技术岗位离职人员,在订立劳动合同时要与之约定保密期与竞业禁止条款。防止其在离职后泄露本公司商业秘密。

(二)用户改变物联卡使用终端或用途的法律风险防范建议

1. 用户改变物联卡使用终端的法律风险防范建议

用户改变物联卡使用终端的目的是为了将终端另作他用。这不仅干扰了正常的物联网交互机制设计,也直接干扰了电信企业对于物联网及物联网使用终端的管理。物联卡终端一旦脱离公司的网络,将有可能带来信息泄露、设备丢失等诸多风险。对于物联卡使用终端改变的问题,可以从两个角度来解决。从物权法的角度来看,要明确物权归属,从而明确区分物的价值和使用价值。具体来说,物联卡与物联卡终端应该属于主物与从物的关系。之所以将物联卡终端视为物联卡的从物,有如下理由:第一,物联卡终端设计的目的就是为了结合物联卡使用,其物本身价值与功能的实现均依赖于物联卡,即没有物联卡的存在,物联卡使用终端的用途将大打折扣;第二,物联卡终端与物联卡结合使用,但区别于添附,因为物联卡终端本身的外观功能并未因添置物联卡而发生根本改变。所以明确物联卡使用终端的属性后,所有的制度设计乃至产品设计都应贯彻这一理念。例如,可以在产品设计的过程中更加凸显物联卡终端从物的属性,使其在脱离物联卡时自动上锁、自动失效,降低物联卡终端设备独立运用的可能,从而降低用户改变物联卡终端使用用途的可能。从合同的角度来看,应当通过合同明确约束双方的权利义务,同时约定违约责任。具体来说,在与用户签订物联卡终端使用协议等相关协议时,应明确约定用户不得将物联卡与物联卡终端分离,一经发现物联卡终端与物联卡分离,将追究用户违约责任,触犯刑法的直接交由公安机关处理。

设计独特的法律结构,也可以降低物联卡与物联卡使用终端分离的可能。部分用户将物联卡与物联卡使用终端分离的最初动因是好奇物联卡终端的结构设计和作用原理,因此,降低用户的好奇心,增强用户保护物联卡使用终端的动力是防止物联卡与物联卡使用终端分离的有效途径。具体来说,可以"以租代售",设置分年租金体系,并明确设备使用满一定年限后,设备所有权归用户所有。租赁的方式既可以降低用户短期内的使用成本,又可以增强用户保护设备的动力。另外一种制度设计是采用融资租赁的办法,即将某一种类物联卡使用终端全部卖给某融资租赁公司,客户与融资租赁公司签订租赁合同。对电信企业来说,相比较于逐个与客户签订合同,引入第三方来管理物联卡终端,是高效的管理办法,便于电信企业回笼资金、降低管理成本、防止物联卡与物联卡终端分离而带来的诸多问题。

2. 用户改变物联卡用途的法律风险防范建议

用户改变物联卡用途,可能将带来电信诈骗等危害社会的问题。同时,物联卡属于专卡专用,有量身定做的资费体系,低廉的套餐价格可能也是用户改变物联卡用途的动因。因此,应该从民法和刑法两个角度规制改变物联卡用途的行为。从民法上来看,要强调合同的约束作用,明确违约责任,防止物联卡被挪用。从刑法的角度看,要通过对物联卡使用情况的监测,发现异常数据,及时报告公安机关。

(三)客观信息数据证据的法律法规完善建议

《民事诉讼法》第63条规定:"证据包括:(一)当事人的陈述;(二)书证;(三)物证;(四)视听资料;(五)电子数据;(六)证人证言;(七)鉴定意见;(八)勘验笔录。"也就是说，只有这符合这八种形式的才能作为证据在民事诉讼中使用。《民事诉讼法》第 64 条第 1 款规定："当事人对自己提出的主张，有责任提供证据。"第 65 条第 1 款规定："当事人对自己提出的主张应当及时提供证据。"也就是"谁主张，谁举证"的原则。从以上条款可以发现，公司在客观信息数据证据的采集过程中必须注意如下问题：第一，要保证数据的准确、真实、完整；第二，保证数据的表现形式符合法定要求；第三，要将证据和主张一一对应，也就是说要将证据的准备与欲将防范的风险结合起来。

为此提出如下建议：第一，在设计物联网产品时，要注重数据的"可视化"，要保证数据可以在后台导出，还要将导出的流程"透明化""可视化"，让导出的过程更可信，从而增强提供证据的可信度，提升证据的证明力。第二，要以恰当的形式展现证据。电子数据本身的确是一种合法的证据形式，但是电子数据的获取和采集更为抽象。应当设计电子数据与视听资料或物证、书证的转化机制。例如让电子数据直接生成电子文稿，打印备案，将电子数据直接录入光盘直接形成视听资料。第三，在产品的设计上，强调产品的数据保密性，即强调电子数据的获取只能由公司技术人员采集。这种设计模式是为了避免证据被非法采集、破坏从而干扰证据的证明力。

（四）物联网跨省业务合作中的风险应对

物联网跨省业务合作存在同一电信企业下设的跨省各公司之间相互配合协作的问题。对于前文提到的问题有如下对策：

第一，对于集团客户资料真实性校验的问题。需要明确的态度是，虽然电信企业不应忽视小的企业、创业公司或代理商，但是其必须有相应的履约能力，必须处于电信企业可控制的范围内。集团客户尤其是跨省集团法人、组织等，难以通过电信企业在该省所设公司的力量判断其业务承接能力和履约守信能力。因此在制定合同和签订合同时应重点防范。首先是校验客户身份，寻找合格资质的集团客户。为不同客户制定不同的业务办理权限等级，在客户办理业务时要求客户提交相应的资质证明，例如公司实缴资本在 300 万元以上的注册公司可以承办电信企业在该省所设公司合同标的额 150 万元以内的业务，分级分批次确定业务承办资质，将代理商的业务办理标准明细化。除了客户主动提交资质证明外，也应履行审查义务，可以借助第三方企业信息查询系统或软件（例如启信宝等软件）查询客户的履约能力、涉诉风险、工商信息等，切实核查用户的履约能力。其次是在销售合同条款中增加开卡时限的约定，即在放卡给代理商的同时约定该卡或该批次卡必须在某日前开户使用、产生计费，否则封卡作废、号段回收。这样代理商囤卡实际上成了包销业务，加强了卡号的管理，加速了卡号的回收，不存在因代理商囤号导致浪费卡号资源的问题。最后是在合同中增加身份验证条款，明确约定专卡专用，不得挪作他用，并约定公司有权定期校验用户身份，一经发现有挪用、散卖等非集团客户使用行为，公司有收回卡号的权力。同时在销售的过程中为不同集团编制不同校验码，需要每台终端输入校验码通过验证后方可继续使用该设备。定期更换校验码，使用者需在终端发送新的校验码，否则将被锁卡。通过短信校验码即可实现，成本较低，如果为集团客户，并不会给客户带来过多的麻烦，但若是代理商将物联网卡散卖，则会出现购卡客户无法获得最新校验码的情况，增加了贩卡代理商的运营成本，自然可以降低物联网卡被贩卖挪用的风险。

第二，欠费问题。首先，手机通话费经历了由后付费到预付费的转变，物联卡终端的使用同样可以采用预付费制。其次，如果集团客户采用后付费制为宜，那么也要综合考量不同客户的履约能力、风险承担能力等因素划定后付费欠款数额，对于超过一定欠款额度的集团应给予物联网终端部分功能限制措施。最后，要建立集团客户信用管理体系，对于屡次违约的客户，要降低其欠费额度，并不予考虑后续合作。

第三，协议问题。对于需要在签订合同之前先开卡开始提供服务的情况。应当明确物联网卡放卡流程，必要时可以指定物联网卡业务办理实施细则。对于放卡的时间，一定要在合同成立之后。即可以先交付物联网卡使用后结款，但放卡一定不得早于合同成立。与此同时还要明确合同中的违约条款，明确违约赔偿机制，将物联网卡放卡与回款时差风险降到最低。

（五）特殊行业使用场景引发的故障纠纷的解决方法

对于电信企业在网络及数据方面出现故障而导致远程操控设备失去控制进而造成损害的情况，应区别对待不同情况，做相应的风险防范。首先，若信号中断或故障系不可抗力所致，则电信企业不应承担责任，应在合同中明确载明此条款。其次，若信号中断或故障系第三人破坏所致，则应在合同条款中强调电信企业无补充责任、无替代责任，仅承担因己方过错而导致的损失。明确电信企业若向被侵权人承担损害赔偿责任后，有权向加害人追偿。虽然合同中约定或强调侵权责任的归责方法并不当然导致责任的免除，但至少企业应尽到风险提示义务，同时强调向加害人追偿的权利。最后，若信号中断或故障系电信企业原因造成，则根据企业过错程度承担相应赔偿责任。

四、结语

数字化时代，物联网是一个新兴的领域，同时又承载着传统行业的转型与升级。其中遇到的法律问题也将是传统产品所涉法律问题的升级版。应对层出不穷的新问题，需要用互联网思维去审视新问题。将法律思维运用到物联网设备终端的设计当中去，时刻不忘安全意识、风险意识，从生产源头上控制法律风险。在运营的过程中，要关注与用户的交互流程设计。强化客户的责任意识，明确用户的违约责任，在使用中防范法律风险。

法务管理提升

人工智能在企业法务管理领域中的应用初探

张耐寒　刘　莹*

摘要

随着新技术、新业态的高度发展，人工智能已经成为新一轮产业变革的核心驱动力，2017 年 7 月 8 日，国务院印发《新一代人工智能发展规划》，将人工智能的发展提升到国家战略层面。人工智能在各行各业的应用将带来新一轮自动化，会给各个产业带来巨大变革。一些经济学家预测，在高频率、高容量、标准化的任务上，人类将不可能和 AI 相匹敌。面对一些需要重复性、规律性、结构化的工作，人工智能能够更加高效合理地完成这些工作。

具体到法律领域，以人工智能为代表的科技浪潮对于古老又传统的法律行业来讲，既是机遇又是挑战。随着国外已经开始有成熟的人工智能等高科技法律产品应用于法务实践且产生巨大的效果，国内无论是司法界、律师界还是法学教育界也纷纷开始进行变革创新或前瞻研究，以应对新技术的冲击和挑战。但在国内企业内部法律实务管理领域，新技术带来的影响尚未引起足够的重视，大多数企业的法务管理仍处于传统思维阶段。

本课题对国内外法律行业在人工智能领域的研究探索、实践应用进行了梳理分析，重点就人工智能在企业法务领域的运用场景和实现路径进行了探讨，可为国内企业利用信息化工具技术，提升法务管理的智能化水平、提升法务管理的价值和效率提供经验参考。

关键词

法律　人工智能　企业法务

---

* 张耐寒，中国移动通信集团广东有限公司。
刘莹，中国移动通信集团天津有限公司。

Abstract

With the high development of new technology and new industry, artificial intelligence (AI) has become the core driving force of a new round of industrial change. On July 8, 2017, the State Council issued the New Generation of Artificial Intelligence Development Plan, which promoted the development of artificial intelligence to the national strategic level. The application of AI in all walks of life will bring about a new round of automation, which will bring great changes to various industries. Some economists predict that human beings will not be able to compete with AI in tasks of high frequency, high capacity and standardization. In the face of repetitive, regular and structured work, AI can accomplish these tasks more efficiently and reasonably.

Specifically in the field of law, the wave of science and technology represented by AI is both an opportunity and a challenge for the ancient and traditional legal industry. With the mature application of high-tech legal products such as AI in the practice of law in foreign countries has made great achievements, domestic judicial circles, lawyers and law education circles have begun to carry out innovative or forward-looking research to cope with the impact and challenges of new technologies. However, in the field of internal legal practice management of domestic enterprises, the impact of new technologies has not yet attracted enough attention, and most enterprises' legal management is still in the traditional thinking stage.

This topic combs and analyses the research, exploration and practical application of AI in domestic and foreign legal professions, and focuses on the application scenarios and Implementation Paths of AI in the field of enterprise legal affairs. It can provide experience reference for domestic enterprises to use information technology tools to improve the intelligence level of legal affairs management and enhance the value and efficiency of legal affairs management.

Keywords

law; AI; enterprise legal affairs

一、人工智能概述

（一）人工智能的定义

1955年，约翰·麦卡锡（John McCarthy）首先提出“Artificial Intelligence”（AI）一词，起初关于Artificial Intelligence的设想是：通过将人类的学习行为及其他智力主导行为进行解构分析，从而将人类智能精确地描述出来，继而在机器上构建与人类智能相类似的智能，因此被称为“人工智能”。“人工智能”的概念是基于计算机科学的快速发展而提出的新名词,特别是在著名互联网企业“谷歌”研发的围棋人工智能“AlphaGo”战胜世界著名围棋棋手李世石和柯洁之后,全社会对人工智能的讨论与关切达到了新的热度。

人工智能的核心特点是学习思考与逻辑推理,即让电脑在无须进行有针对性编程的情况下自行学习,针对特定领域内所接收的数据信息进行权衡和优化后作出预测。人工智能研究创始人之一的明斯基(Marvin Minsky)在1968年说过一句话,集中概括了人工智能研究的实质:“让机器从事需要人的智能的工作的科学。”①当前,学界的共识是人工智能是计算机科学或智能科学中涉及研究、设计和应用智能机器的一个分支。人工智能的近期主要目标在于研究用机器来模仿和执行人脑的某些智力功能,而远期目标是用自动机模仿人类的思维活动和智力功能。

(二)人工智能的特点与价值

人工智能的特点由其特有的技术基础所决定,存在一些本身所具有的机械逻辑,主要表现为以下几个特点:

第一,不确定性带来的无限可能。作为一种前沿科学,人工智能的框架尚未完善,具有未知的不确定性,但只要框架慢慢树立起来,人工智能就可以在不同领域中展现其实用价值。

第二,人为控制造就特定行业的突出能力。多数技术参数由机器设置,而人工智能需要人为设置。这些人为设置如果集中某些领域,将使该领域的智能化处理能力得到快速提高。

第三,具有特定的逻辑性和思维性。人工智能模型建立之后,人工智能存在着一定的程序思维能力,在特定理论范围之内人工智能能够自己主动处理相关请求事项。

(三)人工智能的发展现状

从发展阶段来看,人工智能技术一般可分为弱人工智能、强人工智能和超人工智能:

第一阶段,弱人工智能,指的是专注于解决特定领域问题的人工智能。其特点是只具有处理单一目标任务的能力;必须依赖于海量数据,在设计者精心构建的环境下进行精确学习。当前所有人工智能产品均属弱人工智能。李开复在他的新书《人工智能》中表示,阿尔法狗是弱人工智能的一个最好实例。

第二阶段,强人工智能,指的是可以胜任人类所有工作的人工智能。其特点是不再局限于单一的明确目标,可完成通用的任务;能够自主进行非结构化数据的学习。

第三阶段,超人工智能,指的是在科学创造力、智慧和社交能力等每一方面都比最强的人类大脑聪明很多的智能。其特点是具有自我的认知能力,以人类目前无法理解的方式来构建和运行;适用阿西莫夫的机器人三定律。

随着计算智能和感知智能等关键技术取得较大突破,弱人工智能应用条件基本成熟。

① 於兴中:《当法律遇上人工智能》,载《法制日报》2016年3月28日,第7版。

但由于认知智能的算法尚未突破,强人工智能的前景仍不明朗。当前,人工智能核心技术的研究重点已逐步从深度学习转为认知计算,即推动弱人工智能向强人工智能不断迈进。

(四)大数据与人工智能发展

以大数据技术为基础的人工智能应用,其所依赖的是对庞大的数据信息的分析,即以大规模的数据信息为基础形成经验,并经由特定的逻辑规则,使其行为或者对外部世界反馈出"智能"的表现。例如,机器学习图像识别应用程序通过查看数以万计的飞机图像,以了解飞机的构成和特征,以便将来能够识别出它们。人工智能应用的数据越多,其获得的结果就越准确。

在大数据之前,计算机并不擅长解决需要人类智能来解决的问题,大数据技术成熟以后,解决问题的核心就是变智能问题为数据问题,而近期人工智能之所以能取得突飞猛进的进展,不能不说是因为这些年来大数据长足发展的结果。正是由于各类感应器和数据采集技术的发展,我们开始拥有以往难以想象的海量数据,同时,也开始在某一领域拥有深度的、细致的数据。而这些,都是训练某一领域"智能"的前提。

二、法律人工智能概述

(一)法律人工智能的起源

1970 年,布坎南和海德里克发表了《关于人工智能和法律推理若干问题的考察》一文,拉开了对人工智能和法律推理研究的序幕。1987 年,在美国波士顿的东北大学举办了首届国际人工智能与法律会议(ICAIL),并最终促成了国际人工智能与法律协会(IAAIL)在 1991 年的成立。该协会的宗旨是推动人工智能与法律这一跨学科领域的研究和应用,协会会员来自世界各地,中国学者也有参与。国际人工智能与法律协会(IAAIL)提出当代人工智能与法律领域研究的十大基本论题:①

- 法律推理的形式模型;
- 论证和决策的计算模型;
- 证据推理的计算模型;
- 多智能体系统中的法律推理;
- 自动化的法律文本分类和概括;
- 从法律数据库和文本中自动提取信息;
- 针对电子取证和其他法律应用的机器学习和数据挖掘;
- 概念上的或者基于模型的法律信息检索;
- 自动化次要、重复性的法律任务的法律机器人;
- 立法的可执行模型。

① 参见曹建峰:《法律人工智能十大趋势》,载搜狐网:https://www.sohu.com/a/162390641_455313,最后访问日期:2018 年 12 月 29 日。

法律与人工智能具有合作的天生优势，这是因为法律（尤其是司法）主要是一个规范的判断过程，常规的法律适用模式“以事实为根据、以法律为准绳”，就是以法律为大前提、以案件事实为小前提，在此基础上得出裁判结论的演绎推理模式。这种认知结构与人工智能的逻辑十分契合。在法律领域，对于海量的法条、合同、裁判文书等法律相关文本构成的大数据，通过新兴的数据解构方式，让机器读懂这些文本，解读出和法律规则、交易规则、诉讼参与人等有关的重要信息，并且发现数据之间的关联，从而作出决策和判断，这将从根本上改变法律领域的已有格局和传统工作方式。

（二）传统法律行业面临的机遇和挑战

倚重信息检索、文件整理和逻辑推理的法律事务确实是 AI 发挥“聪明才智”的绝佳领域，人工智能将会给传统的法律行业带来巨大的发展机遇：

1. AI 将给既有的法律服务模式带来结构性变革。

未来，AI 增强法律服务（AI-augmented legal service）将成为常态。在 AI 的协助下，法律人才可以更加专注于处理复杂的法律问题，而且成本更低、效率更高。AI 的介入可能进一步分裂法律服务市场，让法律服务不再是传统法律行业的专属，可能重新定义相关人与物的工作和功能，以及法律服务市场的商业模式。

2. AI 可以提高法律服务效率，降低法律服务成本。

由于成本高昂，传统法律服务不能够触达大量的个人和中小企业等，给社会造成正义可得性危机（access to justice crisis）。AI 的介入正在改变这一现状，AI 法律服务的廉价性、高效性可以帮助成千上万的个体和中小企业获得类似咨询、合同等法律服务，降低法律服务费用。此外，AI 甚至可以在案件中为无力负担诉讼费用的当事人提供法律援助服务。

3. AI 有助于实现无讼社会的目标。

俗话说，法院大门朝南开，有理没钱别进来。无讼、息讼自古以来是中国社会的一个追求。因此，司法审判系统的低效率、程序拖沓、成本高昂等问题历来为人们所诟病。当前，技术发展为解决这一问题提供更多选择。比如，伴随着电子商务的兴起和繁荣，在线争议解决机制（online dispute resolution，ODR）开始流行。在电子商务网站 eBay 上，大量买卖纠纷通过 SquareTrade 这一 ODR 服务商提供的在线解决机制解决。当事人通过 ODR 系统在线提交事实陈述和证据，使纠纷在线得到处理，甚至不需要人类律师介入，很多案件也根本不会进入法院审判阶段。可以设想，未来包括遗嘱、合同、离婚等法律争议都可以通过类似的方式解决。再如，智能合同管理，可以通过随时监测双方的行为来确定违约与否，并做出相应的行为，避免在纠纷出现后诉诸法庭。

和其他行业一样，传统法律行业遇到的最大挑战在于人工智能的替代性。目前，传统法律行业很多工作已经能够可以由人工智能解决，比如类型案件的处理，法律文书的书写，案件关联法律的检索等，都可以借助人工智能去实现。部分传统法律人才如果不能认识到人工智能带来的行业改革，则可能在该次行业升级中被淘汰。

可以说机遇与挑战共存，只要把握机遇，借助人工智能推动的行业升级，法律行业将迎来新的发展。

三、国内外法律领域人工智能的应用创新实践

(一)国外法律领域人工智能的应用创新实践

20 世纪 70 年代，计算机刚一普及，美国法学界就开始讨论法律推理与思维是否可被机器所取代的问题。Anthony D. Amato 提出，人类法官是否以及应该被机器法官所取代，以消除法律的不确定性。据 BBC 报道，一种名叫 Case Cruncher Alpha 的法律人工智能“机器律师”与伦敦的 100 名律师就“基于数百个 PPI(付款保护保险)错误销售案例事实来判断索赔与否”的法律问题展开比赛，结果“机器律师”法律 AI 以 86.6% 的准确率领先于律师的66.3%。美国芝加哥的伊利诺伊理工大学与南得克萨斯法学院利用 1791 年至 2015 年的美国最高法院数据库，合作开发了一种算法，该算法再现了从 1816 年到 2015 年美国最高法院法官的 28000 项决定和 240000 次投票，正确率分别达到 70.2% 和 71.9%，这高于法学家们 66% 的预测准确率。有国外学者甚至认为，人工智能在预测案件判决结果上已经超越了人类专家。①

在民事法律领域，美国 ROSS 智能公司 2015 年推出的人工智能法律人——ROSS 倍受关注。ROSS 是一个建立在 IBM 研发的认知计算机基础上的人工智能法律代理人，可以自动检索法律文档数据库，找出与人提出的问题相匹配的答案，并能够真正理解用英语自然语言所表达的问题，如“一家破产的企业还能经营吗”，而非像传统法律数据库那样，仅仅呈现一大堆检索结果。ROSS 的智能还在于，它会根据用户的反馈进行自我学习，算法也不断调整优化。这意味着，像律师一样，它接受的咨询越多，就越有经验。此外，很多企业已开始运用人工智能审查合同，如摩根大通开发出的商业贷款合同审查系统几秒钟就能完成曾经需要用 36 万小时才能完成的信贷审查工作。②

在刑事法律领域，人工智能主要运用于一般的警务活动、羁押必要性审查以及量刑后假释等活动中。在警务活动方面，加州圣克鲁斯一家大数据创新公司所研发的犯罪预测软件，能够通过对犯罪历史数据的分析，逐个小时计算出哪里最可能发生犯罪活动。理论上来说，警方只需经常在这些地区进行巡逻就可以提前阻止犯罪，圣克鲁斯、洛杉矶和亚特兰大等使用该软件的城市犯罪率都有所降低。在保释与假释决定中，美国一些州法庭使用算法来确定被告的“风险程度”：从这个人会再次犯罪的可能性，到被告会如期出庭的可能性等各个因素，进而决定是否对其保释或假释。此外，法律人工智能还被用于法庭量刑，如美国的一些州正在使用“风险评估工具”(Correctional Offender Management Profiling

① 参见左卫民：《关于法律人工智能在中国运用前景的若干思考》，载《清华法学》2018 年第 2 期。

② 参见[美]埃里克·布林约尔松、安德鲁·麦卡菲：《人工智能概览》，载《哈佛商业评论》(中文版)2017 年 10 月。

for Alternative Sanctions, or COMPAS)来确定刑期。该算法结合了十几个参数,进而转化为被告在一定时期内重新犯罪的可能性。

与此同时,近几年国外的法律科技公司和产品已如雨后春笋一般出现和成长,当前国际上具备人工智能特征的法律服务产品主要聚焦在九个领域:

第一,合同审阅,包括 Law Geex、Beagle、Thought Review 等公司。类似 Beaglc 的智能合同服务可以提供人工智能合同分析,帮助用户以更低的成本、更高的效率管理合同,防范法律风险。

第二,数据发现,包括 Disco、Opentext、Brainspace 等。硅谷的一家电子取证(e-discovery)公司 Blackstone Discovery 可以不超过 10 万美元的代价在几天之内分析 150 万份法律文件。

第三,合同尽调,包括 DiLigen、Seal、LegalSifter 等公司。

第四,知识产权,包括 TrademarkNow 等公司。

第五,法律分析,包括 Brightflag 等公司。

第六,判决预测,包括 Ravel、Docket Alarm、Lexpredict 等公司。

第七,法律研究,包括 ROSS、Judicata、Casetext、Knomos 等公司。

第八,知识自动化,包括 Riverview、Lisa、Autto 等公司。

第九,电子账单,包括 Smokeball 等公司。

(二)国内法律领域人工智能的应用创新实践

随着国外人工智能的迅速发展,国内法学界和法律实务界同样对法律人工智能有着很多的期待并积极行动。2017 年多场重量级法律人工智能学术会议的举办,将法律人工智能迅速推向了"网红"学术议题的中心。"智慧法院""智慧检务""智慧公安""智慧司法服务"等新概念、新做法被迅速普及与深化,大大提升了我国司法行政管理的自动化智能化水平,以律师事务所为代表的法律服务机构也纷纷推出法律人工智能服务的新模式。

1. 司法领域的应用创新

近年来,最高人民法院与最高人民检察院先后提出了"智慧法院"与"智慧检务"建设的行动规划,指引法院、检察院管理信息系统的智能平台建设工作,综观当前实践,司法建设中人工智能应用主要有以下几种形式:

(1)信息的电子化、数据化,即通过技术手段,将语音、纸质化卷宗文字等非电子化信息转换为可复制、可转换的电子数据,从而减轻司法机关的工作负担。最高人民法院、上海高院、广州中院、苏州中院等超过 100 家法院应用科大讯飞公司所研发的智慧法院庭审系统。最高人民法院委托苏州中院研发的庭审语音识别系统,可以将语音自动转化为文字,并能自动区分庭审发言对象及发言内容,法官、当事人和其他参与人均能实时看见转录文字。[①] 经对比测试，庭审时间平均缩短20% ~30%，复杂庭审时间缩短超过50%，庭审笔录的完整度达到100%。

（2）办案辅助系统的智能化，即指通过智能化手段，实现裁判文书中如“当事人信息”“诉讼请求”等固定格式内容的一键生成，缩短起草文书时间，辅助法官提高办案质效。例如河北高院历时近一年组织研发了“智慧审判支持”系统，帮助法官对电子卷宗进行文档化编辑，并按法律要素实现结构化管理，自动引用、排列、归纳和分析全要素案件数据，辅助法官完成文书的撰写。

（3）实体裁判的预测与监督。预测指的是人工智能系统对海量裁判文书进行情节特征的自动提取和判决结果的智能学习，建立具体案件裁判模型，根据法官点选的关键词或提供的事实、情节，自动统计、实时展示同类案件裁判情况，预测正在审理案件的实体裁判，同时推送更为精准的相似案例，供法官参考。所谓监督，是指对于“同判度”较高的类案，基于预测性判断，对法官制作的裁判文书判决结果与之发生的重大偏离，系统自动预警，从而防止裁判尺度出现重大偏离。如苏州法院的人工智能系统不仅能够统计类案的裁判模式与结果，还能对当下案件根据历史裁判模型模拟裁判，如果法官制作的裁判文书判决结果与之发生重大偏离，系统予以自动预警，方便院庭长行使审判监督管理职权。

（4）建立统一的、电子化的证据标准，即通过法律大数据总结案件办理经验，并将其内嵌于公、检、法三机关的数据化办案系统中，用以规范公、检、法机关与人员的司法行为。

当前，北京、上海、浙江、江苏、广东、贵州等地的法院均推出了名称各异的人工智能辅助法律系统，如北京法院的“睿法官”智能研判系统、[②]上海法院的“206”刑事案件智能辅助办案系统，苏州法院还形成了“智慧审判苏州模式”。

2. 法律服务领域的应用创新

国内律师行业对法律人工智能的研究乃至运用非常重视，以各大律所为主要推动力，涌现出一批法律人工智能机器人，如金杜律师事务所的“理脉”和天同律师事务所“无讼”等。

（1）“理脉智能机器人”：是理脉推出的一款面向企业的法律服务机器人。可以针对某一行业提供从法庭诉讼到政府处罚的全方位的行业法律信息监控服务。通过企业过往诉讼的常见案由、法条引用、对方当事人、裁判结果、判赔金额等信息，帮助用户快速精选关联案例，以可视化图表呈现助力企业清楚掌握法律风险雷区；帮助集团企业法务总监全面管理所有子企业、分企业的诉讼风险、人力配置及法务部门绩效情况。甚至可以帮助企业落实企业法务战略，充分理解规范，有效控制成本，防范法律风险，提供争议解决的替代方案等。

（2）“法小淘”：是无讼推出的一款法律机器人，能够基于法律大数据实现智能案情分

---

① 参见丁国锋：《江苏“智慧法院”建设为司法能力现代化注入新动力》，载《法制日报》2017年3月20日，第1版。

② 参见罗书臻：《挖掘“富矿”“反哺”审判——运用裁判文书大数据促进司法公正的地方经验》，载《人民法院报》2017年9月1日，第1版。

析，并推荐合适诉讼法院、专业律师。

(3)法狗狗：将人工智能技术、来自硅谷的大数据和云计算技术融合应用于中国的法律行业，通过信息化提高律师工作效率，为国内律所提供基于人工智能技术的一站式营销解决方案。

四、企业法务管理领域人工智能应用建议

一般企业法务工作的主要内容包括日常法务管理、基础法律问题处理和专业法律问题处理三块。前两者因其重复性、规律性、结构性的特点，将越来越多地被系统和人工智能替代，后者则更加依赖于法律人员的处理。当前由于缺乏大数据和人工智能等手段，企业法律人员在重复性的基础工作上投入了大量的时间和精力，影响了工作效率的提高。对此，建议企业一方面实现重复性工作的自动化，另一方面实现专业性工作的智能化。下面结合企业日常法务工作的特点及目前行业发展趋势，简要分析应用自动化和智能化的两大类业务场景。企业可以基于自身需要通过模型分析和算法设计，在信息化系统中尽可能地抽象真实的法务运行过程，通过服务效率和匹配效率的提升更加有效地推动法务管理的发展。

(一)日常法务工作自动化应用

目前基于大数据和人工智能技术支持能力和市场实际应用情况看，统计分析、知识图谱、人机交互、可视化报表等技术已在各个领域广泛应用，而且市场上已经具有相对成熟的应用案例和业务框架，技术实现难度也较低，建议具备条件的企业可探索使用。可以考虑的应用场景包括：

场景1：实现统计数据自动分析。目前不少企业的法务信息系统仅有简单的查询统计功能，数据分析主要依靠人工完成，工作效率非常低下，对此建议增强数据指标的统计分析功能，提高系统的支撑效率。譬如对案件信息的统计分析，除了提供诉讼案件的数量、类型、金额和诉讼结果等统计外，还可以根据设定的条件，自动提供各种类型案件的占比信息和增减趋势信息等，以便为企业决策和日常管理提供更有价值的数据支撑。再如基于大数据的风控需要，建立高风险客户信息备注分析系统，对于营销部门、采购部门等业务部门在具体业务活动中发现的有多次投诉、违约行为的客户，或是与企业存在诉讼情况的客户，经由大数据统计分析，法务部门在该系统中对此等客户进行信息备注，通过企业信息共享平台提示企业其他业务部门与该客户的业务往来可能处于高风险状态，以避免更多潜在的业务风险。

场景2：实现统计通报工作自动化。日常法务管理需要定期做大量的统计通报，比如定期的合同管理情况通报、案件管理情况通报、法律风险情况通报等各类测评通报，按照现有的人工处理方式，每一份通报从数据统计、分析对比到撰写完成，需要花费3～5天的时间，按每年四次的频率，仅一类通报每年就需要花费12～20天的时间。对此，可以在系

统中固化通报的文本模板，然后系统定期从各项数据指标统计中自动获取统计结果数据，最终实现通报文件初稿的自动生成。

场景3：构建企业法律知识图谱。建立可以存储常用法律法规、管理制度、工作指引/操作指引、常见问题FAQ及实用工具等常用知识的数据库和法律知识图谱。既提供检索功能，又可以根据需要直接定点推送相关参考指引信息。同时引入外部法律信息系统或法律咨询检索系统，比如各式各样包括法律法规、判决、立法过程以及法学文献的法学资料库，供法务人员工作参考。

场景4：完善人机交互人性化功能。从用户需求角度出发，完善系统操作界面的人性化提醒和指引功能，降低用户误操作的可能性。譬如在合同起草界面，针对起草字段增加悬停提示或超链接指引，指导起草人员正确填写信息；在合同审核界面，增加合同审核要点提醒功能，指导合同审批人员关注重点审核内容；实现合同、案件、知识产权等工作的全流程提醒催办功能等。

场景5：引入电子化合同签署系统。实现合同签章用印的电子化，提高签署效率，并减少纸质合同打印签署的工作量。可考虑的应用包括在合同管理系统、市场营销系统中增加电子签章功能等。

场景6：完善可视化报表展示功能。提供多维度评价指标的统计图表展示，为决策人识别和判断企业风险提供直观、准确、可靠的帮助，如合同管理数据图表、案件管理数据图表等。

（二）日常法务工作智能化应用

当前AI智能化法律服务主要聚焦于法律检索（legal research）、文件审阅、案件预测和咨询服务四大领域。企业可以通过引入外部先进的法律大数据与智能服务平台，与内部法务大数据相结合，通过机器深度学习等技术，使法务信息化系统学习积累丰富的知识，能够识别人的意图，并可在关键风险点处给出风险提示和预警，代替人的部分脑力判断等。可以考虑的应用场景包括：

场景1：实现合同管理智能化。合同管理是企业法务部门工作的重头戏，是迫切需要智能化应用的重要场景。可以考虑的应用包括智能化的合同起草、合同审核、合同尽调等。以合同审核为例，在收到合同待办的情况下，系统可以自动将合同文本与标准文本或合同的审核标准进行比对，就合同的主体合法性、条款完备性、文字准确性、内容合法性、格式规范性等多个方面出具审核意见，对于简单的合同可以以机器审核结果为准，复杂合同则需要法律人员复核确认。

场景2：实现合规审核智能化。除了上述合同审阅之外，自动审核功能还可以拓展到其他法律文件的合规性审核，如投资方案、营销方案、广告文案、招标文件等。以广告审核为例，科技型、服务型企业中可能会涉及大量的广告发布行为，而广告图片的选用就会涉及著作权许可的问题，通过与外部专业大数据平台的对接可以迅速而有效地发现拟选用的图片是否有合法的著作权人，是否许可使用，许可使用的范围、条件、对价如何，尽量避免发生侵犯他人著作权的误操作行为。即使是将广告发布工作委托专门的广告公司实施，一旦发生侵权行为，广告主仍然要面对权利人的维权主张。

场景3：实现案件管理智能化。案件管理也是企业法务部门工作的重要部分，可以考虑通过引入外部先进的诉讼案件大数据与智能服务平台，拓展包括智能化的判决预测、诉讼策略、文书起草等辅助功能，比如通过将目标案件的要素与现行法律法规和同类案件进行智能类比分析，借助机器的分析、推理及预估功能，可以有效指导法律人员采取正确的诉讼策略，并对案件的结果做出合理预测。

场景4：实现法律咨询智能化。目前，智能客服已广泛应用于零售、金融、通信等领域，日常法律咨询量比较大的企业，可以考虑开发或引进智能法律咨询系统，系统通过对常见法律问题和回复的记录学习，可以替代法律人员对同类问题给出准确的回复，分担法务人员的工作量。自行开发的法律问题智能问答系统，建议充分应用企业内部的法律知识图谱。

五、企业法务管理领域人工智能实现路径

随着法律人工智能技术和应用的不断研究发展，未来的企业法务管理必然是人机协同工作模式。为了顺应这一潮流，建议企业通过积极参与人工智能在法务管理领域的应用研究及完善现有信息系统等措施，推动企业法务管理的智能化。

（一）不同主体的跨界参与

法律人工智能属交叉学科，需要法律人员、技术人员、市场人员等不同主体的主动跨界参与。从目前来看，诸多法律人工智能学术会议、论坛以及研究课题及其成果中都看到了法学界和科技界共同合作的身影。具体到企业法务管领域，法务人员应当积极关注法律人工智能的最新动态和案例，适时提出可在企业法务管理领域落地的人工智能应用需求和方案，然后将如何实现的专业性问题委托于企业技术部门和研发团队，双方分工合作，优势互补，方可实现。

同时，具备技术能力的企业，应鼓励法务管理与人工智能领域的结合研究，组建法律人员和技术人员共同参与的法律人工智能研发团队，给予经费、资源等方面的政策保障，加强法务管理领域的机器学习等技术的深度研究和创新应用。此外，为适应跨界研究的知识背景需要，建议企业开展法律与技术知识兼具的复合型人才培养。

（二）打造集中化信息平台

法务管理信息化即利用现代计算机技术和网络技术实现法务管理的信息化和自动化，表现形式为一系列支撑企业法务管理工作的信息化系统或平台。法务管理工作的常见模块包括合同管理、案件管理、风险管理、合规管理、证照管理、普法宣传、印章管理、知识产权管理、重大决策支撑、法律咨询等。基于法务管理的专业性、事务性、重复性、风险

性等特点，非常有必要进行制度化、标准化、流程化、信息化管理。借助法律管理信息化，企业能够更有效统筹、整合整个法律工作，实现企业法律工作的闭环管理和全生命周期管控。

当前，作为提升企业法律管理能力的直接手段，法务管理的信息化得到越来越多的企业的重视，不少企业开始以搭建起一个横向信息共享、纵向管理贯通的强大的立体风险防控体系，实现法务工作模式的高度统一、各类法律事务的在线动态管理、法律风险管控的落地操作为目标实施法务管理系统的集中化建设。相比以往分散建设的系统，法务信息化集中系统呈现出一体化、规范化、标准化的特点，通过实现信息资源共享和关联控制，使得风险管控更加全面到位，同时也为企业利用大数据和人工智能等新技术提供了信息基础保障。

（三）深化大数据分析功能

广泛的数据信息是法律人工智能的运行基础。企业在实现法务信息化基础上，要想实现人工智能，还需要进一步提升信息化平台的大数据管理功能。

企业法务信息化系统不仅是日常法务管理的工作平台，同时也是法务管理的数据平台。在法务管理相对成熟规范，法务信息化程度高、时间长的企业，法务管理的各个业务领域都产生了丰富的大数据资源，涵盖日常生产运营、法务管理和风险防范等多个方面，具有重要的管理价值和商业价值，需要用大数据的思维进行挖掘分析。通过对种类繁多和数量庞大的法律数据信息的排列或关联以实现预测与判断，可以从纷繁的数据信息中归纳、抽象出潜在的规律或结果，并从中发现风险隐患。

只有建立在数据化运行方式上的企业法律工作，才能为进一步的人工智能提供基础。形成大数据思维、运用大数据技术是企业实现人工智能的必经之路。

（四）学习和借鉴成熟经验

目前，人工智能在企业内部的法务管理领域应用尚不成熟，但在外部司法行政、法律服务等相关领域已经开始广泛应用。对于企业法务管理而言，非常有必要充分考察、借鉴域内外部的先进人工智能应用经验。特别是在共性法律问题方面，可以加强与法学界、司法机关、法律服务机构等同行的学习交流与合作，比如可以借鉴律师事务所有关合同审阅的自动审查、司法机关有关案件的智慧审判等先进经验，参照自主开发企业内部的法律人工智能应用。在自身技术能力和资源不足的情况下，也可以通过购买成熟产品的方式，提升法律人工智能的水平。

六、结语

短期来看，人工智能在绝大部分领域尚不能替代人力，但是能起到较大的辅助作用。而这种辅助作用对埋头于大量日常性、重复性法律事务工作的法务人员来说不啻于一种解放，将常规性简单工作交给人工智能，可以使法务人员将更多的时间和精力集中于非常规法律事务，投入人工智能目前暂时无法实现的法律实践工作中，做更具有价值的事情。同时，法务人员积累的法律实践经验经过抽象思维归纳总结后可以再充实到人工智能的应用上，促进人工智能在更广的范围和更深的深度服务于企业法务管理工作。总而言之，虽然人工智能具有提升法务支撑效率、防范企业法律风险等潜在价值，但实践应用还需要更多的人加入到法务人工智能这个新的研究领域，继续深入思考并进行更多的探索和尝试。

基础电信企业法律条线对接监管职能的创新探索

——以职业投诉人的法律应对为切入点

杨　斌　王　彦*

摘要

面对新的发展形势和监管环境，做好对接监管工作是推进基础电信企业平稳转型和健康可持续发展的重要一环，更是提升企业法治建设水平，促进依法合规运营的重要抓手。本文在深入分析做好对接监管工作的必要性和意义的基础上，较为全面地探讨了电信监管的内涵和监管的主要内容。以国内某大型省级基础电信企业因职业投诉所引发的监管事件为切入点，论述了职业投诉行为的正当性之争和监管行为特点和后果。结合该省级基础电信企业实践，就如何做好对接监管提出了“四步法”的合理化建议。

关键词

对接监管　职业投诉　正当性　政商关系

Abstract

With the new development situation and the regulatory environment, doing a good job of docking supervision is an important part of promoting the stable transformation and healthy and sustainable development of basic telecommunications enterprises. It is also an important starting point for improving the level of legal compliance operation. On the basis of analysis of the necessity and significance of docking supervision, this paper comprehensively discusses the connotation and the main content of telecommunications supervision. Taking the supervision incidents of a large domestic provincial-level basic telecommunications company due to the professional complaints as the entry point, this paper also discusses the legitimacy of professional complaints and the characteristics and consequences of supervision. Combined with the practice of the provincial-level basic telecommunications enterprises, it puts forward

* 杨斌、王彦，中国移动通信集团山东有限公司。

the rationalization proposal of "four-step method" on how to do a good job of docking supervision.

Keywords

docking supervision; professional complaints; legitimacy; political and business relations

一、新形势下基础电信企业面临的监管环境分析

(一)做好对接监管是推进基础电信企业全业务健康可持续发展的需要

近年来,国内基础电信企业在移动、固网领域全方位开展网络接入、通信服务、增值应用等全业务运营。新业态、新技术、新模式更新迭代、层出不穷,有力地推进了电信行业转型升级发展。尤其是"十三五"以来,某国内主导基础电信企业在个人、政企和家庭市场进行立体布局,开展新业务开发和客户需求深度拓展,推进横向 + 纵向全面增长。业务融合发展取得良好成效,政企市场贡献不断提升,数字化服务取得实质性突破。

不难看出,基础电信企业正由传统的卖语音、卖流量、卖带宽,向内容运营、资讯传播、数字化服务等新业务领域过渡,跨业融合趋势日益显著。因此全业务运营的在带来市场竞争新挑战的同时,在跨业融合经营中需要主动匹配和适应的监管规则日益增多,对企业依法合规运营提出了更高、更广、更细的要求。探索如何做好新形势下对接监管工作势在必行、迫在眉睫,可谓正当其时,有助于保证业务转型发展始终处于依法合规的轨道上,有助于保持业务融合发展始终处于动力强劲、健康安全发展状态中。

(二)做好对接监管是基础电信企业转型发展中适应国家监管改革的需要

党的十八大以来,以习近平总书记为核心的党中央全面深化经济体制改革,不断优化政府职能,整合监管资源,更新监管理念,创新监管方式,提高监管效能,大力推进监管体制改革,在强化市场配置资源决定性作用的同时更好地发挥了政府的作用,在市场竞争、电信互联网等领域取得了监管新突破。

党的十九大明确将习近平新时代中国特色社会主义思想作为党的指导思想,进一步明确了深化监管体制改革的目标。2018 年十三届全国人大审议通过的最新国务院机构改革方案中对基础电信企业影响最为突出的是整合国家工商总局、国家质监总局、国家食药监管总局、国家发改委、商务部以及国务院反垄断委员会办公室等机构相关职责,组建国家市场监督管理总局。此次改革重构整合了过去市场领域的多头监管,强化了在反不正当竞争和反垄断监管中的集中统一管理,有利于避免监管尺度不一、选择性监管和监管缺位错位不作为等弊端。加之消费者维权意识日益强烈,维权能力日益增强,维权渠道日益畅通,可以预见基础电信企业在未来市场竞争中将面临更加严峻的监管环境,如何适应国家监管体制改革的新要求是下一步规范开展生产运营,获取转型发展竞争优势的重要课题。

(三)做好对接监管是匹配电信互联网领域监管要求的需要

伴随着国家监管体制改革的深入,国家在电信互联网领域的法律法规也日臻完善,监

管政策的颗粒度日益细化，监管标准日益明确。据不完全统计，涉及电信互联网行业的法律法规规章以及规范性文件近1500余件，与基础电信企业转型发展紧密相关的也有近300多件，其中强制性和禁止性规定主要涉及经营资质、市场竞争、消费者权益保护、普遍服务、网络安全、工程建设、营销宣传、个人信息保护、电子商务、知识产权、视听服务等领域，而在三网融合、"互联网+"、大数据、人工智能、智慧城市等方面多为倡导性和指引性的规范性文件。

《电信法》《个人信息保护法》《数据安全法》已纳入十三届全国人大立法规划，在跨业融合和转型发展中，基础电信企业要紧密贴近经营发展实际，持续做好监管政策的前瞻性研究，合理把控监管动向和趋势，形成良性对接监管机制，确保与监管部门在落实政策中的信息对称。因此，做好对接监管工作一方面有利于更好地探究监管规则的内涵和目的，落实监管政策要求，确保"不走样"；另一方面有利于增进与监管部门的信任和理解，为企业赢取更大的政策支持。

二、电信互联网行业政府监管的概念和主要内容

（一）电信互联网行业政府监管的概念界定

关于监管的理论最初发轫于对自由放任主义的弥补，对其研究横跨经济学、法学、政治学以及行政学等多学科门类。早期的政府监管主要是指经济性监管，其目标在于纠正市场失灵，维护有效竞争。到20世纪60年代，政府监管取向和政策逐步发生改变，在确保有效竞争的经济性监管相对稳定成熟的情况下，以维护公共健康、公共安全、保障基本人权以及增进社会福利的社会性监管逐渐兴起。时至今日，政府监管已涵盖了经济监管和社会监管的各个领域，形成一套系统规范的管理体系。

对电信互联网行业的监管是伴随业务发展逐步兴起完善的，已成为政府监管的重要内容。所谓电信互联网行业政府监管指的是政府对市场中的各类电信互联网企业市场运营过程实施的干预或管理行为，对行业经济的整体运行过程发挥引导作用，防止出现恶性市场竞争或不稳定的经济波动情况，从而有效保障各个市场主体以及消费客户的利益。近年来，随着互联网对经济社会的渗透，电信与互联网大量融合业务迅速产生，这些业务同时具备基础业务和增值业务的特征，模糊了互联网业务和传统电信业务的边界，进而对电信互联网行业监管提出了挑战和新要求。

（二）电信互联网行业监管的主要内容

为更好地适应开放多元、主体众多、快速创新的市场环境，国家近年来加强了对电信互联网行业的监管调整，在分业监管的基础上对监管职责重新优化整合，突出监管的协同一致和手段创新，拓展了监管职能，厘定了监管边界，涉及国家监管层面的主要包含以下内容：

一是技术领域监管，该领域监管主体主要是工信部及各级通信管理局，主要涉及电信

频段资源分配，通信网络架构、网络接入、技术标准、服务质量，网络码号资源和域名管理，电信设备进网许可，三网融合技术和管控要求，云服务平台建设要求，网络安全和个人信息保护技术规范。

二是市场运营监管，该领域监管主体主要是市场监督管理总局及各级市场监督管理部门，主要涉及基于电信业务分类管理的市场准入许可，反垄断和反不正当竞争监管，电信和互联网资费价格管理，公平交易和消费者权益保护，营销广告监管，转售业务管理，知识产权保护与使用，企业信用监管。

三是财税审计监管，该领域监管主体主要是国资委、财政部、中国人民银行、审计署、银保监会、证监会以及相对应的地方各级监管部门。从监管内容方面来看，一方面是企业经营本身所必须符合的财税审计监管要求，主要包括会计预算、列账、记账、核算、稽核要求，萨班斯内控要求，利润和成本费用管理，发票报税规则等；另一方面是“互联网＋”金融下的财税监管要求，主要包括移动支付，网络理财和互联网资产管理等。

四是投资交易监管，该领域监管主体主要是国资委、工信部、国家市场监督管理总局、证券监督管理机构及相对应的地方各级监管部门。监管主要涉及国有资产保值增值，产权界定、登记和评估，投资决策机制，投资风险防控，投资后评估及违规追责，对外担保，招投标等采购管理，业务合作，国有股权转让国有资产处置等。

五是治理结构监管，该领域监管主体主要是国资委、国家市场监督管理总局、证券监督管理机构及相对应的地方各级监管部门。主要包括企业出资和股权结构，组织机构设置和管理流程，董监高的产生和义务，合并、分立和改制，信息披露义务，劳动用工和社会保险等。

从监管力度、频次和取向层面来看，转型期基础电信企业在市场运营领域面临的监管风险最高，对规范开展市场竞争，切实维护消费者合法权益提出了很多具体要求，加之消费者维权渠道日益畅通，政务公开日益深入，所以市场运营领域是当前和今后一段时间内基础电信企业对接监管的重点工作，对于促进依法合规运营具有重要意义。

三、由职业投诉案例看基础电信企业对接监管工作

（一）案例引入——职业投诉引发的思考

1994 年实施的《消费者权益保护法》（简称《消法》）引入了关于欺诈消费者的双倍赔偿规定，由此造就了一个新兴职业——职业投诉人。职业投诉人是指将反制假冒伪劣经营行为与现象作为逐利机会的民间个体。2013 年修订的《消法》赋予了消费者更全面的保障，将欺诈消费者的惩罚性赔偿标准提高至 3 倍赔偿，客观上导致“职业投诉”现象的大幅增长。

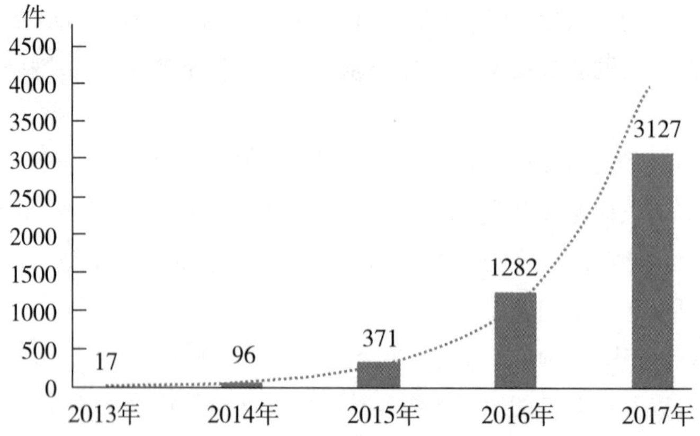

图1　近五年全国涉及职业投诉案件统计

从操作方式来看，职业投诉人会紧盯相关企业营销中不规范行为，以高价买入相关产品或服务，再以虚假宣传涉嫌欺诈消费者要求"退一赔三"的惩罚性赔偿。一旦拒赔，职业投诉人便向市场监督管理部门、物价部门、消协会等监管部门举报投诉，依托行政权力向企业施压，要挟进行赔偿。据了解，某些相关监管部门已成立应对职业投诉的职能部门或办公室，专门应对职业投诉行为。基于国家的消费者保护体系和行政事务处理流程，相关监管部门在接到投诉后必须有所作为，约谈要求相关单位整改，乃至形成行政处罚事实，由此引发了大量监管事件。

应对"职业投诉"已成为困扰司法和行政执法的难题，也成为广大经营者的难题。2016 年以来，某省级基础电信企业应对了多起因职业投诉人提起的投诉和诉讼案件。职业投诉越发像一把"双刃剑"，一方面能够对制假贩假行为起到制约作用，规范企业生产经营；另一方面逐利异化倾向严重，可能引发妨碍行政执法和浪费司法资源，产生道德风险或者导致市场秩序混乱。

（二）职业投诉人请求权依据分析

新中国成立后，尤其是改革开放 40 年来，市场经济繁荣发展的同时带来产品类别的丰富，仿冒、山寨、贴牌等产品大量流入市场，产品鱼龙混杂，假冒伪劣泛滥。国家为保护消费者合法权益逐步构筑了较为完善的制度体系，也正是基于规则保障兴起了职业投诉群体。

1. 立法层面

2014 年修订后的《消法》规定经营者提供商品或者服务有欺诈行为的，应当按照消费者的要求增加赔偿其受到的损失，增加赔偿的金额为消费者购买商品的价款或者接受服务的费用的三倍；增加赔偿的金额不足五百元的，为五百元。法律另有规定的，依照其规定。明确了欺诈消费者经营者应三倍赔偿。

2015 年修订后的《食品安全法》规定生产不符合食品安全标准的食品或者经营明知

是不符合食品安全标准的食品，消费者除要求赔偿损失外，还可以向生产者或者经营者要求支付价款十倍或者损失三倍的赔偿金；增加赔偿的金额不足一千元的，为一千元。

2015 年修订后的《广告法》详细规定了广告内容准则，广告中对服务的内容、提供者、形式、质量、价格、允诺等有表示的，应当准确、清楚、明白。广告中表明推销的商品或者服务附带赠送的，应当明示所附带赠送商品或者服务的品种、规格、数量、期限和方式。广告不得使用"国家级""最高级""最佳"等用语。通过大众传播媒介发布的广告应当显著标明"广告"，与其他非广告信息相区别，不得使消费者产生误解。

2. 执法层面

2015 年国家工商总局颁行的《侵害消费者权益行为处罚办法》规定经营者向消费者提供有关商品或者服务的信息应当真实、全面、准确，不得对商品说明、商品标准、实物样品等有虚假或者引人误解的宣传行为，不得夸大或隐瞒所提供的商品或者服务的数量、质量、性能等与消费者有重大利害关系的信息误导消费者。明确了排除经营者欺诈消费者时主观动机的考量，坚持推定过错和无过错责任原则。

3. 司法层面

2014 年《最高人民法院关于审理食品药品纠纷案件适用法律若干问题的规定》规定因食品、药品质量问题发生纠纷，购买者向生产者、销售者主张权利，生产者、销售者以购买者明知食品、药品存在质量问题而仍然购买为由进行抗辩的，人民法院不予支持。明确支持在食药领域，即使知假买假也可以获得惩罚性赔偿。

（三）职业投诉行为的正当性之争和国家政策风向

尽管职业投诉人屡试不爽，获利颇丰，但实践中对于职业投诉行为的合法性和正当性一直存在争议，核心在于其知假买假是否符合诚实守信和公序良俗原则，是否是滥用私权乃至影响正常的公权秩序，是否还构成《消法》保护的消费者概念。

支持者认为职业投诉是官民协同治理市场假冒伪劣问题，对于提升假冒伪劣经营者的责任概率与违法成本从而净化市场环境具有积极意义。职业投诉人在不违反法律的禁止性规定的前提下积极行动而获得的投诉收益乃假冒伪劣经营者所应该承担的代价，知假买假并非否定职业投诉公共价值的充分条件。认定是否构成消费行为，依据其是否具有购买行为的外观来判定已足够。根据购买人购买商品或接受服务的主观动机来认定其是否为《消法》所称的消费者，是不符合交易习惯和经验法则的。反对者认为职业投诉是公权私落，有违公序良俗和诚信原则，与维权从"私力救济机制"向"公力救济机制"的社会文明进步趋势背道而驰。该群体不是以生活消费需要为目的购买商品，是借投诉之名行私利之实，利用法律上的惩罚性赔偿机制所获取的经济利益属不当得利，不具备法律界定消费者的构成要求，其"知假买假"行为不属于"受到欺诈"的范畴。

近年来职业投诉愈演愈烈，矛头直指重商誉，有实力的大企业不规范的宣传行为，给很多企业造成极大困扰。通过对以"知假买假、职业投诉"为关键词检索精选 2016 年以来的57件典型案例分析发现,职业投诉已成全国全行业现象,诉讼请求都包含惩罚性赔偿,相关证据中大都包含监管部门的行政决定,被告大多是全国连锁或当地知名大商超大平台。从判决结果来看,57件案例中,一审结案的有8件,二审结案的有49件;支持惩罚性赔偿的有20件,不支持惩罚性赔偿的有37件;在二审结案的案件中,一审、二审都支持惩罚性赔偿的有15件,一审、二审都不支持的有28件,一审支持二审不支持的2件,一审不支持二审支持的4件。上述数据可以看出,在对职业投诉行为的合理性和正当性有争议的情况下,从近两年的裁判结果来看,不支持惩罚性赔偿的占到了近三分之二,职业投诉的寻利空间越来越少。其次职业投诉案件一般都经过两审终审,案件周期长,且一审结果对二审终审有重要指导意义,在没有新证据的情况下,法官一般不会做出改判,把握好一审至关重要。最后很多裁判理由值得立法者和执法者从规则角度进行考虑,以完善职业投诉规则之治,比如知假买假虽不影响购买者的消费者身份认定,但并不因此就得出知假买假者应受消法的特殊保护,而是因知假买假的职业打假人不符合生活消费这一要件,不属于消法的调整范围。

从国家政策风向来看,区分保护已成为大趋势,职业投诉人的冬天应该不远了。2016年《消费者权益保护法实施条例(送审稿)》规定消费者为生活消费需要而购买、使用商品或者接受服务,其权益受本条例保护。但自然人、法人或其他组织以牟利为目的的购买、使用商品或接受服务的,不适用本条例。2017年《最高人民法院办公厅对十二届全国人大五次会议第5990号建议的答复意见》(法办函〔2017〕181号)认为因食品、药品是直接关系人体健康,安全的特殊、重要的消费产品,从保护人民群众生命健康权出发,明确了在食品、药品领域,消费者即使明知商品为假冒伪劣仍然购买,并以此诉讼索赔时,人民法院不能以其知假买假为由不予支持。同时认为现阶段职业投诉人群体及其引发的诉讼出现了许多新的发展和变化,其负面影响日益凸显。不宜将食药纠纷的特殊政策推广适用到所有消费者保护领域。

从地方立法来看,2014年深圳市中院《关于审理消费者权益纠纷案件的裁判指引》规定有证据证明消费者在购买商品或者接受服务前已经知道该商品或服务存在瑕疵,经营者不构成欺诈行为。只支持消费者退回价款或费用的请求,不支持惩罚性赔偿的请求。在2018年开展的全国扫黑除恶专项整治活动中,深圳市场监管委联合扫黑除恶办公室主动聚焦行业监管乱象,将职业投诉群体列为"扫黑除恶"对象,对6名职业投诉人开展联合执法,当地检察院以敲诈勒索罪正式提起了公诉。该事件再一次证明职业投诉群体由于其权利滥用的不正当性以及对市场正常秩序的破坏而好景不长。

四、基础电信企业在应对职业投诉中对接监管的创新实践四步法

(一)知己知彼,强化反投诉意识

做好应对的前提是对职业投诉群体和行为有清醒的认识,结合某省级电信企业近两

年高发的职业投诉事件，归纳概括该群体具有以下四项特征：

一是职业投诉具有明显的盈利目的。职业投诉人钻的是“惩罚性赔偿”制度的空子，以“牟利性消费”的身份获取普通消费者的权益。职业投诉人专盯问题商品购买，只要能通过相关部门调解向商家获取到一定的赔偿或补偿，就向相关部门投诉和举报，甚至提出复议、诉讼。

二是投诉举报呈现批量性。由于投诉举报快捷高效、成本低，仅仅通过电话或书信的方式便可向工商、物价、质检或者其他政府监管部门提供违法线索。因此，职业投诉人从商家获取某一类违法线索后常常一次性寄送几十封投诉举报信，甚至针对某个或数个产品，一次投诉举报多家甚至数十家经营者。

三是以程序事项向监督部门施压。大多数职业投诉人投诉举报的内容较为严谨，所附法律依据也相对充分，特别是在对投诉举报处理程序规定的认知上已经具备相当的专业水准。受理投诉举报的相关部门若是在程序上稍微疏忽或政府信息公开不及时，职业投诉人就会以向领导信箱、监察部门进行举报的方式，给受理调解的行政执法部门施加压力。

四是职业投诉人具有区域活动和团队活动倾向，内部分工明确。现阶段，职业投诉人的投诉地点多集中在大企业、大商超，投诉行动和方式日益规模化、程式化。

（二）补强短板，打铁还需自身硬

一方面从基础电信企业业务实际来看仍存在营销宣传仍有不规范的行为，比如广告内容不清晰/不准确、引用数据未标明出处、赠品未标明品种及数量等问题。另一方面近年来国家在电信互联网领域监管政策的颗粒度日益细化，监管要求和执法手段日益丰富，监管风险日益增加，面对内忧外患的局面，亟须强化合规意识，苦练内功，强身健体：

一是加强业务合规培训，增强员工法治素养。针对客户服务、渠道管理、电商平台和市场营销等业务领域暴露出的突出问题，以及可预见的风险，通过现场讲座、普法专刊、普法彩信等多种新式，重点加强《消法》《广告法》《互联网广告管理暂行办法》《反恐怖主义法》《网络安全法》以及国家个人信息保护和实名制有关政策的解读和分析，使广大员工掌握法律法规相关要求。通过现场模拟监管部门约谈、询问和现场调查等程序事项，使广大员工合理初步应对执法事件。

二是项目经理做好对接，团队研讨做好论证。优化人力资源配置，确保每名法律项目经理对用户协议、隐私政策、平台管理、知识产权等领域各有所长，以座谈研讨、部门业务函、法律建议书等形式与业务条线开展沟通交流和支撑服务，对新型疑难问题，发挥团队优势，做好专题研究，在出具法律意见的同时尽可能提供解决方案。

三是事前嵌入合规审核，法律支撑前迈一步。主动匹配资费政策更新快、业务模式迭代快、营销渠道速度快的新市场发展要求，树立互联网法律服务思维，建立营销合规法律审核平台，设置专人在线随时审核资费政策和营销广告的合法合规性，不放过任何一句模棱两可的文字，不忽视任何一幅权属待定的图片，以最便捷、最快捷、最敏捷的审核把关确保业务不出问题，维护客户合法权益。

四是建立风险预警机制，定期系统提示风险。为避免过程管控中的疏漏，针对客户投诉和案件信息，注重定期总结共性问题，打破一事一议的局限性，重点提示业务部门及时弥补管理短板，找准引发问题的根源性原因，从优化决策机制、完善制度流程、强化 IT 支撑等多角度强化管理提升，做到亡羊补牢为时不晚。

（三）善用规则，以法治信仰处理非常问题

由于职业投诉人诉求明确，又有合法凭证的外衣。所以很多监管部门和企业在遇到职业投诉人时非常头疼。监管部门如果不能满足他们要求则可能引发一连串的行政复议、上访不作为、行政诉讼等事项，在面临行政问责等风险和压力时不得不做出有利于职业投诉人的决定，而要求企业有所担当，因此公权力逐渐被这批人间接滥用成为私利的保护伞。对于企业，如果轻易许诺他们的要求而私了和解，那么就等于承认了自身理亏，容易引发索赔示范效应，更多的职业投诉人可能蜂拥而至。如果不与职业投诉人和解赔偿，则可能面临行政处罚。所以一旦被职业投诉人盯上，对于监管部门和涉事企业都会耗费大量的人力、物力、财力，而最终却会使职业投诉人坐收渔利。

从目前处理情况来看，企业一方面害怕事态扩大，影响商誉；另一方面害怕与监管部门打交道，担心因小事影响与监管部门的长远关系。所以大多选择与职业投诉人私下和解，并要求撤回在监管部门投诉的方式解决。但此种妥协终归不是长远之计，对于职业投诉行为应当善用规则，做好以下工作：

厘清职业投诉所可能引发的法律关系。职业投诉可能引发以下三种法律关系：民事赔偿关系、行政管理关系和刑事关系。民事赔偿关系是职业投诉人与企业间的平等主体关系，也是其诉求核心，但通过私下协商往往不能获得满意赔偿，因此会通过到工商等监管部门投诉来增加与企业谈判的砝码。在受理投诉后，监管部门会主持调解，也会允许私下和解，职业投诉人拿钱走人，如果对调解或和解有争议则可以诉至法院。上述虽然有公权力的参与，但解决的仍是民事赔偿关系。其次如果监管部门受理投诉后发现企业有违法行为，则会立案调查，此时产生的是监管部门与企业之间的行政管理关系，可能涉及行政处罚、行政复议、行政诉讼等程序。在此需要注意的一点是，监管部门可以认定企业存在虚假宣传或欺诈等行为，但无权做出要求企业承担惩罚性赔偿的决定。对于已作出行政处罚决定的案件，涉嫌犯罪的，监管部门应当依相关规定及时移送司法部门，此时则会产生刑事关系。

基于规则和程序的考量，在企业对接因职业投诉引发的监管事件时应做好以下四点。一是积极配合监管部门的约谈和调查工作，对投诉事宜做好解释说明，对于确实自身存在的问题 2 天内整改完毕，从态度上赢得主动。二是对职业投诉的证据进行审查，积极答辩，对于未经公证的证据及时提出异议。三是尽量不调解、不和解。一方面从程序上增加职业投诉的获利成本,从心理上鏖战对方。另一方面如果接受监管部门主持的调解或和解,一定程度上即自认理亏,即使职业投诉人拿到赔偿后撤回投诉,但并不影响监管部门对已立案的违法行为进行调查和处罚,主动权仍在监管部门,所以最后企业可能赔了夫人又折兵,在民事赔偿和行政处罚上都不划算。四是合理利用行政维权程序,全面从严治党下,行政执法日益规范,官商关系也在不断解构与重构。企业应对法治有信仰,不应迫于压力盲目接受调解条件,即使作出行政处罚,也可以通过行政复议和行政诉讼获得进一步救济。

在应对监管部门调查和处罚时,还应当注意审查以下问题。核查现场办案人员是否不少于两人。是否着制服,并出示执法证件和调查函或介绍信。作出行政处罚时是否告知当事人拟作出行政处罚的事实、理由、依据、处罚内容,当事人依法享有陈述、申辩和听证权。对于经调查违法事实不成立,应当及时督办销案。行政部门不得因当事人申辩而加重处罚。行政复议部门在申请人的行政复议请求范围内,不得作出对申请人更为不利的行政复议决定。

(四)智慧外联,主动推动形成亲清政商关系

改革开放40年来,我国经济社会发生了广泛而深刻的变革。当前我国正处于全面深化改革的攻坚期,政商关系是理顺政府与市场关系的重点。习近平总书记提出要构建“亲”和“清”的新型政商关系。“亲”对企业主体来说,就是要做到积极主动地和各级党委、政府和部门加强沟通与交流,做到诚信经营,为企业和经济发展向政府提出合理建议。“清”就是要做到合法经营,不弄虚作假,勇于承担企业社会责任,为经济社会发展做贡献。因此,新型政商关系是一种界限明晰、权责分明、交往有序、监督多元、参与规范、激励有为、协作共赢的政商关系。新型政商关系的建立不仅有利于市场发展营造稳定、公平的良好竞争环境,还有利于企业做到依法治企,加强创新。

由职业投诉人引发的一系列监管事件可以看出,企业与监管部门对事件的处理信息严重不对称,加之平时政商关系一般,更加重了对事件的误解或过分解读,在事件处理中很难获得监管部门信任与支持。即使企业过错不大,甚至根本未给职业投诉人造成损失,监管部门自由裁量权的天平也往往会倾向于职业投诉人。结合国家新型政商关系的内涵,企业应当主动作为,从根本上改善与相关监管部门的关系实为必要。

一是定期向监管部门报告企业业务发展情况、内部控制管理情况、风险合规管理情况,使监管部门了解业务模式和主动适应监管要求的重要举措。同时可以反映一些问题和困难,请求监管部门协调解决。某省级基础电信企业就通信设施建设和保护问题向省人大城环委报告工作并提出立法建议,就职业投诉人向省通信管理局、省工商局、人民法院报告工作,提出限制职业投诉牟利的建议。定期报告工作机制有助于加强监管部门对业务的了解,打破信息不对称的尴尬,在遇到具体问题时提高沟通效率,增进解决共识。

二是主动邀请监管部门莅临指导。企业应转变观念，从“迎出去”转向“请进来”。主动邀请监管部门现场参观生产情况，开展专题调研和研讨培训，一方面使监管部门实地了解企业生产经营情况，另一方面可以及时督促企业改进管理短板，促进依法合规运营。某省级基础电信企业结合营销宣传领域的管理盲点，为提升广大员工法治素养，特邀工商局执法专家开展现场讲座，以电视电话会议的形式开展宣贯，为企业规范经营提供了方向。

三是定制业务模式实现双赢。基础电信企业应发挥信息化建设和大数据技术优势，积极参与政务信息化建设，为相关监管部门提供定制化产品、个性化服务、性价比资费，以合作促进政商关系发展。同时也可以主动对接行政需求，做好参谋助手，提供建设性解决建议。

图书在版编目（CIP）数据

互联网与信息法务研究. 第二辑 / 于莽主编. -- 北京：法律出版社，2019
ISBN 978-7-5197-3973-7

Ⅰ. ①互… Ⅱ. ①于… Ⅲ. ①互联网络-法律-研究-中国②信息法-研究-中国 Ⅳ. ①D922.174 ②D922.84

中国版本图书馆 CIP 数据核字（2019）第 230838 号

互联网与信息法务研究（第二辑）
HULIANWANG YU XINXI FAWU YANJIU（DI-ER JI）

于 莽 主编

责任编辑 董 昱
装帧设计 贾丹丹

出版 法律出版社
总发行 中国法律图书有限公司
经销 新华书店
印刷 中煤（北京）印务有限公司
责任印制 吕亚莉

编辑统筹 法规出版分社
开本 787 毫米×1092 毫米 1/16
印张 13
字数 267 千
版本 2019 年 11 月第 1 版
印次 2019 年 11 月第 1 次印刷

法律出版社/北京市丰台区莲花池西里 7 号（100073）
网址/www.lawpress.com.cn
投稿邮箱/info@lawpress.com.cn
举报维权邮箱/jbwq@lawpress.com.cn
销售热线/400-660-8393
咨询电话/010-63939796

中国法律图书有限公司/北京市丰台区莲花池西里 7 号（100073）
全国各地中法图分、子公司销售电话：
统一销售客服/400-660-8393/6393
第一法律书店/010-83938432/8433 西安分公司/029-85330678 重庆分公司/023-67453036
上海分公司/021-62071639/1636 深圳分公司/0755-83072995

书号：ISBN 978-7-5197-3973-7 **定价**：45.00 元